山东省职业教育课程改革教材

中等职业教育各专业通用教材

安全教育

王海霞　赵惠娟　主编

山东科学技术出版社
·济南·

图书在版编目（CIP）数据

安全教育 / 王海霞，赵惠娟主编 . -- 济南：山东科学技术出版社，2019.1（2022.1 重印）
中等职业教育各专业通用教材
ISBN 978-7-5331-9541-0

Ⅰ . ①安…　Ⅱ . ①王…　②赵…　Ⅲ . ①安全教育 – 中等职业教育 – 教材　Ⅳ . ① G634.201

中国版本图书馆 CIP 数据核字 (2018) 第 168465 号

主　编： 王海霞　赵惠娟
副主编： 黄坐霞　孟祥生　潘恒刚　王桂莲　刘　浩
编　委： 慕晓洁　谢秀云　孙艳丽　王艳红　于宗德　徐楚苹　刘敬峰
审　稿： 李　军　赵　燕

安全教育

ANQUAN JIAOYU

责任编辑：邱赛琳　梁天宏
装帧设计：孙　佳

主管单位：山东出版传媒股份有限公司
出 版 者：山东科学技术出版社
地址：济南市市中区舜耕路 517 号
邮编：250003　电话：（0531）82098088
网址：www.lkj.com.cn
电子邮件：sdkj@sdcbcm.com
发 行 者：山东科学技术出版社
地址：济南市市中区舜耕路 517 号
邮编：250003　电话：（0531）82098067
印 刷 者：日照梓名印务有限公司
地址：山东省日照市莒县城区潍徐南路西侧
邮编：276500　电话：（0633）6826211

规格： 16 开（184 mm × 260 mm）
印张： 15.25　**字数：** 400 千
版次： 2019 年 1 月第 1 版　**印次：** 2022 年 1 月第 4 次印刷
定价： 30.00 元

前言

《中国学生发展核心素养》中明确要求学生：要理解生命的意义和人生的价值；具有安全意识与自我保护能力；掌握适合自身的运动方法和技能，养成健康文明的行为习惯和生活方式；具有网络伦理道德与信息安全意识。中等职业教育肩负着服务社会、促进学生全面发展的重任。为了进一步适应新的职业教育教学改革，更加贴近教学的实际，满足学生安全教育的需求，我们组织一些具有丰富教学实践经验的一线教师共同编写了这本教材。

本教材编写以《山东省中等职业教育安全教育课程标准》为依据，可供中等职业学校各专业学生使用，既适合作为教材供德育课使用，也可以作为班主任召开主题班会、对学生进行安全教育的范本，还可以作为学生提高安全素养的自学蓝本。

本教材将安全学习和社会生活、职业场景、工作情境紧密结合，精选内容，注重实践性、实用性和实效性，引导学生树立正确的安全意识和生命第一的观念，培养高度的社会安全责任感，在日常生活、学习和实训中养成良好的安全习惯，提高珍惜生命和自我保护的能力，不断提高安全素养和职业素养，为成为高素质劳动者和技能人才奠定坚实基础。

本教材内容涵盖安全教育基础知识、构建平安校园、预防应对自然灾害、交通安全、消防安全、网络安全、财产安全、实习实训安全、职业安全、应急救助等十个方面，从学生的角度出发，在内容的广度和深度上，兼顾了学生后续学习的需要。

本教材体例新颖，图文并茂，表达方式多样，语言表述通俗活泼，内容浅显易懂。学习任务多以贴近中职学生生活的现实警示案例为引线，用通俗易懂、简洁明了的语言讲述中职学生需要掌握的安全常识和急救技能。除正文外，还穿插了想一想、知识窗、思考与活动、模拟演练等，以拓展、巩固学生的学习内容，做到知行合一，便于教师采用活动训练、案例教学、角色扮演、主题辩论、小组讨论、调查研究等调动学生参与的活动形式来实施教学。

本教材在编写过程中参考了大量有关安全教育方面的书籍和资料，在此谨向有关作者表示衷心的感谢！

教材的编写是一项探索性的工作，由于编写时间仓促，编者水平有限，书中难免存在不足之处，敬请读者批评指正！

编　者

目录

CONTENTS

模块四 交通安全

模块五 消防安全

模块六 网络安全

模块七 财产安全

模块八 实习实训安全

模块九 职业安全

模块十 应急救助

模块一 走进安全教育

学习导读

安全教育，既关乎我们的生存与生活，又关乎我们的成长和发展。中职学生正处于人生的重要发展时期，世界观、人生观、价值观尚在形成阶段，而且实习实训课程较多，顶岗实习时间长，面对的社会环境相对复杂。这些复杂多变的因素，使得学生在日常学习生活中要面临校园安全、交通安全、消防安全、网络安全、财产安全、实习实训安全、职业安全、应急救助等各方面的安全问题。因此，学生迫切需要认真学习掌握最基本的安全防范知识和技能，养成重视安全的良好习惯，加强自我保护能力，提高安全素养，珍爱生命。

- 走进安全教育
  - 珍爱生命
    - 认识生命，珍爱生命
    - 安全教育的内涵和意义
    - 安全事故的基本原因及预防措施
  - 提高安全素养
    - 关于校园安全的法律法规
    - 安全素养的内涵
    - 提高安全素养的途径

学习目标

认知目标	情感态度观念	运用目标
了解安全教育的内涵，理解安全教育的重要性	树立尊重生命、珍爱生命的安全观	能预防、化解人身安全隐患，运用正确方式进行自我保护
了解与安全有关的重要法律法规	增强安全意识	

学习任务一 珍爱生命

生命是灿烂的，绚丽如星空，等待我们去探索；生命是美丽的，似绽放的花蕾，满是希望；生命也是脆弱的、短暂的，需要我们用心呵护。每个人的生命只有一次，只能单程往前不能返程。如何珍爱生命，使我们的生命之路充满意义、更加充实、更加精彩，让生命在闪耀中现出绚烂，在平凡中现出真实，是每个中职学生都应该认真思考的。

案例警示

【案例一：火灾伤害】2008年11月14日，某学校的一栋学生宿舍楼因学生在宿舍内违规使用电器“热得快”引发火灾，被大火围困的4名学生从6楼宿舍阳台跳楼逃生，无一生还。

【案例二：暴力伤害】某地中职学生解某与朱某在打篮球时发生矛盾，在他人劝解后离开。下午放学后，朱某等人在校外对回家途中的解某进行质问，双方再次发生冲突。冲突中，解某持刀刺伤多人，导致2人死亡。

【案例三：机械伤害】小松是一名学习机械加工的中职学生，到某大型国企参加顶岗实习。一天，小松正在一台机床上加工一根金属管，在机床的作用下，金属管突然发生了弯折，并且随着机床的转动抡了起来。当小松违反安全操作规程好奇地探头去观察时，金属管猛地砸向了小松的头部……

案例中一个个鲜活的生命还没来得及绽放青春的风采就过早地枯萎，留下的是再也没有机会改正错误的惨痛教训；一个个原本幸福的家庭一时间支离破碎，父母撕心裂肺的悲痛，亲人伤心欲绝的眼泪，再也换不回那些青春的生命。

一、认识生命，珍爱生命

每个人的生命都是父母给予的，生命无处不在，生命又是何其珍贵！有了生命，才会有竞争和拼搏；有了生命，才会有理想与希望；有了生命，才会有快乐与悲伤。生命是宝贵的，是金钱不能买到的，生命只有一次。珍爱生命，享受生命，这本身就是最大的幸福！

然而生命又是脆弱的，我们从小就应该时时刻刻珍爱生命：不在走廊、教室和楼梯上追逐打闹；身上不带危险物品；上下楼靠右行，不争先恐后；不随意攀爬篮球架、护栏；不对同学搞恶作剧，以免造成意外伤害……

生命是唯一的，是宝贵的，世界因为有了生命而变得精彩！如果不慎或不幸造成了生命的丢失或残缺，那将会给个人、给家庭带来多大的痛苦！

珍爱生命，是我们快乐的源泉；珍爱生命，是我们每一个人都必须全力做到的！只有这样，我们的生命之花才能开得无比鲜艳。我们每个人都要做到：热爱生活，珍爱生命；注意安全，平安一生。

想一想

你知道的还有哪些常见安全事故？面对安全事故的危害，我们该怎么办？

二、安全教育的内涵和意义

（一）安全教育的内涵

安全是人的生命之源、健康之本；安全伴随着幸福，安全创造着财富，安全使广大学生终身受益。安全教育就是指培养学生解决各种安全问题能力的教育。

良好的安全教育可以让学生拥有健康的心态和防范意识，掌握基本的安全常识和自救自护能力，从容应对危险突发事件，从而养成良好的安全行为习惯，形成良好的安全素养和职业安全素养，为学生就业创业和职业生涯发展做好准备，为成为高素质劳动者和技能型人才奠定坚实基础。

（二）安全教育的意义

中职教育是我国基础教育的重要组成部分，在实施科教兴国战略和人才强国战略中具有重要的地位，安全教育又是中职教育中不可缺少的组成部分。中职学生的安全关系到社会的和谐和稳定，与个人、家庭和社会密切相关。加强中职学生安全教育，能够培养中职学生的安全意识，使广大中职学生牢固树立“珍爱生命，安全第一”的理念，掌握必要的安全知识，培养在日常生活和突发事件中正确应对的能力，最大限度地预防和减少安全事故造成的伤害，确保中职学生的健康成长。

中职学生由于培养方式的特殊性，不仅在校内有大量的实训和操作性课程，而且要在校外参加大量的生产实践和服务实践，这使中职学生面临的各种安全问题趋于多样化、复杂化。因此，对中职学生进行自护、自救安全教育是非常必要的，其意义是：保障中职学生的生命安全和财产安全，促进健康心理的形成，因为鲜活的生命和健康的身心是一切的基础和依托；能够维护学校正常的教育教学活动秩序，保障学校教育教学活动的正常运行；每个中职学生都是一个家庭的希望和未来，安全教育是为了每个中职学生家庭的幸福美满；作为社会生产一线劳动者的主力后备军，中职学生的安全牵动着社会的方方面面，对中职学生进行安全教育有利于社会的稳定发展。

知识窗

全国中小学生安全教育日

1996年，国家教委、劳动部、公安部、交通部、铁道部、国家体委、卫生部联合发布关于全国中小学生安全教育的通知，确定每年3月最后一周的星期一为全国中小学生的安全教育日。

设立安全教育日的目的是全面深入地推动中小学生安全教育工作，大力降低伤亡事故的发生率，切实做好中小学生的安全保护工作，促进他们的健康成长。

全国中小学生安全教育日每年会确定一个安全教育主题，开展一系列安全教育活动，提高中小学生安全素养。2018年的教育主题是："做自己的首席安全官——平安校园行"。

三、发生安全事故的基本原因及预防措施

随着经济的发展、社会的进步以及教育改革的不断深入，中职学生的活动领域越来越广，接触的事物越来越多，安全问题日益引起人们的重视。综合来看，导致中职学生安全事故的原因是多方面的，是多种因素互相作用的结果，既有学生个体原因，又有家庭、学校、社会的教育管理不完善、不到位，以及社会整体环境的某些负面影响。

（一）发生安全事故的基本原因

1. 学生个体原因

（1）心理发育不成熟、不稳定，易冲动　中职学生仍处于人生发展进程中的幼弱时期，心理发育尚未成熟，思想认识简单，自我控制力差，遇事易冲动且不能预计可能导致的后果，当不安全因素到来时，往往造成比较大的伤害。

（2）不良情绪的影响，易失控　情绪的好坏决定处理事物的结果。中职学生由于年龄特点，易激动、易兴奋，其行为更容易受情绪的控制。不良情绪会使中职学生焦虑、冲动、愤怒、消极、忧郁等，甚至导致中职学生做出一些违背道德与法律法规的事情。

（3）抗挫折能力差，易偏激　中职学生在面临各种困难和问题时，其心理承受能力存在明显的差异。有些学生抗挫折能力较差，遇到问题悲观沮丧、意志消沉，心情压抑，不愿与他人沟通倾诉，长此以往便会形成巨大的心理障碍，就可能采取过激的甚至是违法犯罪的行为。

（4）法治观念淡薄，易任性　学生群体是家庭的宠儿，是社会的关注焦点。随着中职学生学习、生活大环境的改变，过度地、不恰当地关注也在一定程度上导致了对中职学生的宠溺，造成中职学生法治观念淡薄，缺乏责任感和规矩意识，遇事容易任性而为，不明确应该做什么、应该怎么做。

（5）实训操作规程不熟悉、不规范，易违规　中职学生大都自律能力较差，自我要求相对松懈。对实训操作规程满足于一知半解，对操作技能掌握不到位，实训操作动作不严

谨、不规范，易发生违规操作，造成伤害。

2. 家庭原因

作为一种独立的教育形态，家庭教育具有学校教育和社会教育不可替代的功能和教育价值，是人生整个教育的基础和起点，是对人的一生影响最深的一种教育。而家庭教育的缺失，必然造成中职学生在思想品德、心理健康、行为习惯等方面的不足，影响了中职学生的发展，甚至导致问题的发生。

3. 学校原因

（1）安全工作落实不到位　在当前的大环境下，绝大多数学校在安全管理方面的各种安全制度、安全措施等都比较完备。但日常安全工作中仍然存在执行不力、督查不实、隐患排查整治落不到实处、教职工教育管理责任心不强、教育方法不当、安全教育流于形式等问题，造成师生的安全意识不强、防范能力较低，致使学校在安全方面还存在很大的疏忽和纰漏。

（2）专业技能训练要求标准低　专业技能是中职学生未来进入社会、立足社会竞争的根本依仗，其水平的高低决定了中职学生的竞争力大小。然而在日常专业技能学习中，存在训练要求标准低的现象，导致部分中职学生对专业技能掌握不熟练、不规范，不能保证在实训操作中的安全规范，特别是带有危险性的机电类实训操作，极易造成事故的发生。

4. 社会原因

（1）社会不安定因素的影响　学校是社会大系统的有机组成部分，学校的教育教学和管理离不开社会因素的影响和制约。近些年，一些不法分子将罪恶的黑手伸向了防范能力较弱的在校中职学生，暴力伤害、敲诈勒索、违法“校园贷”、教唆未成年人违法犯罪等问题，给学校和中职学生带来极大的伤害。

（2）不良信息的传播　在当今信息化社会，网络、电视、报刊、广播等大众媒介手段已经成为联系社会各方的重要纽带，特别是网络的发展，已经可以做到随时、随地全覆盖，大大方便了人们的生活。但大众传媒是一把双刃剑，它既能传播真、善、美，又可以传播假、恶、丑。换句话说，大众传媒在发挥积极效用的同时，个别不良传媒为了利益，不负责、没有底线甚至别有用心地传播一些不良信息，严重影响、误导了群众，特别是模仿欲强、是非辨别能力差的中职学生群体，思想观念、行为处事等被严重误导和扭曲。

想一想

在日常学习生活中，我们应该怎样做才能有效预防、避免安全事故发生呢？

（二）安全事故的基本预防措施

1. 认真学习、严格遵守学校的安全制度

学校的安全制度，都是依据日常学校教育教学活动制定的有针对性的有效的制度要求。作为在校学生，我们要认真学习，严格遵守各项安全制度，使我们的教育教学活动都有章可循、有规可依，明确自己该做什么、该怎么做，防微杜渐，防患于未然，确保我们的生命和财产安全。

比如熟悉学校的预警和应急处理机制，当意外事故发生的时候，知道该如何躲避风险和伤害，如何保护自己，如何报警求助等；学习掌握消防安全制度，明确不违规抽烟、不玩火，不私接乱拉电线，爱护消防设施等；学习食品卫生安全制度，懂得什么样的食品是安全的，发生食品中毒时应该如何自救等常识；学习实训实习管理制度，明确实训课上应该如何安全、规范地操作，保障自身和同学的人身安全。

2. 加强自身的安全风险意识

中职学生处于人生发展的转变期，对待安全缺少敬畏心，缺乏对风险的识别、判断能力，意识不到风险的严重后果。如闯红灯的危险后果、实训操作不遵守操作规程的严重后果等。只有从思想认识上高度重视安全，明确“安全是一切的前提和基础”，加强自身的安全风险意识，时刻保持对安全的敬畏之心，才能使安全成为每个中职学生的自觉习惯，避免因缺乏对危险后果的正确认知而酿成意外事故。

3. 保持阳光健康的心理状态

健康的心理状态，有利于中职学生保持积极向上的心态，树立良好的心理健康意识，直面学习生活中的矛盾和内心冲突，正确应对挫折，提高适应社会的能力，以增强解决成长、心理困惑或行为问题的能力，避免因心理原因引发的突发事故。

4. 增强自我防护和处理问题的能力

危险总是在不经意间降临。在危险发生的紧急情况下，良好的防护能力和处理问题的能力，能够确保在发生事故时迅速采取合理有效的自护、自救措施，防止或减少危险的伤害。

5. 借力“多位一体”的安全防护体系

在当今社会大环境下，学校、家庭、社会共同参与建立了“多位一体”的安全防护体系，社会多部门共同维护学校及周边地区的治安、消防、交通、食品卫生等安全状况，消除各种隐患，时刻关注中职学生的健康成长。

作为中职学生，我们要学会借力“多位一体”的安全防护体系。

（1）当遇到危险的时候，要懂得如何向相关部门或人员求助、报警，寻求帮助和庇护。

（2）积极参与社会职能部门到学校组织的专题活动，比如“法院来说法”“派出所讲治安”“消防部门查隐患”“卫生防疫讲疾控”等，开阔自己的眼界，提高自身的安全知识和技能。

（3）积极走出去，到社会机构去参观、实践。比如，参观工厂里工人的工作状况，懂得知识技能的重要、体谅父母的辛劳；到社区参加“文明社区和谐共建”公益活动，宣传文明言行、整顿文明环境等，懂得文明和谐的珍贵；参观法院的教育基地，懂得遵规守法的重要。

思考与活动

1. 邀请专业人士（比如交警、法官等）进校园进行专题讲座，引导、教育中职学生“珍爱生命、尊重生命”。

2. 自主开展一次“认识生命、珍爱生命”的安全教育主题班会。

学习任务二　提高安全素养

熟悉国家的相关法律法规，自觉履行义务，维护自身合法权益，是改善校园安全状况、保障学生安全的需要，是适应素质教育、培养高素质人才的需要，是当今社会飞速发展的需要。

案例警示

【案例一：敲诈勒索】学生周某，在学校门口、公交站和路边等地方，多次针对同学采取暴力殴打、恐吓威胁等手段敲诈勒索钱物。案发后，周某被法院判处有期徒刑三年、处罚金人民币两万元，并被责令退赔被害人财物。

【案例二：哥们义气】陈某和罗某是某校学生，为哥们义气替顾某出头教训肖某。二人各自携带一把刀子，邀约了十几人，砍伤了肖某等人后逃离现场。案发后，二人意识到事态的严重性，主动到公安机关投案自首。陈某、罗某和顾某等因参与打架斗殴分别被判处三年至七年有期徒刑，并附带民事赔偿受害人近11万元。

从上面这些案例可以看出，中职学生正处于青春期，情绪波动较大，同时又缺少法律意识，容易拉帮结派，因此，对中职学生进行安全素养的教育迫在眉睫。

一、关于校园安全的法律法规

法律法规通常是指由国家立法机关制定的，并由国家政权保证实施的，公民必须遵守的行为规则，对人的行为具有引导作用、教育作用、评判作用。

作为中职学生，我们要熟悉相关的国家法律法规，做到有法可依、有章可循；明确我们的权益是什么，什么是可以做的，什么是不可以做的；知道哪些行为是合法的，哪些行为是非法的，违法者将要受到怎样的制裁等。

（一）《中华人民共和国宪法》

《中华人民共和国宪法》是国家的根本大法，是治国安邦的总章程，其中明确规定：公民的合法的私有财产不受侵犯，公民的人身自由和人格尊严不受侵犯。

（二）《中华人民共和国刑法》

《中华人民共和国刑法》是规定犯罪、刑事责任和刑罚的法律，规定哪些行为是犯罪并应当负何种刑事责任，给予犯罪人何种刑事处罚，明确规定：已满十六周岁的人犯罪，应当负刑事责任；已满十四周岁不满十六周岁的人，犯故意杀人、故意伤害致人重伤或者死亡、强奸、抢劫、贩卖毒品、放火、爆炸、投毒罪的，应当负刑事责任。

（三）《中华人民共和国未成年人保护法》

《中华人民共和国未成年人保护法》是为了保护未成年人身心健康，保障未成年人合法权益，促进未成年人在品德、智力、体质等方面全面发展，培养有理想、有道德、有文化、有纪律的社会主义建设者和接班人而制定的法律。从家庭保护、学校保护、社会保护、司法保护、法律责任等方面为未成年人保护提供了法律依据。

（四）《学生伤害事故处理办法》

《学生伤害事故处理办法》是教育部针对学生在校期间所发生的人身伤害事故的预防与处理做出的具体规范，该办法本着“依法、客观公正、合理适当、及时、妥善”的伤害事故处理原则，为积极预防、妥善处理在校学生伤害事故，保护学生、学校的合法权益提供了依据。

（五）《关于防治中小学生欺凌和暴力的指导意见》

《关于防治中小学生欺凌和暴力的指导意见》由教育部等九部门联合印发，为加强教育预防、依法惩戒和综合治理，切实防治中小学生欺凌和暴力事件的发生提供了指导意见。

想一想

你知道应该如何维护自身安全吗?

二、安全素养的内涵

安全素养是从业者从事职业活动所必需的安全意识、安全知识和安全技能的融合，是职业能力和安全行为习惯的融合，是职业技能和职业道德行为习惯的融合。

中职学生的自身特点和所处的环境决定了中职学生的安全素养主要包括：良好的安全意识和安全习惯，熟练掌握相关法律、法规知识及扎实的安全事故的预防、自护、自救能力等。

三、提高安全素养的途径

拥有良好的安全素养，有助于提高我们自身的安全防护能力，预防、减少危急情况下对我们的伤害。

（一）培养良好的安全意识

1. 视安全为自我基本需要

安全意识是安全素养的基石，其核心永远是我们自身。安全教育的基本出发点不是保证我们在任何地方都不出事，而是让我们每个人意识到安全首先是自己的事，从而积极主动地提高安全意识、掌握安全知识技能、提升安全素养。

2. 增强法制和纪律观念

没有规矩，不成方圆。加强遵规守纪的意识，将帮助我们远离危险。我们要自觉学法守法，自觉遵守校纪班规，增强法制纪律观念，理智行事，自觉预防、远离安全隐患。

3. 掌握安全防范知识

掌握必要的安全知识，懂得如何应对各种危急情况的方法措施，才能更好地培养自身的安全防范意识。

（二）养成良好的安全习惯

习惯是一种长期形成的思维方式和行为动作。拥有良好的安全习惯，可以有效地预防安全事故。

1. 不断学习丰富安全知识和安全技能

工欲善其事，必先利其器。只有不断地学习并熟练掌握各类安全知识和安全技能，才能在遇到突发安全事故的时候懂得如何趋利避害、如何自救自护。

大家既可以通过学校的各种主题教育宣传丰富自己的安全知识，比如安全主题班会、板报、讲座，各种安全应急演练等，又可以充分利用网络的便捷性，学习相关安全知识技能，反思安全典型案例等，通过多种形式的学习，丰富自己的安全知识和安全技能。

2. 把安全要求内化为习惯

安全知识和安全技能不是停留在纸面上就可以的，它是必须渗透落实到日常学习生活中的，并内化为每个人在具体事务中的自觉行为习惯，才能更好地化消极躲避为积极预防，才能够使各种意外伤害发生的可能性降到最低。比如，上下楼梯要靠右，公共场合自觉关注消防设施位置，电器不用时要关闭电源，购买食物要关注“三期”等。

3. 提高遵章意识

做任何事情都要有一定的规矩，否则就无法成功，就会出问题，安全尤其如此。作为中职学生，我们要在日常教育教学活动中主动提高遵章意识，强化遵规守纪的自觉意识和习惯。

中职学生是未来生产一线的主力军，直接从事基层生产劳作和管理，良好的遵章意识，有利于养成良好的职业习惯，有利于培养优秀的职业素养，减少出差错的概率，减少安全事故的发生，保护我们的人身安全和财产安全。

思考与活动

1. 利用“学校安全教育平台”的“安全资源库”，就其中的某一专题知识提前学习，并思考我们身边存在哪些安全隐患，在主题班会上进行交流。

2. 提前设计好安全调研问题，利用周末时间，邀请家长一起到自己生活的社区周边完成一次“安全调研实践活动”，并利用班会进行展示。

模块二

构建平安校园

学习导读

校园是我们每位同学健康成长的乐园，是学习知识的殿堂，校园的安全关系到每位同学的健康成长，关系到家庭和社会对学校的信任。国家、社会、家庭都非常重视校园安全，学生自身也要自觉维护校园安全，远离校园暴力及烟、酒、毒的侵害，预防艾滋病和食物中毒等，在坚持体育锻炼的同时防范运动带来的不必要伤害，树立危机意识，能够正确应对拥挤踩踏事件。在享受青春阳光生活的同时谨慎交友，不受坏朋友的诱惑，防止受到性侵害。

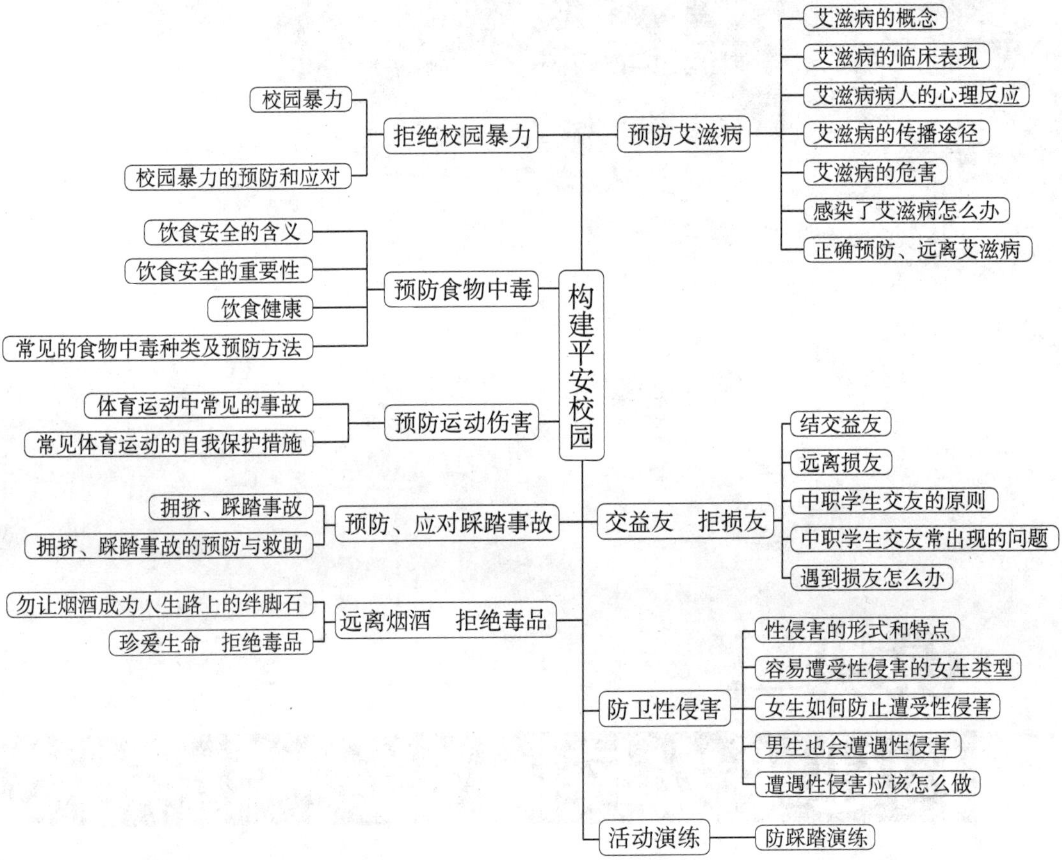

学习目标

认知目标	情感态度观念	运用目标
1. 了解打架斗殴的行为性质及其后果 2. 明确饮食安全的重要性，熟知食物中毒的种类及症状 3. 了解体育运动常见事故的种类。明确拥挤踩踏事故的成因及危害，掌握预防拥挤踩踏事故知识 4. 明确艾滋病的传播途径和危害。了解性侵害的形式和特点	1. 树立理性处理纠纷的意识，掌握冷静克制、化解纠纷的方法，提高自我保护能力 2. 拒绝垃圾食品，积极主动养成健康饮食的生活态度 3. 提高安全意识，敲响预防拥挤踩踏事故的警钟	1. 正确防卫语言暴力、肢体暴力 2. 学会预防常见的食物中毒 3. 学会运用常见体育运动的自我防护措施 4. 掌握拥挤踩踏自救和互救的技能 5. 提高自我保护能力，遇到坏朋友、性侵害掌握自救、逃离的方法

学习任务一　拒绝校园暴力

校园暴力是指同学间欺负弱小的行为，多发生在课间的教室、寝室或是夹道、厕所等校园较为隐蔽的角落，时间上也往往处于下课后、放学后等教师不易监管的时间段，既有肢体冲突的打架斗殴行为，也有歧视、辱骂等语言暴力现象。

案例警示

2015年12月8日，某职业技术学院门口发生了一起学生聚众斗殴案件，致一名学生头部重伤。警方展开侦查，抓获违法犯罪嫌疑人四十余名。案件的起因是该校的两名学生因乘坐电梯时发生争执，随后两人在学校厕所里发生厮打，双方相约下午下课后在学院北门处打架。其中涉嫌犯罪的9人被依法刑事拘留，12人被行政拘留10日，6人被取保候审，其余到案围观、购买工具的人员被警方训诫教育后交由学校、家长严加教育。

知识窗

打架斗殴是触犯刑法的违法行为

打架斗殴是一种典型的故意伤害行为，可能构成的罪名有两个：一个是“故意伤害罪”，另一个是“故意杀人罪”。《中华人民共和国刑法》规定：已满十四周岁不满十六周岁的人，要对故意伤害致人重伤或死亡的后果负刑事责任。已满十六周岁的人犯罪，应当负刑事责任。打架斗殴等故意伤害行为严重扰乱社会秩序，威胁他人的生命和健康，刑法第234条规定：犯故意伤害他人身体的，处三年以下有期徒刑、拘役或者管制；致人重伤的，处三年以上十年以下有期徒刑；致人死亡或者以特别残忍手段致人重伤造成严重残疾的，处十年以上有期徒刑、无期徒刑或者死刑。

一、校园暴力

（一）校园暴力的性质

1. 威胁他人的生命与健康

校园中的打架斗殴往往会造成当事人身体受伤，常见的受伤部位就是头部、鼻梁和眼睛，严重者甚至腹部内脏器官受损出血继而危及生命，就医的费用少则上千元，多则数万元不等，给双方家庭都带来不幸和无谓的经济负担。

2. 违纪亦是违法

校园里的打架斗殴事件，轻者违反校规校纪，重者构成犯罪被追究刑事责任。校园里发生的打架斗殴行为，即使后果没有严重构成故意伤害罪，也违反了校规校纪，应当受到纪律处分。简而言之，打架斗殴是轻则违纪重则违法之行为！

（二）常见校园暴力的表现形式

1. 打架斗殴

打架斗殴的事件在校园中时有发生，是超出理智约束的一种激烈对抗，是一种互相伤害的行为。打架斗殴多是因琐事、口角之争导致的，打架斗殴事件中双方多半是互相伤害的。一般来说，个人打架还处于可控范围内，而群体性打架斗殴，双方不仅会叫上自己的同学甚至会叫上社会人员，这种打架斗殴非常危险，而且多半从校园内延伸到社会中。

2. 勒索钱财

校园勒索通常发生在高年级学生与低年级学生之间，其背后其实有的与贫富有关，有的是“大”孩子欺负“小”学生，但可怕的往往是“大”孩子被别人所操纵，他们背后还隐藏着一个或多个团伙，与社会有着千丝万缕的联系，甚至可能联系到某些“涉黑”势力。“大”孩子、“小”学生，他们都是一样的受害者。尽管相对于社会上的流氓团伙、涉黑势力的恶行、暴行，校园中的勒索涉及的钱财金额很小，但是，勒索行为带给学生的精神伤害却是巨大的。中职学生正处在成长的关键时期，人生观、价值观还没有完全确立，无端突至的勒索可能给他们以当头一击，使他们完全迷失对社会的正常认知，扭曲他们的思想意识。如果得不到及时疏导，很可能导致悲剧的发生，即使他们不会做出极端的举动，也会在心头留下一片难以抹去的阴影。

3. 毁坏物品

为发泄个人不良情绪而故意破坏公共物品或设施的行为也是校园暴力的形式之一。这种故意的破坏行为可能是偶尔发生的，也可能是长期有针对性的，甚至可能很隐蔽不被人发现。

4. 语言暴力

最为常见的现代“校园暴力”是带有侮辱性质的绰号、言语暴力。语言暴力造成的伤害比起外表的伤痕来说更为严重和可怕，带来的心理影响更大、更难恢复，但它又是难以界定的。语言暴力是把无比锋利的软刀子，可以伤人于无形。

5. 冷暴力

冷暴力也是校园暴力的一种，主要表现为冷淡、轻视、放任、疏远和漠不关心，致使他人精神上和心理上受到侵犯和伤害。冷暴力更具有隐蔽性和难以具体言说的特点。

6. 校园欺凌

校园欺凌的表现形式多样，归纳起来大体有以下几种：给受害者起侮辱性绰号；对受害者粗言秽语；嘲笑受害者的外貌、衣着等；恶意传播关于受害者的谣言和闲话；恐吓胁迫受害者；威胁受害者对其言听计从；中伤讥讽或者贬损受害者的家人等；孤立排挤受害者；敲诈受害者等。应当看到，不少学校的师生及家长误以为上述行为不属于校园欺凌的范畴，甚至误以为是所谓有些孩子的调皮捣蛋行为。如果这些行为得不到及时的关注及治理，很容易升级为校园暴力。另外，这些行为日积月累会对受害者造成持续性的心理伤害。

网络欺凌已经成为校园暴力的新形式。虚拟网络世界成为一些孩子欺凌同辈的空间，尤其是他们在网上互相威吓、羞辱和折磨对方的行为，是在教师或家长的视线范围之外。网上欺凌的严重性绝对不能低估，我国曾发生过多起学生因在网上受到羞辱而患上抑郁症，甚至自杀的案例。

（三）校园暴力的危害

1. 扰乱学校秩序

校园暴力扰乱学校正常的教学秩序，影响同学们正常的学习和生活。有些受害者每天都处于紧张的回避、逃避、躲避状态，学习精力分散，学习效率下降。

2. 影响学校正气

校园暴力导致同学间关系紧张，不是在团结的气氛中比学习、比智慧，而是在霸道的环境中比拳头、比地位，班级风气、学校风气无形中偏离了方向，邪气不除，正气难正。

3. 厌学现象

受害者让校园里的暴力现象吓怕了，因此不敢去上学，上课也不敢主动提问题，胆子更小，最后导致辍学。

4. 人格扭曲

当有同学受到无端欺辱时，其他同学由于害怕报复，不敢挺身而出主持公道，正义感被泯灭。有些同学则露出冷漠的眼神，“打去吧，打死偿命，与我何干”。同情心、团结协作的精神缺失，人际关系淡漠，一旦被坏人利用，将极易走上犯罪道路。

5. 引发恶性事故

由于多次受到欺辱，受害者压力很大，等压抑达到不能承受时，就会产生报复心理，宁肯鱼死网破，铤而走险。

想一想

校园中同学间发生矛盾、纠纷很正常，这时你应该如何理性地处理？

二、校园暴力的预防和应对

（一）校园暴力的预防

校园暴力是一个严重的社会问题，预防和减少校园暴力是一个系统性工程，已经引起社会各界的普遍关注。只有全社会共同行动起来，采取一些积极有效的措施，才能最大限度地预防和减少校园暴力事件的发生，为广大学生创建一个文明和谐的校园育人环境。预防校园暴力需要从以下几个方面着手：

1. 健全校园暴力事件（安全事故）的预防、监督、管理机制

从某种意义上讲，学校的大多数暴力事件是可以避免的，关键在于学校能否建立起一套完善的预防、监督和责任机制，而师生自身正是这套机制的践行者。在校园生活中，师生要善于发现和化解有可能引发暴力事件的矛盾和问题，一旦发现身边同学有打架斗殴的苗头或暴力倾向，一定要配合老师做好他们必要的心理疏导，用法律、道德、纪律规章等去约束他们的行为，最大限度地防止校园暴力事件的发生。除此之外，配合学校签订安全责任书，使安全责任落实到人，做到群防群治，防患于未然。

2. 增强自我保护意识、提高自我保护能力

（1）学会调节和控制自己的情绪，同学间有矛盾要及时化解；不摆阔气；不结交不良朋友。

（2）养成谨言慎行的习惯，在日常生活中不要说刺激、伤害别人的话；与人相处不能恣意妄为，要学会合作交流，又要讲原则，遇事不能一味退缩。

（3）着装打扮要得体，不要过分暴露；不要贪图小便宜，不要对陌生人交付现金以及物品；身上尽量不携带较多的钱物。

（二）校园暴力的应对

1. 沉着冷静

遭遇校园暴力，一定要沉着冷静，尤其是当有陌生同学约自己到校园中或校外较偏僻的地方去时，一定要坚决拒绝并想办法逃脱，及时向老师、同学、家长寻求帮助。

2. 采取迂回战术

遭遇校园暴力逃脱不了时，可以采取迂回战术，尽可能拖延时间，顺从对方的话语，从其言语中找出可插入话题，缓解气氛，分散对方注意力，同时获取信任，为化解纠纷提供可能。

3. 避免发生冲突

避免与他人发生矛盾或冲突，同学间有争执时尽量用和缓的语言和手段加以处理。言行举止不要为了虚荣而虚张声势激化矛盾，从而酿成肢体冲突或埋下隐患。

4. 讲策略

与施暴者的不法行为做斗争时一定要讲策略，运用智慧。具体情况具体分析，保证人身安全永远是第一位的，不要去激怒对方，以减少被侵害程度；必要时，向路人呼救求助，采用异常动作引起周围人注意。尽可能避免与施暴者正面的直接搏斗，以免引起不必要的伤害。必要时，可以尽量满足对方提出的要求，同时一定要记住对方的体貌特征及时报警，或向老师、家长寻求帮助。

5. 增强法制意识

要增强法制意识，事后立即报案。在侵害发生后，要能够勇敢站出来，不能因为害怕被人知晓或者遭到打击报复就忍气吞声，助长施暴者的嚣张气焰，学会用法律的武器维护自己的正当权益。

案例警示

2016年5月26日，青岛市中级人民法院召开新闻发布会，通报近3年来全市校园暴力类案件受案总体情况，并发布了校园暴力类典型案例。2013年至2015年，市两级法院共审理涉校园暴力刑事案件31起，涉及被告人56人，未成年被害人35人，其中有13起为2人以上共同犯罪，多人共同实施侵害行为产生后果严重。涉案的所有被告均为男性，16～18周岁之间占比最多，涉案者最高面临无期徒刑的刑事处罚。

知识窗

美国对校园暴力的处理

2015年6月18日，3名中国留学（课程）生在美国因校园欺凌被控酷刑折磨罪、绑架罪等6项刑事重罪。根据美国加州法律，这种侮辱同学的行为被定为“酷刑折磨”，是一项重罪，严重的可判处终身监禁，并处最高1万美元罚金。另外，根据加州刑法，开车和望风的从犯也同罪并处，所有犯罪人都承担最重的惩罚。加州一位被欺凌的学生的家长报警后并向警方指出学校并未报警，该校校长因此被开除。美国法律规定：除肢体欺凌外，将言语辱骂、口头威胁、网络辱骂、恐吓等认定为欺凌行为；学校、医院发现孩子受伤、被欺凌，必须报警，否则校方和医院都要承担共同责任，父母必须为子女的欺凌行为承担民事赔偿责任。美国社会对校园欺凌案件的“零容忍”态度使未成年人犯罪率大幅降低。

思考与活动

1. 校园暴力实施者应负哪些刑事责任和民事责任？

2. 情境训练：放学路上，假如你遇到几个不良青年向你索要钱物，还扬言如果不给就会给你颜色看看，你该怎么办？

学习任务二 预防食物中毒

民以食为天，食以安为先。食品安全无小事，一粒米，一桌餐，牵动着千家万户，关乎人民群众的身体健康和生命安全。随着经济的快速发展和生活物资的极大丰富，注重食品安全、倡导健康生活早已成为社会共识。

一、饮食安全的含义

所谓饮食安全，包含两层含义：一是所食用的食品本身没有受到外来因素的威胁（如细菌污染导致的霉变、温度导致的变化等），食品的基本属性（如营养性、功能性等）没有发生变化；二是入口的食物对食品消费者的安全性，即食品不会对消费者的身心健康造成危害。饮食安全与我们中职学生的健康息息相关。

二、饮食安全的重要性

在校园生活中，安全是第一位的，饮食安全则是生命安全的前提，只有保障生命安全才有进一步追求健康的基础。身体健康是一切人生追求的基础。

因为饮食安全而出现的食源性疾病，既会给同学们的身心带来痛苦，也可能带来不必要的死亡和经济负担。

明确饮食安全的重要性，能够让我们全面地了解各类可能会对我们生命安全构成威胁的情况，从而让我们在选择食品的时候更加理性。

三、饮食健康

（一）饮食健康是身体健康的首要条件

世界卫生组织提出健康的四大基石是合理膳食、适量运动、戒烟戒酒、心理平衡。由此可见，饮食健康是身体健康的首要条件，有个好身体，健康一辈子。不健康的生活就相当于慢性自杀，尤其对于中职学生来说，一些垃圾食品的诱惑，很难拒绝，日积月累，身体状况就会每况愈下。

因此，树立正确的饮食理念，做自己的健康专家，应先从饮食健康做起，建立健康的生活方式，从而避免陷入亚健康的状态。

（二）饮食健康的原则

1. 多喝水、喝汤，不喝或少喝含糖饮料、碳酸饮料和酒。

2. 不要节食，但也不要暴食，最好吃八成饱。

3. 能生吃，不熟吃；能蒸煮，不煎炒；能煎炒，不炸烤；少放盐和味精。

4. 多吃坚果、种子、天然植物油、绿叶蔬菜和低糖水果等卡路里比较低的食品。

5. 少吃容易过敏的、含有害物质的食品，如快餐食品、油炸食品、氢化油食品

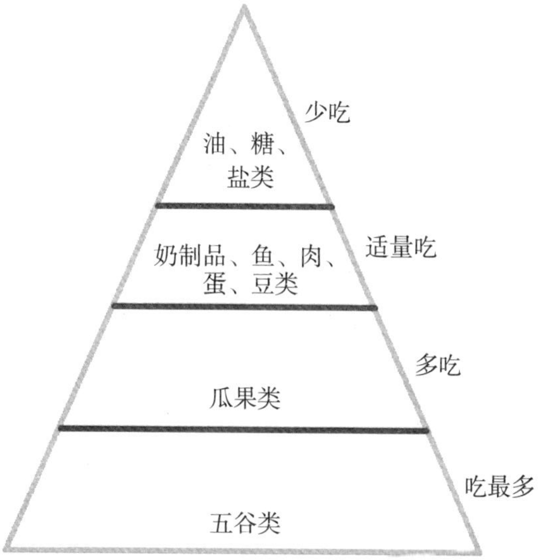

和腌制食品。

6. 严格控制糖和淀粉的摄入。最好戒糖，不吃或少吃细粮，少吃血糖指数高的食物（如甜饼干等）。要多吃粗粮（未进行精加工的食物）；吃饭时最好先吃含膳食纤维多、血糖生成指数低的食物，如绿叶蔬菜、坚果和肉类。

7. 增补多种营养素。增补抗氧化剂，包括维生素A、维生素C、维生素E以及含原花青素高的食物。增补矿物质，包括钙、镁、铁、锌、硒、铬等。

知识窗

亚健康

亚健康的常见临床表现：疲乏无力、头痛头晕、眼睛干涩、流泪、耳鸣、记忆力减退、注意力不集中、反应迟钝、入睡困难、情绪不稳定、胸闷气短、食欲不振、双腿沉重、过早白发脱发、三高一低。

引起亚健康的因素：饮食失衡、精神压力、不健康的生活方式、辐射、污染等。其中，饮食是否健康、膳食是否平衡是决定是否会处于亚健康状态的关键因素。

四、常见的食物中毒种类及预防方法

（一）食物中毒的种类

1. 细菌性食物中毒

细菌性食物中毒占全部食物中毒的60%～70%，其主要原因是食物受到细菌污染，使食物含有大量致病的活细菌而导致食后中毒。细菌性食物中毒多发于高温、潮湿的夏秋季节，尤其是6～9月份。因为这时极易引起细菌在各种动、植物上迅速生长繁殖，加之烹调、储藏不当，灭菌不严，易发生中毒。

2. 化学性食物中毒

主要是因农药、化肥、亚硝酸盐及铅等有毒化学物质大量混入食品所致。这类食物中毒的症状都比较严重。

3. 有毒动物中毒

如食用河豚、生鱼胆等中毒。主要是因为某些动物体内含有毒素，在加工、烹调时没有清除或破坏掉，人们食用后中毒。

知识窗

食物中毒急救——催吐

如果在进餐后出现呕吐、腹泻等食物中毒症状，要立即组织自行救治，可用筷子或手指刺激咽部帮助催吐以排出毒物，并及时前往医院进行救治和检查。同时还要注意及时向学校老师或当地卫生行政部门报告，并保留所有剩余的食物、有关餐具和设备，以备核查中毒原因。催吐常用的方法是使用手指按压舌根，并碰触扁桃体，使机体产生反射，发生呕吐反应；或用双手挤压胃部以下位置；或轻拍背部对应于胃的位置等。呕吐是人类在大自然生存进化中的一种自我保护反应，发生于食用有毒物质和变质食物、脑部损伤等之后，可以帮助身体排出毒素、降低压力等。神志清醒，且有知觉的人，通过催吐的方法可以排出体内有毒的物质，效果往往强于洗胃。

4. 有毒植物中毒

如毒蘑菇、苦杏仁、生扁豆、发芽土豆中毒等。这主要是误食有毒植物或因种植、储藏、加工方法不当而没能除去植物性生物中的天然毒素所致。

5. 真菌毒素食物中毒

如赤霉病麦面、霉变甘蔗、霉变花生或霉变玉米中毒等。这主要是因为食物在生长、收割、运输、储藏、加工、销售过程中，被霉菌污染并在食物中产生大量毒素而引起。

（二）预防食物中毒

1. 养成良好的卫生习惯

饭前便后要洗手。不良的个人卫生习惯会把致病菌从人体带到食物上去。比如说，手上沾有致病菌，再去拿食物，污染了的食物就会进入消化道，引发细菌性食物中毒。

2. 选择新鲜和安全的食品

购买食品时，要注意查看其感官性状，判断其是否已腐败变质。尤其是对小食品，不要只看其花花绿绿的诱人外表，要查看其生产日期、保质期，是否有厂名、厂址等标识。不能买过期和没有厂名、厂址的产品，否则，一旦出现质量问题无法追究。

3. 食品在食用前要彻底清洁

食品在食用前要彻底清洁，尤其是生吃蔬菜、瓜果，一定要清洗干净；需加热的食物要加热彻底，如菜豆和豆浆含有皂苷等毒素，不彻底加热会引起中毒。

4. 尽量不吃剩饭菜

如需食用剩饭菜，应彻底加热，不彻底加热会引起细菌性食物中毒。不吃霉变的粮食、甘蔗、花生米等，因为其中的霉菌毒素会引起中毒。

5. 警惕误食有毒、有害物质引起中毒

装有消毒剂、杀虫剂或鼠药的容器用后一定要妥善处理，防止用来喝水或误用而引起中毒。

6. 不到没有卫生许可证的小摊贩处购买食物

煎饼果子、肉夹馍、烤冷面、炸串、关东煮等这些耳熟能详的路边小吃，尽管美味可口，但有的不良商家添加了大量食品添加剂，制作环境卫生条件也很差，甚至根本没有卫生许可，食用后出现了腹泻、呕吐等食物中毒症状有时也无处索赔。

7. 饮用符合卫生要求的饮用水

不喝生水或不洁净的水。

8. 加强体育锻炼

加强体育锻炼，增强机体免疫力，抵御细菌的侵袭。

思考与活动

1. 请同学们相互交流自己最喜欢吃的食物种类，评选出哪些是健康食品。
2. 为自己制订一份绿色健康早餐食谱，分享在班级群中，互相交流学习。

学习任务三 预防运动伤害

生命在于运动，体育运动也是深受中职学生喜爱的活动项目。但校园中时常发生的运动伤害又给不少学生带来身体伤害甚至致残，给正常学习生活蒙上阴影。掌握防范运动伤害的基本知识，才能保障健康运动，做好自我防护。

知识窗

跑步运动损伤

在运动中，造成人体组织或器官在解剖上的破坏或生理上的紊乱，称为运动损伤。专家表示，仅跑步类活动引起的运动损伤就可达十多种，从脚跟到膝盖、腰部、背部，都有可能损伤。具体来说，跑步可引起脚底和脚后跟疾病；引发跟腱炎，跟腱发生钙化，就会失去弹性；也会导致半月板损坏，引发髌骨疼痛。除了腿部伤害，髋关节、腰部和背部同样会受到损伤，产生疼痛感。

三类人群不适合跑步：一是身体太胖的人，因体重过重会导致跑步时膝盖损伤；二是心肺功能异常人群，跑步对人体心血管会产生巨大影响，突然引发心脏疾病的可能性大，风险较高；三是罗圈腿和平底足的人群，这类人群一旦剧烈运动会导致肌腱劳损，甚至可引起韧带损伤，久而久之还会发生关节退变。

一、体育运动中常见的事故

学生在校园内发生的体育活动致意外伤害事故主要有以下两种类型：第一类是在学校正常的教育教学活动过程中发生的伤害事故，比如体育课进行器械运动时的摔伤；第二类是非授课时间（即课间休息或课外活动时）学生在校园内受伤的事故。

（一）体育活动常见事故的种类及处理

1. 体育活动常见事故种类

（1）擦伤　皮肤表面受到摩擦后的损伤，分为轻度擦伤和重度擦伤。

（2）鼻出血　如鼻部受外力撞击而出血。摔跤、打篮球等剧烈运动伤及鼻面部引起的鼻出血是比较常见，主要是鼻腔黏膜裂伤、围成鼻腔支架的鼻骨等骨折撕裂血管，发生鼻出血，大多数情况下不太严重。但如果鼻出血长时间止不住，则需要警惕颅底骨折的可能，因为颅底骨折可以造成大血管损伤，导致出血凶猛并且不容易短时间内止血，甚至损伤硬脑膜，出现脑脊液鼻漏，引起生命危险。

（3）扭伤　常常是四肢关节或躯体部位的软组织（如肌肉、肌腱、韧带等）损伤，而无骨折、脱臼、皮肉破损等。临床主要表现为损伤部位疼痛、肿胀和关节活动受限，多发于腰、踝、膝、肩、腕、肘、髋等部位。在体育运动中最为常见。

（4）挫伤　在钝重器械打击或外力直接作用下可能使皮下组织、肌肉、韧带或其他组织挫伤，也可能受伤部位皮肤完整无损或只有轻微破损。

（5）脑震荡　头部遭受外力打击或碰撞到坚硬物体，使脑神经细胞、纤维受到过度震动，可分为轻度、中度和重度脑震荡。

（6）脱臼　直接或间接的暴力作用，使关节面脱离了正常的解剖位置。

（7）骨折　身体不同部位的骨头完整性受破坏，多发生在四肢部位。

2. 常见体育活动事故的处理

（1）擦伤处理　轻度擦伤比较常见，如果伤口保持干净，一般只要涂上红药水或紫药水即可自愈。重度擦伤则首先需要止血（视情采用抬高肢体法、绷带加压包扎法、手指直接点压止血法），然后冷敷。冷敷法可使血管收缩，减少局部充血，降低组织温度，抑制神经的感觉，因而有止血、止痛、防肿的作用。冷敷法常用于急性闭合软组织损伤。

（2）鼻出血处理　应使受伤者先坐下，并把头后仰，暂时用口呼吸，鼻孔用纱布塞住，用冷毛巾敷在前额和鼻梁上，一般即可止血。

（3）扭伤处理　应先止血、止痛。可把受伤肢体抬高，用冷水淋洗伤部或用冷毛巾进行冷敷，使血管收缩，减轻出血程度，减轻疼痛。不要乱揉，防止增加出血。然后在伤处垫上棉花，用绷带加压包扎。受伤48小时以后改用热敷，促进瘀血的吸收。轻度扭伤的及时处理十分重要，有助于痊愈；处理失误就会延长愈合时间甚至加重症状。轻度扭伤是可以痊愈的，不会有骨折等情况，只是关节或者韧带出现了损伤。扭伤的疼痛是可以忍受的，要是发生撕裂则疼痛难忍，是需要手术纠正的。如果关节活动范围超过正常限度，附在关节周围的韧带、肌腱、肌肉就会撕裂形成撕裂面，可造成重度扭伤，应立即前往医院就医。

（4）挫伤处理　轻度损伤不需特殊处理，经冷敷处理24小时后可用活血化瘀喷剂，局部可用伤湿止痛膏贴上，在伤后第一天予以冷敷，第二天热敷，约一周后可吸收消失。较重的挫伤可用云南白药加白酒调敷伤处并包扎，隔日换药一次，加理疗。

（5）脑震荡处理　对待体育活动中头部受到撞击伤害的同学，应使其静坐，询问是否有头晕、头痛的感觉。如果觉得头晕恶心应立即前往医院就诊；如果仅碰触才有轻微头疼可卧床休息，密切观察，随时就医。对中、重度的脑震荡，要保持伤员绝对安静，仰卧在平坦的地方，进行头部冷敷，注意保暖，及时送医院治疗。

（6）脱臼处理　动作要轻巧，不可乱伸乱扭。可以先冷敷，扎上绷带，保持关节固定不动再请医生矫治。

（7）骨折处理　首先应防止休克，注意保暖，然后包扎固定送医院治疗。

知识窗

冷敷法

常用的冷敷方法有两种，一是干冷敷，二是湿冷敷，其具体方法与热敷有许多相似之处，但作用原理恰恰相反。冷敷是为了使局部损伤肌肉组织得以收缩，减少出血和肿胀。冷敷时要注意皮肤不要冻伤。干冷敷法：将碎冰或冷水装入橡胶制的冰袋中，然后将袋口扎紧，在冰袋和皮肤之间要用毛巾或布套隔开。冷敷的间隔时间一般是1～2小时，每次敷20分钟，根据情况每日数次。湿冷敷法：用两块小毛巾或纱布交替浸泡在冷水盆中，轮流拧至半干，放在患者的受伤部位。每次20～30分钟，每4～5分钟换一次敷布，每日可敷多次。当受伤部位没有破损伤口时，可以将脚直接泡入冷水盆中，但时间不要超过15分钟。冷敷一般是在受伤后48小时之内进行。冷敷时，要将受伤部位抬高，最好比心脏部位稍高一些。

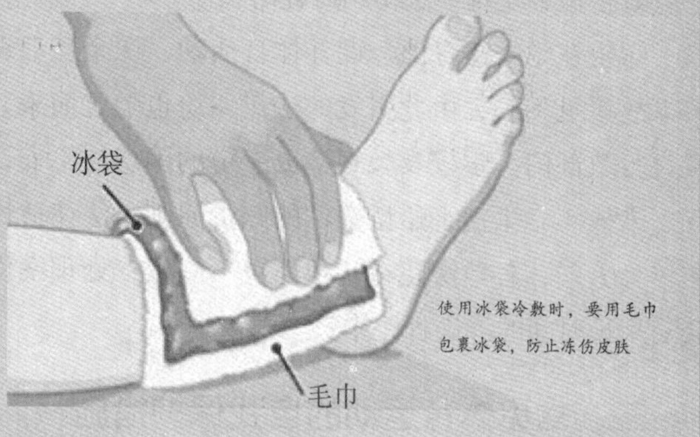

使用冰袋冷敷时，要用毛巾包裹冰袋，防止冻伤皮肤

想一想

我们身边的体育运动事故容易发生在什么地方，什么时间？

（二）常见体育运动事故的危害

1. 对身心健康造成影响

对于体育伤害事故受害者而言，因伤害事故的降临，身心势必遭受无法磨灭的永久性创伤，受伤同学可能要以残缺躯体面对人生，面临着屈辱、伤痛、诸多不便和不易，人生的轨迹或许就此发生转折。伤害事故发生后，对学生会产生一定的心理影响，从而使学生不敢参与一些危险性的体育项目，影响学生参加体育锻炼的积极性。同时，事故本身会对其他家庭和学生产生不利的心理影响，使他们对本可强身健体的体育活动产生怀疑和恐惧，在参加或不参加之间产生纠结心理，这样也势必对整个学校体育教学产生消极影响。

2. 影响学业成绩

受伤可能导致长达数周、数月不能上学，致使成绩下滑，不能完成教学规划，甚至补修或留级。

3. 给家庭带来经济负担

孩子是父母未来的希望，甚至是全部，当子女因为体育伤害事故致伤、致残或死亡时，整个家庭将转化为残破或困难家庭，这对家长的心理打击沉重。受伤致残期间产生的巨额的医疗、护理费用都会给家庭带来沉重的经济负担。

4. 责任界定难，法律纠纷耗时长

学生在学校体育课、课外体育活动、课余运动训练和运动竞赛中发生意外、出现伤害的事故屡见不鲜，由此引发的法律纠纷也随之而来。这类法律纠纷案件责任界定难，也给教育行政部门、学校及教师造成一定的困惑与不安，影响了学校体育活动的正常开展与进行。未成年学生损害赔偿案件的归责原则、法律适用、责任分配等问题，学界认识上仍存在较大分歧，各地法院在认识上也不一致，处理案件掌握的尺度很不统一。法院审理可能会陷入长时间的诉讼程序中。

二、常见体育运动的自我保护措施

（一）常见体育运动事故原因

1. 认识不足，措施不当

对运动损伤预防的重要性认识不足，未能积极采取有效的预防措施，组织纪律混乱和违反活动规定，易导致运动损伤的发生。

2. 准备活动不足

不做准备活动，或者是准备活动敷衍了事，在神经系统和各器官系统的功能尚未达到适宜水平时，就进行激烈的体育活动，易造成肌肉损伤、扭伤。

3. 不良的心理状态

缺乏经验，思想麻痹，情绪急躁；或在练习中因恐惧害羞而产生犹豫不决和过分紧张等。

4. 体质原因

体育基础、身体素质差，或动作要领掌握不正确，一时不能适应体育活动的需要，或不量力而行，容易发生损伤事故。

5. 不良的气候变化

过高的气温和潮湿的天气，导致大量出汗失水；在冰雪寒冷的冬季易发生冻伤或其他损伤事故。

（二）常见体育运动的自我防护措施

1. 学习预防知识

学习运动创伤的预防知识，克服麻痹思想。掌握急救措施，避免措施不当造成的二次伤害。

2. 遵守纪律，做好准备

遵守纪律，听从指挥，做好组织工作，采取必要的安全措施。如：检查运动场地和器材，运动中尽量避免摔倒，穿着合适的服装和防滑的鞋子，减少不必要的身体冲撞和摩擦。在激烈运动和比赛前要做好准备活动，提高身体对寒冷或其他气候环境的适应能力。

3. 控制运动量

要根据自己的情况选择活动内容，适当控制运动量，以不过分疲劳为宜。最大的运动强度一般是脉搏次数每分钟不超过180次。禁止带病或体检不合格者参加学校的大型比赛。伤病初愈参加运动时，应尊重医生的意见。

4. 掌握运动要领

掌握运动要领，加强保护和帮助。在完成动作时互相帮助，在器械体操和完成难度较大的动作时，一定要实施保护与帮助，尽量避免意外伤害事故的发生。学会自我保护的方法能最实际地预防运动损伤。当重心不稳快摔倒时，应当立即顺势滚翻，切忌直臂撑地，以防手腕或前臂骨折；从高处跳下时，以前脚掌着地并缓冲，这样就能减少或避免某些损伤。

5. 加强医务监督，提高自我保健意识

对于免修体育的学生，根据实际情况，教师酌情安排见习或适当的活动内容。对于体育锻炼中不慎发生的受伤事故，要及时给予救治，严重者要及时送医院就医。

知识窗

膝关节的保护

膝盖是我们运动时非常关键的部位，也是比较容易受伤的部位，而且受伤后恢复缓慢。一般来说，扭转最容易导致膝关节损伤。像一些扣球的动作，尤其是足球、篮球等运动中一些斜切、转身、拐弯等动作，都比较容易造成膝盖受伤。生活中如何保护膝关节、预防膝关节损伤呢？一是注意控制运动量，如果感觉膝盖疼痛就要休息；二是平时多锻炼肌肉力量和反应能力；三是要学会休息，练得太多也不好；四是冬春季节注意膝盖保暖。

思考与活动

1. 常规的止血方法有哪几种？

2. 有同学在操场上打篮球时脚踝扭伤，你作为在身边的同学应该如何正确处理？

学习任务四 预防、应对踩踏事故

近年来校园内的学生拥挤踩踏事故时有发生，对学生生命安全构成了严重威胁。为此，要严防校园拥挤踩踏事故的发生，让学生掌握自救和互救技能，就会为生命添一道防线。

案例警示

2017年3月22日上午8点半左右，某学校的学生在上厕所时发生踩踏事故，2人死亡，20人受伤，其中2人重伤。踩踏事故发生时是早读课下课时间，学生集中前往厕所为10分钟后的月考做准备。

知识窗

拥挤踩踏突发事件

拥挤是一种突发的失控现象，往往发生在人员集中的场所。当我们遇到拥挤情形时应该保持冷静，沉着应对，谨防因为突发的拥挤致使人身伤害发生。公共场所发生人群拥挤踩踏事件是非常危险的，当身处这样的环境时，一定要提高安全防范意识。在行进的人群中，如果前面有人摔倒，而后面不知情的人继续向前进的话，那么人群中极易出现像“多米诺骨牌”一样连锁倒地的拥挤踩踏现象。

一、拥挤、踩踏事故

（一）拥挤、踩踏事故的原因

1. 校园中的拥挤、踩踏事件多发生在放学、集会、就餐之时，学生相对集中，且大家的心情都比较急迫。学生不易控制自己的情绪，遇事慌乱，常常出现拥挤并大喊大叫的现象，使场面失控。

2. 学校校舍比较老旧，照明设备、楼梯设计不合理，上面几层的学生下楼梯到一、二楼时，人员相对集中，容易形成拥挤。

3. 学生平时缺乏对事故防范知识的学习和训练，无应急措施。不善于自我保护，在拥挤或弯腰拾物时被挤倒，或被滑倒、绊倒，造成挤压事故。

4. 有个别学生搞恶作剧，遇有混乱情况时趁势狂呼乱叫，推搡拥挤以此发泄情绪或恶意取乐，致使惨剧发生。

5. 晚上突然停电或楼道灯光昏暗，楼梯较窄，不能满足人员集中上下楼梯的需要，造成拥挤、踩踏事故。

（二）拥挤、踩踏事故的危害

1. 在踩踏事件中，有人一旦摔倒，就会被惊慌的人们踩踏过去，而且踩踏过去的人根本不知道踩踏到你什么部位。身体的重要部位，如头部、腹部都会受伤，腹部内的脏器会受损造成破裂出血，躯干部位容易擦伤或造成骨折。拥挤踩踏事故造成伤害的直接原因在于拥挤的人群重力或推力叠加，如果有十来个人推挤或压倒在一个人身上，其产生的压力可能达到9 800牛顿以上。人的胸腔被挤压到难以或无法扩张，就会发生挤压性窒息。也有死亡案例受害者并非倒地，而是在站立的姿势中被挤压致死。

2. 踩踏事故一经发生，几乎都会造成学生伤亡的结果，且往往是群体性伤亡，危害极大，影响恶劣，社会关注度高，将影响学校正常的教学秩序。受伤学生耽误学业，往往需要长期医疗才能康复，事故中造成的心理阴影也需要后续长期的关注咨询才能康复。

二、拥挤、踩踏事故的预防与救助

（一）避免拥挤、踩踏事故的发生

1. 在楼梯通道内，举止保持文明，人多的时候不拥挤、不起哄、不打闹、不故意怪叫制造紧张或恐慌气氛。

2. 下楼的学生应该尽量避免到拥挤的人群中，当发觉拥挤的人群向自己行走的方向来时，应立即避到一旁，切不可逆着人流前进，否则，很容易被人流推倒。

3. 假如陷入拥挤的人流时，一定要先站稳，双肘撑开平放于胸前，要微微向前弯腰，形成一定的空间，保证呼吸顺畅，以免拥挤时造成窒息晕倒。时刻保持警惕，当人群开始骚动时，就要做好准备以保护自己和他人。即使鞋子被踩掉，也不要弯腰捡鞋子或系鞋带，有可能的话，可抓住坚固可靠的东西慢慢走动或停住，待人群过去后再迅速离开现场。若自己不慎被挤倒，要设法靠近墙角，身体蜷成球状，双手在颈后紧扣以保护身体最脆弱的部位。当发现自己前面有人突然摔倒了，要马上停下脚步，同时大声呼救，告知后面的人不要向前靠近。

（二）踩踏事故时自防自救

1. 为了避免拥挤、踩踏事故发生时同学们不慎倒地，可以十指交叉相扣，护住后脑和颈部；两肘向前，护住头部。

2. 不慎倒地时，双膝尽量前屈，护住胸腔和腹腔重要脏器，侧躺在地。

3. 在拥挤的人群中，左手握拳，右手握住左手手腕，双肘撑开平放胸前，形成一定空间来保证呼吸。

（三）对他人的急救

1. 有组织地维持现场秩序并告知他人，当发现自己前面有人突然摔倒了，要马上停下脚步，同时大声呼救，告知后面的人不要向前靠近；赶快报警，等待救援；及时分流拥挤人群，组织有序疏散。

2. 在医务人员到达现场前，抓紧时间用科学的方法开展自救和互救。判断伤势的依据有：神志不清、呼之不应者伤势较重；脉搏快、呼吸急促而乏力者伤势较重；血压下降、瞳孔放大者伤势严重；有明显外伤、血流不止者要就地处理。当发现伤者呼吸、心跳停止时，要赶快实施心肺复苏。

3. 在救治中，要遵循先救重伤者、老人、儿童及妇女的原则。

思考与活动

1. 当你外出逛商场、去影院看电影时，是否留意过这些公共场所的应急逃生通道？

2. 组织本班同学模拟一次夜晚停电后，从教室到操场的疏散演练活动。

学习任务五　远离烟酒　拒绝毒品

烟、酒、毒并称为世界三大隐形杀手，其危害程度同学们多多少少都有些了解，但却往往是知而不行，得不到足够的重视，总觉得这种危害离自己还远。其实，这种危害会在我们日常的不良嗜好中，不知不觉慢慢地积累显现出来，当不可挽回的结果发生时，已悔之晚矣。因此，在我们年轻时，请不要让抽烟、喝酒、吸毒等这些恶习为我们以后的生活埋下“炸弹”。

案例警示

全球每年有540万人因吸烟引起的相关疾病致死。有资料表明，长期吸烟者的肺癌发病率比不吸烟者高10～20倍，喉癌发病率高6～10倍，冠心病发病率高2～3倍，循环系统发病率高3倍，气管炎发病率高2～8倍。从2016年全国火灾情况看，在已查明原因的火灾案例中，吸烟引发的火灾共16 224起，平均每天因吸烟导致44起火灾。

公安部通报，2017年10—12月，全国共发生酒后驾驶肇事事故302起，造成104人死亡、268人受伤；全球每年有230万人丧生于与饮酒相关的疾病；虐待儿童案例有50%是因饮酒造成的，对亲人施暴的案例30%是由饮酒引起的；其他暴力行为中40%～80%是因饮酒而引起的；20%～50%的自杀案例与酗酒成瘾有关。

毒品夺人性命。2017年，世界卫生组织预计每年约有50万人因吸毒死亡。

一、勿让烟酒成为人生路上的绊脚石

中职学生正是身体与生理快速生长的时期，又是思想和心智还不够成熟的时期，这个阶段如果沾染了抽烟喝酒的不良嗜好，不仅对自我身心造成不可估量的损害，还会对他人、对家庭、对社会造成一些损害和不良后果。作为一名即将步入社会的职校学生，充分了解烟酒的危害，远离烟酒的侵害，打造良好的思想品德和职业修养，是最明智、最正确的做法。

（一）中职学生吸烟的多种危害

1. 损害自己身体健康

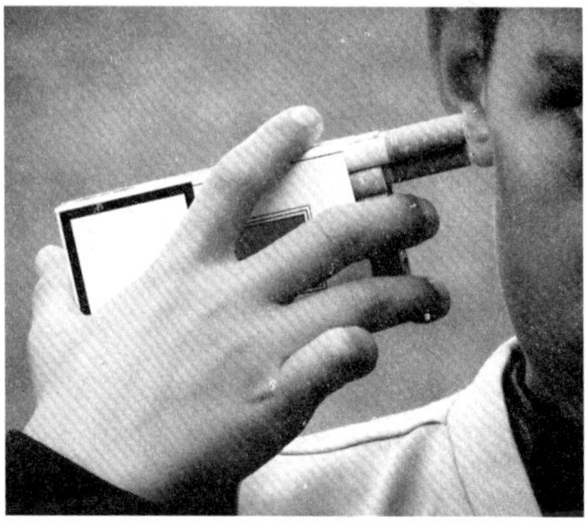

据统计，吸烟者比不吸烟者的平均寿命要短5～8年。中职学生正处于长身体的时期，吸烟会影响身体器官的发育，还会损害青少年的智力发育，导致记忆力下降，精神不振，自然学习成绩就不断下降。切勿在年轻时因“好奇”亲手毁了自己的身体健康。

2. 浪费父母血汗钱

烟草是支出较高的消费品，作为学生，支出的都是父母的血汗钱，如果沾染上吸烟的恶习，就会加重家庭的经济负担。

3. 促使不良品质滋生

中职学生吸烟是校规校纪所明文禁止的，痴迷于吸烟的学生往往思想散漫空虚，不肯刻苦学习；吸烟容易成为其他不良行为的媒介，如易交上坏朋友、聚众打架斗殴、逃学等，甚至因为无钱买烟而不自觉地诱发走向违法犯罪的道路；还有个别同学会因吸烟成瘾而沾染上毒品。

4. 污染环境损害他人

在封闭的空间内吸烟会污染室内空气；在室外吸烟会破坏环境的清洁和卫生。吸烟者不仅污染了环境，更是对身边同学的健康造成了损害，除了刺激眼、鼻和咽喉外，它会明显地增加非吸烟者患上肺癌和心脏疾病的机会。据调查，一些与吸烟者共同生活的人，患肺癌的概率比常人要多6倍。

5. 引发火灾

吸烟是人为引发火灾的重要原因之一。翻开全国重特大火灾统计资料，里面记载着许多因酒后吸烟、卧床吸烟、乱扔烟头、违章吸烟等原因酿成的火灾和伤亡事故，触目惊心。学生在宿舍内抽烟很容易引起火灾。由于学生宿舍人员密集，一旦发生火灾，不仅会造成学校和学生财产的重大损失，还可能危及学生生命。

案例警示

2001年5月16日，某地一所寄宿学校发生了火灾，造成8名正在准备高考的学生死亡、25人受伤。火灾是由于一个男生在宿舍内偷着吸烟引起的。他吸完后没有把烟头熄灭就随手扔在地上，在所有人都没有在意的情况下，烟头引燃了宿舍内的物品，火势迅速蔓延，造成了悲剧的发生。

想一想

国际上为什么要定出一个全世界的“无烟日”？

知识窗

在禁止吸烟场所吸烟造成火灾应负的法律责任

根据《中华人民共和国消防法》第六十四条第二款的规定，过失引起火灾的，尚不构成犯罪的，处十日以上十五日以下拘留，可以并处五百元以下罚款；情节较轻的，处警告或者五百元以下罚款。

对在禁止吸烟场所吸烟，导致火灾事故，致人重伤、死亡或者使公私财产遭受重大损失的，根据《中华人民共和国刑法》第一百一十五条第二款的规定，对直接责任人应追究放火罪，处三年以上七年以下有期徒刑；情节较轻的，处三年以下有期徒刑或者拘役。

2006年1月，《世界卫生组织烟草控制框架公约》在我国生效，我国正式履行该公约规定的义务。

（二）中职学生饮酒的不良影响

案例警示

李航今年14岁，一天下午，因怕他出去贪玩，父亲外出时将他反锁在家中，有个同学来找他玩时翻窗进入。随后，两人开始学着大人喝酒玩，李航喝了两杯白酒后出现呕吐、昏迷。他的同学见状急忙呼救，幸好李航的大伯及时赶到，并将他送往医院抢救，而李航的同学也因摄入酒精出现了皮疹。

送入医院时，李航满身酒气，脸色发青，口吐白沫，不省人事，当即被送入急救室。医护人员帮他监测生命体征并吸氧、催吐、喂水稀释酒精。经过及时抢救，李航总算捡回了一条命。

觉得喝酒很“酷”，这正是学生不成熟的表现。中职学生自制力不足，喝起酒来不加节制，往往“烂醉如泥”，甚至染上酒瘾、沉沦其中，对身体和心理发育危害极大。酒对中职学生群体归纳起来有五大危害：

1. 酒精毒害各个组织器官和系统

饮酒后，约20%的酒精立即在胃中被吸收，其余全部被小肠吸收。吸收进血液中的酒精，除了极少数（10%）由汗、尿、唾液和呼吸排出外，其余的90%要经过肝脏解毒。学生发育尚未完全，各器官功能尚不完备，对酒精的耐受力低，肝脏处理酒精的能力差，因而更容易发生酒精中毒及脏器功能损害，可能埋下肝硬化、胃癌、心血管病等疾病隐患；若长期饮酒，还会引起营养和代谢失调，造成蛋白质、维生素及矿物质供应不足，损害牙齿，影响生长发育。

2. 酒精危害中枢神经系统

酒精对中枢神经系统的影响分两个阶段：少量饮酒，大脑皮层高级神经活动首先受到抑制，使得高级中枢对皮层下中枢的控制减弱，使人丧失理智和克制态度，表现为所谓“兴奋”现象，并伴有头晕、恶心、呕吐等；若继续饮酒，就会脸红、乱说胡话，出现语无伦次、步履不稳、动作不协调和嗜睡、昏迷等症状，严重者还会引起呼吸困难、呼吸中枢麻痹、窒息，造成酒精中毒而死亡。同时，由于学生视神经尚未发育完善，当酒精血浓度达到一定的标准时，可引起严重视力减弱，严重的可发生复视现象。

3. 饮酒容易导致自我防线降低

有研究报告指出，大约有27%的中职学生有饮酒或过度饮酒经历。饮酒后，人往往会头脑不清、反应力和抵抗力都会降低；由于男女身体结构和生理特征的不同，女孩过度饮酒的危害更大。学生饮酒后就容易放松了自己的安全防线，降低了自己的防卫能力，使自己陷入十分危险的境地，很容易给坏人以可乘之机，让自己遭受到意想不到的伤害。

4. 饮酒导致学习明显退步

中职学生应遵守学校制度，集中精力学习专业知识，不要沾染某些不良习性。但少数学生以为自己已长大，在生日聚会或外出郊游时学着大人喝酒，以为这是一种成熟和潇洒的表现，不加节制地开怀痛饮，甚至划拳猜令，喝得东倒西歪。对自制力差的同学，喝的次数多了就可能有了酒瘾，整天琢磨喝酒，寻求酒精刺激。学生饮酒后，不仅神经反射的速度显著减慢，酒精对脑细胞损害也相当大，对大脑发育极为不利，造成自己的学习效率降低；学生若长期饮酒，更会变得注意力无法集中，记忆力、判断力下降，致使智力减退，学习退步明显，甚至有些原来学习较好的学生变得一蹶不振，因酒荒废了自己的一生。

5. 饮酒容易导致伤害事件

据统计，青少年打架、斗殴、寻衅滋事等行为的60%是由饮酒后神经兴奋、行为失控造成的。中职学生没有经济收入，有的学生为了有钱喝酒，甚至采取骗、偷、劫等非法手段获取金钱，从而导致违法犯罪行为的发生。

想一想

某天，你同朋友（同学）外出游玩在外用餐，这时有人（熟悉的或刚认识的）以各种“好意”不停地劝你喝点酒，你会怎么做？

（三）远离烟酒诱惑，阳光健康生活

我们生活在社会中，会遇到很多的诱惑，烟酒就是经常遇到的东西。那么，作为中职学生，如何自觉地抵制烟酒的诱惑，打造自己阳光健康的生活方式呢？

1. 坚定自我抵制的决心

加强对烟酒危害的再认识，从心底抑制对烟酒的尝试心态，让自己心甘情愿地对其拒绝，从源头上遏制烟酒的侵蚀。

2. 拒绝诱惑

当第一次面对别人劝你“抽一支”“喝一杯”时，要以自控力把持住自己，勇敢地说“不”。不要因为爱面子、不好意思、怕得罪人等，丢失了自己的防线，让自己陷入无底深渊。

3. 培养健康生活方式

以学校纪律为准绳约束自己，就会很坚决地远离烟酒。认真学习专业知识，用积极的心态面对学习，按时作息、积极参加学校各种活动，打造阳光健康的生活。

4. 结交益友

要自觉远离那些品行不端的人，减少接触不良嗜好的机会。让自己处在优秀的人际环境中，用正能量感染自己，让自己努力做更优秀的人。

5. 明确人生目标

用充实的学习生活和健康的人际关系，让自己的心智逐渐成长、成熟。树立正确的人生理想和阶段人生目标，并脚踏实地地在学习中步步落实，让正事充实自己的生活空间，不要用“叼烟饮酒”这种幼稚行为作为自己摆脱童年形象、向世人表明自己已“长大成人”的标识。

二、珍爱生命　拒绝毒品

“毒品猛于虎”，同学们可能都听过这句话。但是，很多同学对毒品的认识还不够全面与准确，往往认为毒品就是大烟或海洛因，只有这些认识是不够的。

（一）毒品的概念

根据《中华人民共和国刑法》第357条的解释，毒品是指鸦片、海洛因、甲基苯丙胺（冰毒）、吗啡、大麻、可卡因以及国家规定管制的其他能够使人形成瘾癖的麻醉药品和精神药品。

（二）毒品的种类

1. 传统的毒品种类

（1）鸦片　又叫阿片，俗称大烟，是罂粟果实中流出的乳液经干燥凝结而成，因产地

不同而呈黑色或褐色，味苦。生鸦片经过烧煮和发酵，可制成精制鸦片。吸食时有一种强烈的香甜气味。吸食者初吸时会感到头晕目眩、恶心或头痛，多次吸食就会上瘾。

（2）吗啡　是从鸦片中分离出来的一种生物碱，在鸦片中含量10%左右，为无色或白色结晶粉末状，具有镇痛、催眠、止咳、止泻等作用。吸食后会产生欣快感，比鸦片容易成瘾。长期使用会引起精神失常、谵妄和幻想，过量使用会导致呼吸衰竭而死亡。历史上吗啡曾被用作精神药品戒断鸦片，但由于其副作用过大，最终被定为毒品。

（3）海洛因　化学名称“二醋吗啡”，俗称白粉，它是由吗啡和醋酸酐反应而制成的，镇痛作用是吗啡的4～8倍，医学上曾广泛用于麻醉镇痛，但成瘾快，极难戒断。长期使用海洛因会破坏人的免疫功能，并导致心、肝、肾等主要脏器的损害，注射吸食还能传播艾滋病等疾病。历史上它曾被用作精神药品戒断吗啡，但由于其副作用过大，最终被定为毒品。海洛因被称为世界毒品之王，是我国目前监控、查禁的最重要的毒品之一。

（4）大麻　桑科一年生草本植物，分为有毒大麻和无毒大麻。无毒大麻的茎、秆可制成纤维，籽可榨油。有毒大麻主要指矮小、多分枝的印度大麻。大麻类毒品主要包括大麻烟、大麻脂和大麻油，主要活性成分是四氢大麻酚。大麻对中枢神经系统有抑制、麻醉作用。吸食后会产生快感，有时会出现幻觉和妄想，长期吸食会引起精神障碍、思维迟钝，并破坏人体的免疫系统。

（5）哌替啶　俗称杜冷丁，是一种临床应用的合成镇痛药，为白色结晶性粉末，味微苦，无臭，其作用和机理与吗啡相似，但镇静、麻醉作用较小，仅相当于吗啡的1/10～1/8。长期使用会产生依赖性，被列为严格管制的麻醉药品。

（6）古柯　是生长在美洲大陆、亚洲东南部及非洲等地的热带灌木，尤为南美洲的传统种植物。古柯叶是提取古柯类毒品的重要物质，曾为古印第安人习惯性咀嚼，并被用于治疗某些慢性病，但很快其毒害作用就得到科学证实。从古柯叶中可分离出一种最主要的生物碱——可卡因。

（7）可卡因　是从古柯叶中提取的一种白色晶状的生物碱，是强效的中枢神经兴奋剂和局部麻醉剂。能阻断人体神经传导，产生局部麻醉作用，并可通过加强人体内化学物质的活性刺激大脑皮层、兴奋中枢神经，使人表现出情绪高涨、好动、健谈，有时还有攻击倾向，具有很强的成瘾性。

此外，传统毒品还有可待因、盐酸那可汀、盐酸二氢埃托啡等。

2. 新型的毒品种类

（1）冰毒　即甲基苯丙胺，外观为纯白结晶体，故被称为“冰”，对人体中枢神经系统具有极强的刺激作用，且毒性强烈。吸食后会产生强烈的生理兴奋，大量消耗人的体力

和降低免疫功能，严重损害心脏、大脑组织甚至导致死亡；还会造成精神障碍，表现出妄想、好斗、错觉，从而引发暴力行为。

（2）摇头丸　是冰毒的衍生物，以MDMA等苯丙胺类兴奋剂为主要成分，具有兴奋和致幻双重作用，滥用后可出现长时间随音乐剧烈摆动头部的现象，故称为摇头丸。外观多呈片剂，五颜六色。服用后会导致中枢神经强烈兴奋，出现摇头和妄动，在幻觉作用下常常引发集体淫乱、自残与攻击行为，并可诱发精神分裂症及急性心脑疾病，精神依赖性强。

（3）K粉　即氯胺酮，静脉全麻药，有时也可用作兽用麻醉药。K粉为白色结晶粉末，无臭，易溶于水，通常在娱乐场所滥用。服用后遇快节奏音乐便会强烈扭动，会导致神经中毒反应、精神分裂症状，出现幻听、幻觉、幻视、让人产生性冲动等，对记忆和思维能力造成严重的损害。

（4）咖啡因　是化学合成或从茶叶、咖啡果中提炼出来的一种生物碱。大剂量长期使用会对人体造成损害，引起惊厥、心律失常，并可加重或诱发消化性肠道溃疡，甚至导致吸食者下一代智能低下、肢体畸形，同时具有成瘾性，停用会出现戒断症状。

（5）三唑仑　又名海乐神、酣乐欣，是一种强烈的麻醉药品，口服后可以迅速使人昏迷晕倒，故俗称迷药、蒙汗药、迷魂药。可以伴随酒精类共同服用，也可溶于水及各种饮料中。见效迅速，药效比普通安定强45～100倍。

（6）γ-羟基丁酸　2005年我国就将其列入二类精神药物予以管制，并于2007年变更为一类。滥用γ-羟基丁酸会造成暂时性记忆丧失、恶心、呕吐、头痛、反射作用丧失，甚至很快失去意识、昏迷及死亡，与酒精并用更会加剧其危险性。

此外，新型毒品还有安纳咖、氟硝西泮、麦角乙二胺、丁丙诺啡等。

（三）吸毒的危害

1. 吸毒严重摧残人的身体

吸毒会破坏人体的正常生理机能和新陈代谢，并导致多种疾病的发生，使人的机体免疫力明显下降，吸毒过量还会造成突然死亡。

2. 吸毒会扭曲人格，自毁前程

吸毒者毒瘾发作时，大都会不顾廉耻，丧失自尊，无法进行正常的生活、学习和工作，往往以自我为中心，不关心他人，贪图享受，好逸恶劳，爱撒谎，丧失责任感，不知羞耻，六亲不认，只认毒品和金钱。

3. 吸毒会引发自伤、自残、自杀等行为

毒瘾发作时会使人感到非常痛苦，失去理智和自控能力，并且常常是每吸过一次都悔恨万分，极度压抑郁闷，悲观绝望，恐惧多疑，因而会引发自伤、自残和自杀等行为。

4. 吸毒容易感染艾滋病等传染性疾病

吸毒会导致人体的免疫功能下降，使人容易患上肝炎、皮肤病等传染性疾病，特别是共用注射器、静脉注射毒品的危险行为，极易导致艾滋病的交叉感染。

5. 毒品会令人倾家荡产、家破人亡

“一人吸毒，全家遭殃”，一个家庭中只要有一人吸毒，这个家庭就会失去往日的宁静、和谐、幸福和快乐。吸毒不仅导致家庭内部关系的恶化，还会破坏与周围邻里的和睦关系，给家庭生活及家庭成员心理造成很大影响；吸毒上瘾后高昂的经济支出更会导致家庭的经济窘迫，甚至是倾家荡产。

6. 吸毒导致堕落、犯罪

吸毒行为很容易诱发犯罪，影响社会稳定。吸毒与犯罪是一对孪生兄弟，吸毒者在耗尽个人和家庭钱财后，为了维持吸毒，往往就会铤而走险，走上犯罪的道路。据统计，在某些地区抓获的犯罪嫌疑人中，有60%～70%与吸毒有关。

（四）毒品的成瘾性

案例警示

不满19岁的陈某因三年前染上吸毒被学校开除，每次都厚着脸皮跟父母要钱购买毒品，父母也是想尽了各种办法阻止他，不但没见效果且吸得越来越狠，最终悲剧发生。在一次毒瘾发作时，陈某向母亲要钱不成，竟用刀将亲生母亲活活砍死。这位母亲做梦也不会想到，在她头上连砍28刀，并且刀刀致命的凶犯竟是自己的亲生骨肉。19年来，母亲天天用这把菜刀给儿子切菜、做饭，其间融入了多少母亲的心血和期待，却万万没想到，自己用尽心力养大的儿子，并没有顾念母亲的生育恩、养育情，将菜刀举起，那一时刻，在他心里只有毒品，没有其他了。

毒品的成瘾性是指吸毒者对毒品产生强烈的渴求欲望，并反复使用毒品，以取得快感；或为避免出现痛苦，不断吸食毒品，使吸毒者处在一种特殊的精神和病态状况中。这种依赖可分为精神依赖和身体依赖两种。

1. 精神依赖

也称心理依赖，这是毒品对中枢神经系统作用所产生的一种特殊的神经效应，毒品使用者处于一种追求使用毒品的强烈欲念中，这种欲念强迫吸毒者不顾一切去寻求毒品，以满足自己的欲望。

2. 生理依赖

又叫身体依赖，这是中枢神经系统对长期使用成瘾性毒品所产生的一种适应性状态。这时候身体必须在足量毒品维持下，才能保持正常状态，一旦停止使用毒品，生理功能就会发生紊乱，出现一系列严重反应，即戒断症状。以海洛因为例，其戒断症状表现为打呵欠、流泪、流涕，皮肤起鸡皮疙瘩，出汗，瞳孔散大，肌肉、骨头及关节疼痛，寒战，体温高，生理上焦虑、烦躁不安，严重者嚎叫、撞墙，在地上打滚，甚至出现自杀行为。

想一想

国际禁毒日是哪一天？是在什么背景下产生的？

（五）吸毒者为什么以青少年为多

据国家权威部门统计，截至2017年底，我国吸毒者有56.2%是35岁以下的青少年，究其原因主要有以下几种：

1. 犯罪分子利用欺骗的手法引诱青少年吸食毒品

利用青少年对毒品缺乏认识，引诱好奇心强的青少年吸食。

2. 青少年容易受歪曲思想误导

有些青少年轻信“吸一两次不会上瘾，吸毒治病，吸毒减肥”等谎言，甚至把吸毒看作“人生最高级的享受”，是追求“时髦”“新潮”的表现，是一个人有“派头”的象征，在歪曲思想的误导下迈出了错误的第一步，等到吸毒成瘾，已悔之晚矣。

3. 青少年好奇心较强

很多青少年就是在好奇心的驱使下，抱着试一试的心理吸了第一次，从此踏上了吸毒的不归路。

4. 青少年抗挫能力相对较弱

有些青少年心理素质较差，一旦生活受挫，不是积极面对，解决问题，而是逃避问题，精神空虚，在此种状态下，如果毒贩趁机引诱，很容易就会受毒品贩子的诱导吸食毒品。

（六）坚决拒绝毒品　珍惜美好生活

我们每个人一生中都可能遇到一些不如意的事，但在事前能学会科学的应对和预防，就会避免自己偏离正确的人生航道。中职学生面对毒品更是如此，应坚定自己拒绝毒品的决心，学会正确运用抵制的方法，珍惜我们眼前美好的生活。

1. 正确把握好奇心

作为一名中职学生，应该将好奇心与求知欲用在探究知识与技能上。面对毒品，要深刻认识其对生活带来的巨大危害，对待毒品要有鲜明而又正确的态度，不能心存侥幸。

2. 有坚强的意志

面对身边不良行为能说“不”，就算有叛逆心理，也要分清事情的严重性，不可因自己一时的赌气，误入歧途，要坚决摆明立场，抵制毒品的诱惑。

3. 正确对待挫折和困难

听取并理解父母、老师的教导，形成自己正确的人生观和价值观。在生活、学习中遇到问题和挫折时，要通过与同伴的沟通，或向父母、老师求助等方法来正确面对与解决，决不能自暴自弃，用毒品去麻痹自己，陷入毒品的迷途之中。

4. 树立防微杜渐的观念

有许多习惯都是从不经意间开始，不能因为“有意思”“吸一口没事”等想法的引诱而与毒品发生“第一次的亲密接触”。要时刻提醒自己，扎牢防线，做到防患未然。

5. 克服攀比和赶时髦心理

作为一名学生，要培养勤俭节约的生活习惯，不要一味地与他人攀比吃穿，追赶时髦。当你过分追求物质享受时，就容易被他人所利用，误入毒品的深渊。有些学生就是不想“丢面子”，结果被骗子盯上，被毒品缠上。

6. 洁身自好，严于律己

严格遵守学校纪律，保持积极向上、健康有为的生活学习状态。远离歌厅、酒吧、网吧等娱乐场所，远离吸毒者，洁身自好、把握自己，防止被引诱而沾染毒品。

7. 慎重交友

俗话说“近朱者赤，近墨者黑”。自觉地选择那些有理想、有道德、爱学习、讲文明、守纪律的人作为自己的伙伴和朋友。

8. 学会一些防范毒品的小技巧

（1）直截了当法　坚定直接地拒绝引诱：“吸毒会上瘾的，害人害己别害我。”

（2）金蝉脱壳法　情况若不许可，或者受到威逼利诱，可以借口婉转拒绝：“我，我肚子痛，我要去厕所。”然后溜之大吉。

（3）主动出击法　立刻提出反建议，例如相约一起游泳、看球赛等，借以转换话题：“这些东西有什么好吸的，我有两张票，不如一起去看电影。”

（4）秘密报案法　当我们发现毒贩、吸毒者，或当毒贩、毒友逼你吸毒并威胁你时，我们首先要保护自己，不要打草惊蛇，要迅速远离毒贩、吸毒者。如果实在无法脱身，可趁人不注意时偷偷通知老师、家长等你所信赖的人；也可以直接拨打110报警，或拨打公安部禁毒热线010—66266611举报。

思考与活动

1. 举行一个自觉远离烟酒、坚决拒绝毒品的主题讨论会，每个人据实填写下表并大声读出。

自我反省内容	程度表述	第一次的时间	今天自己的决定
是否抽过烟（有、无）	几次 经常 已戒		
是否喝过酒（有、无）	几次 经常 已戒		
是否见过毒品（有、无）	一次 多次 尝过		

2. 如果你的父亲烟瘾或酒瘾较大，写一份帮他减少或者是戒掉的计划并实施。

3. 利用学到的毒品知识，举行一次“吸毒者与被动吸者”的角色扮演活动，加强对毒品危害的认识。

学习任务六　预防艾滋病

案例警示

目前，我国在青少年中的防艾形势不容乐观：一是增速快，二是男性同性传播的比例增速尤其快。2013年，艾滋病报告病例中职业为学生的人数仅有5个省过百，但2014年该数据就超过了10个省，2015年比2014年又有增加。2014年我国新报告的所有艾滋病感染者和病人数量为10.4万，而2008年的数字是5.6万，增长将近一倍。然而，同期青少年学生报告病例数却翻了将近四倍。近五年来，15～24岁青年学生艾滋病病毒感染数量年均增长率已经达到了35%。2017年报告的学生病例最年轻的是一名16岁的中学生。

艾滋病已成为全球10～19岁青少年的第二大死因。在我国，青少年艾滋病病毒感染增速较快，感染人数逐年上升，男性同性传播的比例增速更明显。报告的病例中，青年学生群体里面，男性同性传播的比例已超80%。

一、艾滋病的概念

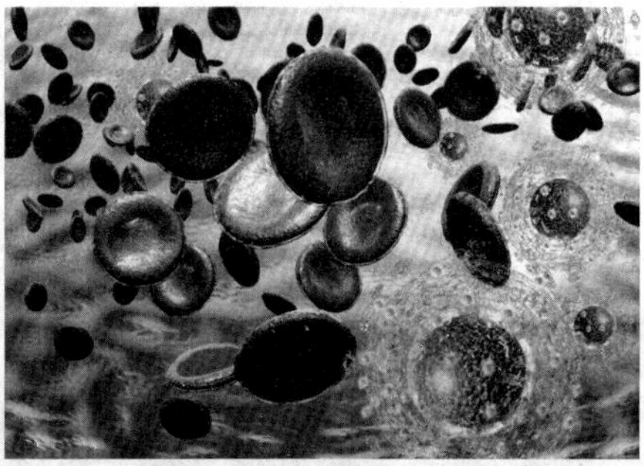

艾滋病全名“获得性免疫缺陷综合征”，英文名AIDS，是一种危害大、传播性强的疾病，由感染艾滋病病毒（HIV）引起。HIV是一种能攻击人体免疫系统的病毒，它把人体免疫系统中最重要的CD4+T淋巴细胞作为主要攻击目标，大量破坏该细胞，使人体丧失免疫功能。因此，人体易于感染各种疾病，并可发生恶性肿瘤，病死率较高。HIV在人体内的潜伏期平均为8～9年。潜伏期时称为携带者，也具有传染性。

二、艾滋病的临床表现

1. 一般症状

持续发烧、虚弱、盗汗，持续广泛性全身淋巴结肿大。特别是颈部、腋窝和腹股沟淋巴结肿大更明显。淋巴结直径在1厘米以上，质地坚实，可活动，无疼痛。体重下降在3个月之内可达10%以上，最多可降低40%，病人消瘦特别明显。

2. 呼吸道症状

长期咳嗽、胸痛、呼吸困难，严重时痰中带血。

3. 消化道症状

食欲下降、厌食、恶心、呕吐、腹泻，严重时可便血。通常用于治疗消化道感染的药物对这种病人出现的腹泻无效。

4. 神经系统症状

头晕、头痛、反应迟钝、智力减退、精神异常、抽搐、偏瘫、痴呆等。

5. 皮肤和黏膜损坏

单纯疱疹、带状疱疹、口腔和咽部黏膜炎症及溃烂。

6. 肿瘤

可出现多种恶性肿瘤，位于体表的卡波济肉瘤可见红色或紫红色的斑疹、丘疹和浸润性肿块。

想一想

你是不是一直觉得艾滋病是离自己很远的事情？生活中你与你的家人有过预防艾滋病传染的意识吗？你的家人了解多少的防艾知识？

三、艾滋病病人的心理反应

一般人在得知自己被感染了艾滋病病毒以后可能有多种心理反应：

1. 震惊

因没有想到自己会被感染和没有心理准备而不知所措。

2. 拒绝

不承认或不相信自己被感染了，总认为会有例外，应该是医院、医生或其他什么地方出了差错。

3. 愤怒

认为只有行为不检点的人才会得这种病，自己不是这样的人，因而产生莫名的懊恼和愤怒。

4. 报复

把自己的感染归咎于某个人或某些人，甚至整个社会，因此产生报复心理。

5. 孤独

一些人在得知自己被感染后可能会有很多疑问、心理压力，因不能或不愿意与任何人说，而感到孤独和无助。

6. 恐惧

恐惧是感染者的一种主要心理。可能造成恐惧心理的因素有：惧怕疼痛，害怕失去职业，怕被其他人知道而遭歧视，怕与家庭和孩子分离以及死亡等。

7. 自惭

一些感染者总认为别人已经知道自己被感染，并在背后不断地指责和议论自己，因此而感到无地自容。

8. 厌世

一些感染者认为这既是一种令人“不齿”的疾病也是不治之症，也就没有理由再活在世上，产生了轻生厌世的情绪。

四、艾滋病的传播途径

1. 性接触传播

全世界约有四分之三的HIV感染是通过性途径传播的，包括同性或异性之间的性行为。男性艾滋病病人的精液、女性病人的阴道分泌物以及男女病人的血液中，都含有大量的艾滋病病毒。

2. 母婴传播

如果母亲是艾滋病病毒感染者，那么在她怀孕期间、分娩过程中或在喂养母乳时，艾滋病病毒都会传染给小孩。

3. 血液传播

（1）输入污染了HIV的血液或血液制品。

（2）静脉药瘾者共用受HIV污染的、未消毒的针头及注射器。

（3）共用其他医疗器械或生活用具（如与感染者共用牙刷、剃刀）也可能经破损处传染。

（4）注射器和针头消毒不彻底或不消毒，特别是儿童疫苗注射未做到一人一针一管，危险更大；口腔科器械、接生器械、外科手术器械、针刺治疗用针消毒不严格或不消毒；理发、美容（如文眉、穿耳）、文身等使用的刀具、针具，浴室的修脚刀等不消毒；与他人共用刮脸刀、剃须刀，或共用牙刷；输用未经艾滋病筛查的血液等。

知识窗

艾滋病疫苗

艾滋病疫苗，即艾滋病病毒（HIV）疫苗，注射了它便可以在一段时间内防止感染艾滋病（类似乙肝疫苗的原理）。HIV疫苗被认为是预防艾滋病的最有效工具。HIV（艾滋病病毒）为反转录病毒，而反转录酶缺乏校正修复功能，因而HIV的变异频率非常高。

目前还没有针对HIV的特效治疗方法，用于治疗HIV感染的药物只能控制病毒复制，不能彻底清除病毒。因此，研制安全、有效的疫苗是控制HIV传播的重要手段之一。HIV易感者通过接种艾滋病疫苗，发生免疫反应，从而产生对疾病的特异抵抗力，提高免疫水平，达到预防和治疗HIV的目的。

五、艾滋病的危害

1. 危害个人

艾滋病的最大受害者肯定是艾滋病患者本人，因为一旦感染了艾滋病，前期无法察觉，到了发病期，患者的健康状况会急速恶化，患者将会受到疾病的折磨。患上艾滋病之后，患者将终日处于恐惧之中，担心受到社会的歧视，甚至众叛亲离。

2. 危害家庭

艾滋病不仅对个人有危害，而且会给家庭造成很大的伤害。由于艾滋病给患者带来身体上的不适，使患者无法获得经济来源，很多艾滋病患者的家庭分崩离析，很多艾滋病人的子女都无人照顾，父母也无人赡养。

3. 危害社会

感染艾滋病的高危人群往往处于青年或壮年，这些人本来应该为社会做出贡献，因为患上艾滋病而长期卧床，无法投入劳动，这给社会的发展造成了不良影响。而社会上普遍对艾滋病人有歧视心态，不利于社会安定，也损害了正常的社会秩序。

4. 危害儿童

一些儿童由于受到母亲的遗传或传染，一出生就染上了艾滋病，这给他们本来充满希望的人生罩上了阴影。艾滋病也使许多儿童成为孤儿，并受到社会的歧视。

想一想

如果你知道了以前与你接触过的人中有人感染了艾滋病，你会是什么反应？你该做些什么？

六、感染了艾滋病怎么办

艾滋病感染的渠道很多，可能是自己的行为造成的，也有可能是别人的失误造成的，但不管如何，如果感染了艾滋病，还是应积极面对，尽可能地控制治疗。

1. 及时检查确诊

如果有不洁的性行为或者有过吸毒行为，那么，过了三个月的窗口期，就应该去医院进行艾滋病筛查。如果医院的筛查结果是HIV抗体阳性，那么还需要去疾控中心做最后确诊，如果疾控中心报告结果仍然是阳性，那么就确诊了。

2. 接受事实，调整心态，积极治疗

如果经过筛查确诊为HIV病毒感染者，最忌讳的就是恐慌和自暴自弃，如果抑郁、悲观，那么打败你的不是病毒，而是你自己。第一时间调整心态，放弃悲观的灰色心情和想法，积极接受疾控中心的治疗。一个健康的心态是对抗艾滋病最有效的手段和途径。

3. 加强营养是保证对抗病毒的有效手段

平时多吃水果蔬菜，保持食物多样性，坚持鸡肉、鱼肉等高蛋白低脂肪类食物，注意荤素搭配。因为营养跟上了，机体才会迸发出无穷的能量，才能更有效地对抗艾滋病病毒。

4. 杜绝报复心理，不去伤害他人

某些被动感染上艾滋病的患者，可能心里会觉得委曲甚至是愤怒，会产生报复他人或报复社会的邪念。俗话说“己所不欲，勿施于人”，即使祸害了别人，自己也不会减少痛苦，还会受到良心的更大谴责。因此，这种想法是非常错误的。

以上我们做的努力，会让我们更有效地提高生活质量，争取更多的时间，或许不久的将来，人类将发现对抗艾滋病病毒的有效方法，因此请不要放弃希望。

七、正确预防、远离艾滋病

目前，人类尚无根治艾滋病的有效手段，因此，最重要的是采取预防措施。特别是作为一名学生，更应掌握正确有效的预防措施，并把掌握的知识与措施及时告诉给你的家人和朋友，人人时刻保持防护意识，自觉保护好自己和家人不受艾滋病的入侵。

1. 自觉学习相关知识

只有全面了解了艾滋病及其防治知识、传播途径和临床表现等，才能更好地预防被感染。

2. 洁身自爱，增强抵御不良侵蚀的能力

不涉足色情场所，不要轻率地进出某些娱乐场所；任何场合都应保持强烈的预防意识。

3. 不参与吸毒

因为共用针头注射吸毒是感染艾滋病的主要途径之一，所以远离了毒品也就为远离艾滋病增加了一道安全的屏障。

4. 不共用个人清洁用品

不与他人共用牙刷、牙签、剃须刀，以及有可能刺破皮肤、黏膜的日常生活用品。

5. 规范献血就医

不去非法采血站卖血，不去无行医执照或无消毒措施的街头诊所、美容所等场所打针、输液、穿耳、文身等。

6. 不轻易接受输血和血制品

若必须需要输血时，为避免输入未经检验的血液及血液制品，应要求医院提供经艾滋病病毒检测合格的血液和血制品。

7. 自尊自爱

在与异性交往中要自尊、自爱，增强和树立自我保护意识，对自己负责、对他人负责，避免婚前性行为。

8. 学会与艾滋病人接触

若与艾滋病病人一起生活时，对病人的血液、排泄物、污染的物品应进行彻底焚烧；病人的器皿及医用器械要专人专用，如病人的刮脸刀、牙刷、毛巾、茶杯等应专人专用；排尿、排便后要用肥皂洗手，可达到消毒的目的。

知识窗

世界艾滋病日

为提高人们对艾滋病的认识，世界卫生组织于1988年1月将每年的12月1日定为世界艾滋病日，号召世界各国和国际组织在这一天举办相关活动，宣传和普及预防艾滋病的知识。

设立日期 世界卫生组织将每年12月1日定为世界艾滋病日，是因为第一个艾滋病病例是在1981年12月1日诊断出来的，是在全球卫生部门关于艾滋病预防计划的高峰会议上提出的。

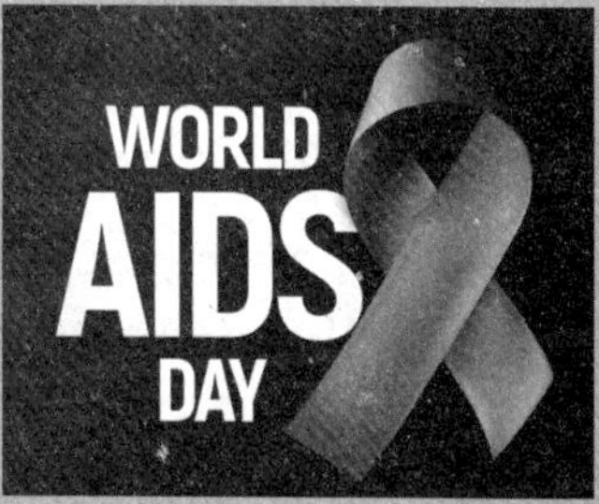

主要标志 世界艾滋病日的标志是红绸带。红绸带标志的意义：像一条纽带，将世界人民紧紧联系在一起，共同抗击艾滋病。它象征着我们对艾滋病病人和感染者的关心与支持，象征着我们对生命的热爱和对和平的渴望，象征着我们要用“心”来参与预防艾滋病的工作。

设立目的 第一，让人们都知道艾滋病在全球范围内是能够加以控制和预防的；第二，让大家都知道，防止艾滋病很重要的一条就是每个人都要对自己的行为负责；第三，通过艾滋病日的宣传，唤起人们对艾滋病病毒感染者的同情和理解，因为他们的身心已饱受疾病的折磨，况且有一些艾滋病病毒感染者可能是被动的、无辜的；第四，希望大家支持各自国家制订的防治艾滋病的规划，以唤起全球人民共同行动起来支持这方面的工作。

思考与活动

1. 从网上搜集三种不同原因感染艾滋病的病例，了解感染艾滋病给人生带来的危害。

2. 了解一下每年“世界艾滋病日”的主题有什么不同，以自己的形式参与今年的世界艾滋病日活动。

学习任务七 交益友 拒损友

古人云：人生得一知己足矣。人一生中可以结识很多朋友，当我们遭遇挫折、危难时，特别需要朋友的帮助与支持，而这时也最能体现出谁是真正的朋友。因此，我们在结交朋友时要有所选择，多结交益友，远离损友。

一、结交益友

案例警示

傍晚，一只羊独自在山坡上玩。突然从树林中窜出一只狼来，要吃羊，羊跳起来，拼命用角抵抗，并大声向朋友们求救。牛在树丛中向这个地方望了一眼，发现是狼，跑走了；马低头一看，发现是狼，一溜烟跑了；驴停下脚步，发现是狼，悄悄溜下山坡；猪经过这里，发现是狼，冲下山坡；兔子一听，更是箭一般离去。山下的狗听见羊的呼喊，急忙奔上坡来，从草丛中闪出，一下子咬住了狼的脖子，狼疼得直叫唤，死命挣脱后仓皇逃走了。

回到家，朋友都来了。

牛说：你怎么不告诉我？我的角可以剜出狼的肠子。

马说：你怎么不告诉我？我的蹄子能踢碎狼的脑袋。

驴说：你怎么不告诉我？我一声吼叫，吓破狼的胆。

猪说：你怎么不告诉我？我用嘴一拱，就让它摔下山去。

兔子说：你怎么不告诉我？我跑得快，可以传信呀。

在这闹嚷嚷的一群中，唯独没有狗。

真正的友谊，不是花言巧语，而是关键时候拉你的那只手！

处于中学阶段的学生抵制能力相对较弱，容易受周围的人和事影响，因此要结交对自己有帮助的、给自己的人生注入更多的正能量的朋友，他会助力你的人生路。多结交以下这几种朋友，会有益于你的成长。

1. 交正直的朋友

这种朋友为人真诚、坦荡、刚正不阿，他的人格可以影响你的人格，他可以在你怯懦时给你勇气，可以在你犹豫不前时给你果断，是一种值得交的好朋友。

2. 交可信的朋友

“信”就是诚实，这类朋友诚恳、不虚伪，与这类朋友交往我们内心是踏实的、安稳的，我们的精神能得到一种净化与升华。

3. 交博学的朋友

这类朋友见闻广博，知识面宽。“与君一席谈，胜读十年书”说的就属此类朋友。与这类朋友交往，可以学习到许多我们自身缺乏的东西，就像拥有了一本厚厚的百科全书，我们总能从他的经验、学识里得到对自己有益的借鉴。

4. 交感恩的朋友

如果一个人不懂得感恩，把朋友的帮助当成是理所当然，这样的人是不可长交的。只有懂得感恩，才会值得尊重，这是交友的基本道德要求，也是维持长久友谊的良药。

想一想

你如何理解“君子之交淡如水”？

二、远离损友

案例警示

叶某、路某租住在某厂家属院内。两人好吃懒做，不务正业，因经济窘迫，叶某产生绑架他人勒索钱财之念。一天晚上，叶某通过QQ聊天结识了赵某（女，18岁），两人相约见面后，叶某将赵某带回租住屋，趁赵某熟睡之际，用透明胶带、床单将赵某缠裹后控制。次日上午，叶某用赵某的手机打电话向赵的父母索要赎金，并让赵某与其父母通话。因赵某通话时泄露了绑架地址信息，二被告人担心事情败露，产生杀人灭口之念。路某按住赵某的腿，叶某用毛巾捂住赵某的口鼻并勒赵某的颈部，致赵某机械性窒息死亡。

俗话说：近朱者赤，近墨者黑。中职学生容易受坏“朋友”的影响，而在不知不觉中让自己误入歧途。下面这些所谓的“朋友”带给你的只能是负能量，要敬而远之。

1. 远离虚伪谄媚的人

这种人喜欢谄媚逢迎，溜须拍马，毫无正直、诚实之心，见风使舵、无是非原则，关键时刻不会给你坚定而正确的意见。这种“朋友”就是心灵的毒药，久而久之会让你没了是非界线和做事原则。

2. 远离两面三刀的人

这种朋友当着你的面永远是和颜悦色，满面春风，恭维你、奉承你，巧言令色；在背后则散布谣言，恶意诽谤。在生活中，这种人往往会装出一副善良的面孔。由于内心有所企图，他们对人的热情比那些没有企图的人可能要高出好几倍，你若是一不小心被这种人利用的话，就等于给自己套上了枷锁，不付出沉重的代价，他们是不会放过你的。因此，对这类人要睁大眼睛，提高警惕，若发现是这种人，一定要尽快远离他们。

3. 远离言过其实、夸夸其谈的人

这种人生就一副伶牙俐齿，没有他不知道的事，没有他不懂的道理，喜欢在人面前滔滔不绝显示自己的嘴上功夫，不由得你不相信。实际上，他们除了一张好嘴，往往没有真才实学，交上这种朋友容易让你变得不脚踏实地，应尽量避之。

4. 远离不遵规守纪、易惹是生非的人

这种人属于自毁前程的人，不但毁坏自己，还有可能毁了身边人的前程。如果在不了解的情况下结交上了这种人，一定要想办法摆脱。

想一想

你遇到过损友吗？当时你是如何应对的？

三、中职学生交友的原则

1. 要诚实守信，以心交心

要想交到好的朋友，首先我们自己要真诚地对待朋友，交友过程中，要真实地表现自己，用真心换取别人的信任，不能掩饰自己，包括自己的缺点和不足。

2. 宽容并且信任自己的朋友

既然成了朋友，就要充分地了解并信任朋友，对朋友的一些不足要怀有宽容的心态，朋友有困难时，要愿意与他们共同面对。

3. 尊重自己的朋友

能够互相尊重才算得上真正的朋友，在别人面前，要主动抬高朋友的位置，降低自己的地位，互敬互爱，互相尊重。

4. 要注意对方的人品

交友时，不能盲目地以地位、出身等为择友的标准，要多看对方的人品；如果以地位或物质条件作为交友的标准，很难交到好友和益友。

5. 不要选择酒肉朋友

以酒肉为友往往只是吃喝玩乐的玩伴，关键时刻这样的朋友是靠不住的，你有困难或遇困境时，酒肉朋友就会避而不见了。

6. 不能交负能量朋友

在社会上混的社会团伙人员，传给你的只能是负能量，带你走的只能是灰暗之路，甚至会带你走入犯罪的深渊。因此，不要被他们一时的“光环”所迷惑。

四、中职学生交友常出现的问题

1. 交友态度不慎重，遍地开花

不管是好友、良友、益友、净友，还是损友、酒肉朋友统统都交，来显摆自己，其实是不健康的虚荣心作怪。有些社会闲散人员养成了一些不良嗜好，与他们交友，犹如“入鲍鱼之肆，久而不闻其臭”。在他们的影响下，你的人生观、价值观、世界观就可能扭曲，不仅侵害自身的利益，而且还会给周围的同学、家人带来意想不到的伤害或损失。

2. 分不清正常友谊和“哥们义气”

正常的同学友谊体现在学习上互相促进、生活上互相帮助。他们之间不会因意见不一而分裂，不会因才华而嫉妒，不会因贫穷而嫌弃，不会因落后而厌恶；尤其是当你有了缺点和过失时，这种“净友”“真友”更会给予你及时的批评和指正。而“哥们义气”是指无原则地拉帮结伙，为同伴的事感情胜于理智，置法规法纪、校规校纪于不顾，甚至称霸一班，为害一方。朋友遇事时，往往不问是非对错，挽起袖子就往上冲，把帮打架、出气、蛮干、鲁莽看成是英雄行为。

3. 不懂筛选拒绝，习惯性接受别人的“友谊”

学生的思想较为单纯，觉得有人跟自己玩，有人找自己做什么事，就是别人看得起自己，甚至是在不了解的情况下，就糊里糊涂地接受了别人的“友谊”，被动地成了别人的“朋友”。这种被动接受的“友谊”非常易碎，一旦有点风吹草动就会分崩离析。

4. 不主动结交益友，喜欢随队入伙

有的同学喜欢随队入伙，觉得大家有时在一起玩得比较开心，就以为交到了朋友；但这往往只是一起玩耍的群体而已，在这种群体中很难结交到自己想要的益友。

5. 如果交到损友，不会主动摆脱

学生往往在与同学或朋友的交往中，在不自知的情况下结交到了损友，即使发现了朋友的不好，也不会及时制止、引导，或者是离开，而是觉得以前关系还挺好，任由不健康的状态发展，以至于让自己误入了不可回转的境地。

想一想

你交到了几个真正的朋友？回想一下你们是如何成为知心好友的，又是如何维护这种友情的。

五、遇到损友怎么办

作为学生，我们在建立友谊的过程中难免会遇到损友，或者是原来认识的好朋友由于各种原因变坏了，面对这种问题，我们该如何来做，不让损友影响我们的人生呢？

1. 尽量用正能量去影响转化他

如果是原来的好朋友由于某种原因一时误入歧途，作为朋友，要尽量用自己的正能量去影响帮助他；如果经过一段时间的帮助自己已无能为力，要及时断绝与他的朋友关系，减少对自己的负面影响。

2. 及时断绝关系

如果你认为交到了损友，要及时观察他的日常着装、礼仪、言谈举止和不良嗜好等。发现以自己的能力已无力改变他们，就要及时地远离他们。

3. 要勇敢拒绝

假如有你认为的损友想邀约你出去玩，想拉你做朋友，你要果断拒绝。如果拒绝时感觉为难，可以用一些技巧，如问清楚他找你要做什么、时间地点，对不合理的邀约、不合法的活动，要语气坚定、勇敢地说“不”。

4. 要学会保护自己

当面对损友的恐吓勒索时，首先要权衡利弊，最重要的是保护自己不受伤害，其次才是财物。可婉言推拒，或找借口拖延，以寻求脱身机会。事后及时报告老师、家长等，或及时报警申请保护，让法律来保护自己。

想一想

你对“物以类聚、人以群分”是如何理解的？

思考与活动

1. 四人一个小组，每人轮流真心介绍自己，并说出自己想要交什么样的朋友，然后自由谈话讨论，再各自谈一谈讨论后自己对交友的新感受与新发现。

2. 汇总一下大家现在所用的网上交友软件有哪些，并交流一下各自使用的感受和遇到的意外情况。

学习任务八　防卫性侵害

案例警示

某日，犯罪嫌疑人黄某与同案犯罪嫌疑人李某共谋将作案目标“锁定”在涉世不深的女学生身上。为诱骗女生到宾馆“开房”，二人以设饭局为名，由黄某于当日晚出面约某职校在校16岁女学生罗某和其女同学陈某吃饭。当二女生欣然赴约来到一饭馆时，黄、李二人便于席间有意向二女轮番劝饮事先加入了白酒的饮料。当二女生醉酒后，黄、李二人便驾车将二女带至市区事先开好房间的某宾馆欲行不轨。下车后，陈某意识尚清醒拒入宾馆，并趁黄、李二人不备得以脱险，而酒醉至深的罗某则被黄、李二人挟持入客房后进行了轮奸。陈某返校后将情况报告老师，经校方报案，二犯罪嫌疑人作案后从该宾馆出来即被警方抓获。

中职学生年龄小，社会经验缺乏，面对一些突发伤害时，往往是惶恐慌乱，不知如何面对。性侵就是一种对学生摧残较大的伤害。如何预防性侵害、学会保护自己，正确面对性侵害，是我们本任务的主要学习目的。

性侵害是指加害者以威胁、权力、暴力、金钱或甜言蜜语，引诱胁迫他人与其发生性关系，或在性方面造成对受害人的伤害的行为。性侵害包括猥亵、乱伦、强暴、媒介卖淫等，需要格外保护的是未成年人和在校学生。

一、性侵害的形式和特点

1. 暴力型性侵害

暴力型性侵害，是指犯罪分子使用暴力和野蛮的手段，如携带凶器威胁、劫持女同学，或以暴力威胁加之言语恐吓，从而对女同学实施强奸、轮奸或调戏、猥亵等。

暴力型性侵害有如下特点：

（1）手段残暴　当性犯罪者进行性侵害时，必然受到被害者的本能抵抗，因此，很多性犯罪者往往要施行暴力且手段野蛮和凶残，以此来达到自己的犯罪目的。

（2）行为无耻　为达到侵害女学生的目的，犯罪者往往会厚颜无耻地不择手段，疯狂地摧残、凌辱受害者。

（3）群体性　犯罪分子常采用群体性纠缠方式对女学生进行性侵害。这是因为人多势众，容易制服被害人的反抗而达到目的，还会使原来单个不敢作案的罪犯变得胆大妄为。这种形式危害极大。

（4）容易诱发其他犯罪　性犯罪的同时又常会诱发其他犯罪，如抢劫财物、杀人灭口、聚众斗殴等恶性事件。

想一想

我国对“强奸幼女罪”是如何界定的？

2. 胁迫型性侵害

胁迫型性侵害，是指利用自己的权势、地位、职务之便，对有求于自己的受害人加以利诱或威胁，从而强迫受害人与其发生非暴力型的性行为。

胁迫型性侵害有如下特点：利用职务之便或乘人之危而迫使受害人就范；设置圈套，引诱受害人上钩；利用过错或隐私要挟受害人。

3. 社交型性侵害

社交型性侵害，是指在自己的生活圈子里发生的性侵害，与受害人约会的大多是熟人、同学、同乡，甚至是男朋友。社交型性侵害又被称为“熟人强奸”“社交性强奸”“沉默强奸”“酒后强奸”等。受害人身心受到伤害以后，往往出于各种考虑而不敢加以揭发。

社交型性侵害有如下特点：熟人之间发生，防备意识差；碍于熟人，报案的少；同一人发生的重复性较大。

4. 诱惑型性侵害

诱惑性侵害，是指利用受害人追求享乐、贪图钱财的心理，诱惑受害人而使其受到的性侵害。

诱惑型性侵害有如下特点：贪图心理是受害之源；经济条件差的女生更容易受害；为了物质的获得会隐瞒受害事实。

5. 滋扰型性侵害

滋扰型性侵害的行为，最初大多是以性骚扰开始的，如果性骚扰行为得不到制止，就会发展到性侵害。滋扰型性侵害的主要形式：一是利用靠近女生的机会，有意识地接触女生的胸部，摸捏其躯体和大腿等处，在公共汽车、商店等公共场所有意识地挤碰女生等；二是暴露生殖器等变态式性滋扰；三是向女生寻衅滋事，无理纠缠，用污言秽语进行挑逗，或者做出下流举动对女生进行调戏、侮辱，甚至可能发展成为集体轮奸。

滋扰型性侵害有如下特点：以性骚扰为主的伤害；一般在人员密集的场所发生得多；机智性求助和摆脱性较大。

二、容易遭受性侵害的女生类型

1. 长相相对漂亮，打扮时髦的女生

这种类型也分两种情况：一种是本身长相漂亮、清新端庄、文静贤淑，受家庭保护较多，自我防范意识较差；另一种是本身长得不算很漂亮，但打扮入时，特别是双休或假期课余不在校时间，有超出学生年龄的衣着、发型等，甚至是化了娇艳的浓妆，给坏人一种故意勾引的信号，这样的女生更容易招致性侵害。

2. 相对文静懦弱，且胆小怕事的女生

坏人总是更喜欢针对弱者下手，因为这样的女生反抗能力弱，坏人得逞的机会大，所以更容易受到性侵的伤害。

3. 身处不利环境，孤立无援的女生

例如在偏僻的路上，天黑无人的夜晚，或在陌生的环境独自一人时，容易成为坏人性侵害的目标。

4. 怀有隐私怕人知晓的女生

有些女生天生内向，有一些小隐私觉得万万不能让人知道，而个别不良之人却正是发现了这些女生的心理动向，使个别女生受到要挟而遭受性侵害。

5. 作风相对轻浮，交友不加选择的女生

做事不够稳妥，行为轻浮，交友不加选择，甚至是来者不拒，这样的女生最容易成为坏人性侵害的对象。

6. 贪图钱财享乐，面对诱惑不加拒绝的女生

某些女生为了享乐或攀比，贪图别人的钱财和物质，面对小恩小惠或物质施舍不去拒绝，甚至当作一种“荣耀”或“身价”的体现，从而一步步成了别有用心的“朋友”的性侵目标。

7. 精神空虚、意志薄弱，无视道德与法纪观念的女生

有些女生日常生活散漫，无理想、无目标，天天混日子熬时间，同时又喜欢跟风，容易被社会不良风气影响，久而久之，就会被不良用心的人所拉拢，跟随干一些不道德、违法纪的事情，同时也可能成为不良同学或社会青年性侵和玩弄的对象。

三、女生如何防止遭受性侵害

1. 加强自我防范意识，时时事事扎牢安全防线

陌生男人问路，不要带路；向陌生男人问路，不要让他带路；不要搭乘陌生人的机动车、人力车或者自行车，防止落入坏人的圈套；不要穿过分暴露的衣衫和裙子，防止产生性诱惑；不要随便接受网络上结识的人的邀约；不要轻易接受别人的吃请等。自己时刻有防范意识是避免性侵害事件发生的最有效最简单的方法。

2. 面对不轨行为拒绝态度要明朗

养成谨慎待人处事的习惯，对于不相识的异性，不要随便说出自己的真实情况，对自己特别热情的异性，不管是否相识都要倍加注意。一旦发现某异性对自己不怀好意，甚至动手动脚或有越轨行为，一定要严厉拒绝、不留情面，对于那些失去理智、纠缠不清的无赖或违法犯罪分子，不要惧怕他们的要挟和讹诈，也不要怕他们打击报复。要大胆揭发其阴谋或罪行，及时向领导和老师报告，以便及时为自己解困。

3. 不轻易相信新结识的朋友，培养观察事物的能力

对新认识的朋友，在不十分了解的情况下，要学会观察别人的言行举止与思想心理，识别是非曲直，不要被其花言巧语所蒙蔽，更不要单独跟随新认识的人去陌生的地方。

4. 正确处理与异性交往的尺度，拒绝利益诱惑

不要随意接受异性的馈赠，对异性的物品馈赠要学会拒绝，把握异性交往的尺度，不做违反学生守则的事情，洁身自好，不要因贪图利益而被他们控制，不要给不良异性伤害自己的机会。

5. 树立安全意识，外出最好结伴出行

女生外出要尽量找到多的同伴同行，如果必须一人外出，选择安全的时间段——比如

选择白天时间，选择安全的路线——比如大型道路、行人较多的道路等，选择安全的交通工具——如火车、有正规手续的出租车等，自己时刻要有安全意识。

6. 学点女子防身术，提高防范的有效性

女性的体力一般弱于男性，防身时要把握时机，出奇制胜，狠、准、快地击其要害部位，即使不能制服对方，也可制造逃离险境的机会。人的身体各部位都可以用来进行自卫反击，头的前部和后部可用来顶撞，拳头、手指可作为攻击对方的利器，肘朝其背部猛击是最强有力的反抗，用膝盖对其脸和腹股沟猛击相当有效果，用脚前掌飞快踢对方胫骨、膝盖和阴部非常有效；同时，要注意设法在案犯身上留下印记或痕迹，以备追查、辨认案犯时作为线索和定罪的证据。

7. 增强法律观念，正确运用法律保护自己

学会依靠组织和运用法律武器保护自己。千万注意不能“私了”，因为“私了”的结果常会使犯罪分子得寸进尺，没完没了。如果遇到了性侵害的不轨行为，要及时报警或报案，让法律给坏人以应有的惩戒，以维护社会平安和保护自身安全。

想一想

小语在去上学的途中遇到了一个暴露狂，他抱住小语的肢体不停地蹭，并说很多下流的话。小语用力大喊并奋力挣脱，那人一慌张手松了，小语趁机逃脱。如果你是小语的好朋友，她把此事告诉你时你该如何做？

四、男生也会遭遇性侵害

在我们的习惯思维中，一提到性侵害，100%想到的是女生受害，但事实上，男生也同样会遭遇性侵害。有数据显示，2016年公开报道的儿童性侵事件中，男童被性侵的比例为7.58%，成年男性被性侵的新闻更是屡见不鲜。可遗憾的是，根据我国现有的刑法法律细则，如果男性被性侵还不能认定为强奸罪，只可认定为强制猥亵。

男生被性侵可能是被异性，也可能是被同性。相比于女性，男性受害者更加不愿意在被猥亵或被强奸后报警。其原因，一是有相当一部分男性受害者都不认为这是一起刑事犯罪；二是羞于开口，求助无门，觉得男人被性侵是很丢人的事。正因为有这样的普遍思想，男性被性侵的比例呈上升的趋势，要引起我们的高度重视。

男生预防性侵要做到：

（1）加强防性侵意识　不要简单地认为被性侵只是女孩子的事，与自己没有关系。大意往往会使自己真正遇到情况时不知所措。因此，提高认识和防范意识很重要。

（2）不要轻易相信同性陌生的大朋友　在各种交友软件或偶然场合认识的同性大朋友，如果对你特别热情或特别好，不要轻易被利诱，这可能是个陷阱。

（3）正气充实生活，净化交往环境　多读书，多参加有益于身心的活动。遵守校规校纪，主动净化自己的交往环境，自觉切断被性侵的可能之路。

想一想

父母向你传授过防止性侵的知识吗？

五、遭遇性侵害应该怎么做

1. 要尽量镇静，让自己能够保持理性的思考

当遇到这种事件的时候，保持自己的头脑清醒，不要产生退缩的心理，一定要提醒自己，坏人是害怕被发现的，想尽办法逃脱。你试着大胆一些，可与坏人聊天，分散他的注意力，镇定自若也是对坏人的一种震慑。

2. 采取积极的防卫措施机智应对，寻找机会及时逃脱

在落入坏人的手中时，要保持机智，例如可先假装同意，使犯罪分子放松警惕，然后趁他脱衣之际，使尽全力将他推倒，及时逃跑，并在逃跑时继续呼救。当受到侵害时，也可利用身边的器物或日常生活用具防卫，如水果刀、指甲钳、发夹等。或观察周围的环境有没有可以利用的器物，如棍棒、酒瓶、砖、刀具等，用其击打犯罪分子要害部位，如头、眼睛、关节等，使其丧失侵害行为的能力，趁机逃跑。不要盲目地乱喊乱叫而惹怒坏人，那样对自己是不利的，可在先表现乖巧与顺从的情况下，寻找机会逃脱。

3. 不要怕坏人的威胁，更不要听信坏人的承诺言论

坚信干坏事的人心理是紧张害怕的，因此，你表现得越不怕他，他就会自乱阵脚，你逃脱的机会就会越大；同时，不要听信坏人比如“你如果听话就……”的承诺，理性与坏人斗争到底。

4. 要尽量记住坏人的相貌特征

在被坏人抓住后，保持头脑清醒，尽可能多地记住坏人的面部特征或身高、体形、衣着等其他特征，为公安机关尽快地抓捕到坏人提供有利的证据。

5. 及时寻求帮助或报警，以保证生命安全为根本

寻找机会报警，如果旁边人员密集，可以及时大声呼救，或者寻找机会报警。假如在一个偏僻的地方，一定要想尽一切办法逃脱，如果确实逃脱不掉，一切以保证自己的生命安全为根本。

6. 若受到了伤害，要及时就医接受治疗，积极面对生活

若性侵害不幸发生了，也不要心灰意冷，更不可有轻生的念头，因为生命是最宝贵的，轻生只能给爱自己的亲人们带来更大的痛苦。应该在家人和老师的陪伴与帮助下，积极接受身体与心理的治疗，用积极的心态面对生活。

7. 勇于面对，坚决报警，用法律的武器保护自己

无论是女生还是男生，若遭遇了性侵害，一定不能因觉得丢人而羞于启齿，选择自认倒霉不去报警。这样做不但让坏人逃避了法律的处罚，更是助长了他们的气焰，甚至会使自己陷入被施暴者长期实施性侵犯的噩梦之中。因此，一定要用法律保护自己。

知识窗

我国刑法对性侵害犯罪的处罚

《中华人民共和国刑法》第二百三十六条　以暴力、胁迫或者其他手段强奸妇女的，处三年以上十年以下有期徒刑。奸淫不满十四周岁的幼女的，以强奸论，从重处罚。强奸妇女、奸淫幼女的，有下列情形之一的，处十年以上有期徒刑、无期徒刑或者死刑：

（一）强奸妇女、奸淫幼女情节恶劣的；

（二）强奸妇女、奸淫幼女多人的；

（三）在公共场所当众强奸妇女的；

（四）二人以上轮奸的；

（五）致使被害人重伤、死亡或者造成其他严重后果的。

第二百四十一条第二款　收买被拐卖的妇女，强行与其发生性关系的，依照本法第二百三十六条的规定定罪处罚。

第二百五十九条第二款　利用职权、从属关系，以胁迫手段奸淫现役军人的妻子的，依照本法第二百三十六条的规定定罪处罚。

思考与活动

1. 角色扮演。场景为漆黑的夜晚，你一个人在僻静的小路上行走，突然坏人出现，将你拉往树林。每个同学分别演出不同的应对和自救方法，最后总结出较好的方法。

2. 你觉得相关机构是否有必要建立举报监督（曝光）性侵或性骚扰事件的平台？

活动演练 防踩踏演练

一、设计主题

防拥挤踩踏演练。

二、演练的目的和意义

1. 使同学们熟悉撤离线路及疏散方法，在紧急状况下能迅速、有序、安全地通过教学楼的疏散通道撤离到指定地点。

2. 使同学们在人多拥挤、道窄的地段，文明靠右行走，队伍快、齐、静，了解遇到紧急情况如何逃生的相关知识，增强安全意识和自我保护能力。提升同学们遇到可能发生拥挤踩踏类紧急事件的应急水平，强化自救和他救能力，培养学生终身受益的应急疏散习惯。

三、演练科目

本次演练共有两个科目：拥挤疏散和踩踏急救。

四、演练场景设置及准备

本次演练设定为晚自习期间发生突然停电事故，同学们在返回宿舍过程中在二楼楼梯转弯处突发拥堵，有人尖叫，有人摔倒，有人受伤，开展拥挤疏散演练，并模拟救援。

五、参与演练人员及分工

某专业某班同学分组分角色扮演。

角色一：同学小A扮演面临楼上冲下来的一大群惊慌失措的同学（由本班同学十几人扮演），开展护头蜷身自救动作模拟。

角色二：同学小B扮演伤员，由于不慎被挤倒受伤并失去意识。

角色三：同学小C等4人扮演发现伤员组织施救的志愿者。

小组一职责：负责绘制所在班级的应急疏散路线图，制定应急疏散路线。张贴疏散路线图和疏散标识；组织开展演习质量自评工作；负责对演习同学的评价工作。

小组二职责：负责演练的摄影、计时、记录等，共计3人。

小组三职责：负责将受伤同学运送到指定安全区域，并拨打120，联系急救中心；在专业医务人员到达之前，进行临时救治（心肺复苏术）和必要的心理疏导（平复拥挤同学焦躁情绪）。

六、演练活动步骤

1. 演练准备。各组人员到各自岗位进行演练前的最后检查，尤其对参加演练的本班学生身体情况问询检查。参加角色扮演的同学到达指定区域，演练过程注意人身安全。邀请班主任老师、校医务室老师参加。

2. 班长发出停电通知后，下达命令："同学们注意，现在教学楼发生学生跌倒事故，防踩踏应急疏散演练现在开始。"接着，班长吹响紧急哨。

3. 听到演练信号后，同学们迅速做好准备，设置情景到位，于楼梯处发生拥堵，开展疏散。同学们听到警报后，应立即停下来，前面的同学立刻拉起已经跌倒的同学，同时告诉后面的同学不要着急，停住，不要走了。待处理好了，才能下楼。

4. 全体同学到达操场空旷处，清点人数，发现有同学受伤未按时抵达集合点。立即拨打120急救电话，组织开展救援。

5. 救援同学到达校门口，等待救护车，扮演志愿者的同学进行心肺复苏术的模拟演习，负责评价记录的同学认真做评价。

6. 班主任老师全程参与，宣布演练结束并作总结。

七、注意事项

1. 班主任老师要做好演习前的安全、教育和演习中的管理工作，安排在楼梯口的教师和学生要组织学生有序下楼。学生下楼疏散时，要2人一排安静、快速下楼，不要急跑、过快。绝对不要打闹、惊叫和推搡。

2. 演习前一定要检查和清理楼道、楼梯上的垃圾及杂物，以防学生滑倒、碰撞发生踩踏事故，演习前10分钟由班主任老师再检查一次楼道情况。

3. 听到警报后，同学们应立即快速、安全地进行疏散。有扮演任务的同学各就各位，做到万无一失。

八、活动评价表

防踩踏演练学生评价表

序号	评价项目	评价内容	自评	他评
1	紧急疏散情况	是否按预案规定路线疏散，是否快速熟练到达集合地点		
2	参演同学动作是否标准	是否第一时间逃离拥挤人群，是否第一时间联系120急救 心肺复苏术操作是否规范		
3	疏散情况	是否严肃认真对待演练，是否有嬉笑、散漫表现，参演个人是否按照要求到位		
需要改进的方面				

模块三

预防应对自然灾害

学习导读

自然灾害是人类依赖的自然界中所发生的异常现象，多是由自然变异或长期人为破坏引起的，这种现象会造成人员伤亡、财产损失、社会失稳、资源破坏等悲剧性的后果。

本模块主要介绍常见的自然灾害（如洪水、地震、滑坡、泥石流、雷电、海啸、高温天气等）及其成因，以及给人类带来的各种危害。通过学习，同学们要掌握求救、逃生自救的方法和措施，学会保护自己。

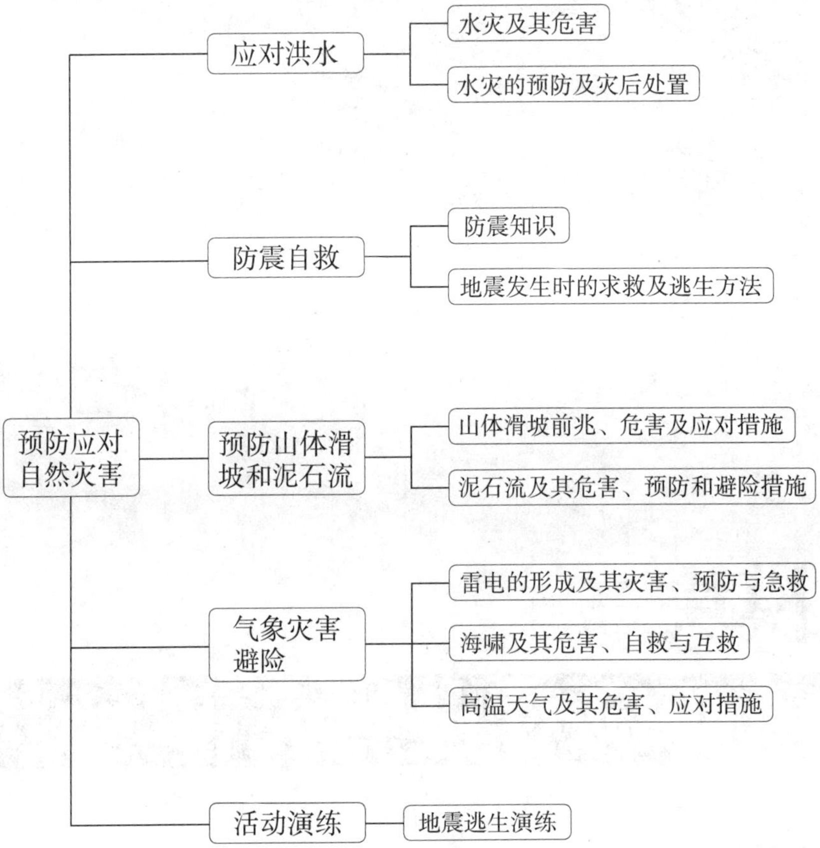

学习目标

认知目标	情感态度观念	运用目标
了解常见自然灾害（洪水、地震、滑坡、泥石流、雷电、海啸、高温天气等）的成因及给人类带来的各种危害	提高热爱自然、保护自然的意识	掌握预防自然灾害的方法，提高应对自然灾害的能力
掌握遭遇自然灾害时求救、逃生自救的方法和措施，学会保护自己	提高面对自然灾害发生时的安全意识	

学习任务一　应对洪水

洪水灾害是世界上最严重的自然灾害之一，一般由连续暴雨引起，灾害不仅出现在山区，也出现在城市。我国的洪水灾害主要发生在每年的4～9月份。

案例警示

2016年6月30日开始，我国长江中下游沿江地区及江淮、西南东部等地区出现强降雨过程，给部分地区造成严重洪涝灾害。降雨区域覆盖云南、贵州、四川、重庆、湖南、湖北、陕西、河南、安徽、江苏、山东、上海、浙江、广东、广西等15个省（自治区、直辖市），大于100毫米、50毫米的雨区面积分别达29万平方千米和69万平方千米。据国家防总统计，截至2016年7月3日，包括山东省在内的26省（自治区、直辖市）1 192个县遭受洪涝灾害，受灾人口3 282万人，紧急转移148万人，因灾死亡186人，失踪45人，直接经济损失约506亿元。

一、水灾及其危害

（一）水灾

一个地区短期内连降暴雨，河水会猛烈上涨，漫过堤坝，淹没农田、村庄，冲毁道路、桥梁、房屋，这就是洪水灾害。

洪水是一种自然水文现象，只有威胁到人类安全和影响社会经济活动并造成损失时，才称为水灾。

（二）水灾的危害

在各种自然灾害中，水灾是最常见而且危害最大的一种。洪水出现频率高，波及范围广，来势凶猛，破坏性极大。洪水不但淹没房屋和人口，造成大量人员伤亡，而且还卷走人们居住地的一切物品，并淹没农田，毁坏作物，导致粮食大幅度减产，从而造成饥荒。洪水还会破坏工厂厂房、通信与交通设施，从而造成对经济的巨大破坏。

知识窗

我国水灾情况

我国自古以来就是水灾严重的国家。据不完全统计，从公元前206年到1949年的2155年间，我国共发生较大水灾1 092次，死亡万人以上的水灾每5~6年就会出现一次。水灾不但直接引起人员伤亡和财产损失，还会造成一系列其他灾害，如滑坡、泥石流、疫病等。

中华人民共和国成立以来，我国平均每年发生严重洪涝灾害5.9次，平均受灾面积667亿平方米，其中成灾面积470亿平方米，倒塌房屋200余万间。1991年，全国有25个省（自治区、直辖市）发生不同程度的洪涝灾害，农作物受灾面积2 400亿平方米，死亡5 133人，倒塌房屋498万间，直接经济损失达799亿元。

想一想

水灾一般给人们的生活带来哪些危害？

二、水灾的预防及灾后处置

（一）水灾的预防

洪水到来之前，要尽量做好相应的准备。

1. 根据当地电视、广播等媒体提供的洪水信息，结合自己所处的位置和条件，冷静地选择最佳路线撤离，避免出现“人未走水先到”的被动局面。

2. 认清路标，明确撤离的路线和目的地，避免因为惊慌而走错路。

3. 备足速食食品或蒸煮够食用几天的食品，准备足够的饮用水和日用品。

4. 扎制木排、竹排，搜集木盆、木材、大件泡沫塑料等适合漂浮的材料，加工成救生装置以备急需。

5. 将不便携带的贵重物品作防水捆扎后埋入地下或放到高处，票款、首饰等小件贵重物品可缝在衣服内随身携带。

6. 保存好尚能使用的通信设备。

（二）水灾后的处置

遇到洪水暴发，应做到以下几点：

1. 如果时间充裕，应按照预定路线，有组织地向较安全的避难所转移。避难所一般应选择在离家最近、地势较高、交通较为方便的地方，应有上下水设施，卫生条件较好，与外界可保持良好的通信、交通联系。在城市中，选择高层建筑的平坦楼顶，地势较高或有牢固楼房的学校、医院以及地势高、条件较好的公园等。

2. 洪水到来时，来不及转移的人员要就近迅速向山坡、高地、楼房、避洪台等地转移，或者立即爬上屋顶、楼房高层、大树、高墙等高的地方暂避。

3. 如果洪水继续上涨，暂避的地方已难自保，则要充分利用准备好的救生器材逃生，或者迅速找一些门板、桌椅、木床、大块的泡沫塑料等能漂浮的材料扎成木筏逃生。

4. 如果已被洪水包围，要设法尽快与当地政府或防汛部门取得联系，报告自己的方位和险情，积极寻求救援。注意：千万不要游泳逃生，不可攀爬带电的电线杆、铁塔，也不要爬到泥坯房的屋顶。

5. 如果在山区，当洪水过后，一定要转移到高处，因为山里一旦发生洪水的话紧接着就是滑坡、滚石、泥石流，一定要小心。

6. 如已被卷入洪水中，一定要尽可能抓住固定的或能漂浮的东西，寻找机会逃生。

7. 发现高压线铁塔倾斜或者电线断头下垂时，一定要迅速远避，防止触电。

8. 洪水过后，要服用预防流行病的药物，做好各项卫生防疫工作，预防疫病的流行。

思考与活动

1. 水灾会给人类带来哪些危害？

2. 遇到洪水暴发，如何逃生自救？

3. 课后搜集一些遇到洪水逃生自救的优秀案例，与同学们交流分享逃生自救的方法和措施。

4. 暑假来临，同学们正在河边组织夏令营活动，天气突变下起了暴雨，河水上涨。请同学们设计一个防洪自救的方案，比比看谁的方案最科学、最有效。

学习任务二 防震自救

地震是地球上所有自然灾害中给人类社会造成损失最大的一种地质灾害。破坏性地震往往在没有什么预兆的情况下突然来临，大地震撼、地裂房塌，甚至摧毁整座城市，并且在地震之后，火灾、水灾、瘟疫等严重次生灾害更是雪上加霜，给人类带来极大的灾难。

案例警示

“5·12”汶川大地震发生于北京时间2008年5月12日（星期一）14时28分04秒，根据中华人民共和国地震局的数据，此次地震强度为里氏8.0级（矩震级8.3级），地震烈度达到11度，地震波及大半个中国及亚洲多个国家和地区。

“5·12”汶川大地震严重破坏地区超过10万平方千米，其中，极重灾区10个县（市），较重灾区41个县（市），一般灾区186个县（市）。“5·12”汶川大地震是中华人民共和国成立以来破坏力最大的地震，也是继唐山大地震后伤亡最严重的一次地震。

经国务院批准，自2009年起，每年5月12日为全国“防灾减灾日”。

一、防震知识

防震是指通过人为措施降低地震危害。因此，要学习防震知识，了解地震前兆，提前预报预防，并做好地震前的应急准备，从而减少地震给我们人类带来的各种危害。

对地震灾害，目前还不能准确地做出预报，但长期的观察和研究表明，地震前是会出现一些征兆的，能够提醒人们提高警惕。

（一）地震发生前的征兆

地震前，在自然界发生的与地震有关的异常现象，我们称之为地震前兆，常见的地震前兆有以下几个方面：

1. 地下水异常

地下水主要包括井水、泉水等。主要异常有发浑、冒泡、翻花、升温、变色、变味、突升、突降、井孔变形、井水由苦变甜或者由甜变苦、泉源突然枯竭或涌出等。人们总结了震前井水变化的谚语："井水是个宝，地震有前兆。无雨泉水浑，天干井水冒。水位升降大，翻花冒气泡。有的变颜色，有的变味道。"

如：1990年10月20日，景泰地震的前一天，景泰县正路乡上坝村有一口水井水位下降，用原先打水的绳子打不上水，结果第二天就发生了里氏6.2级地震。

2. 动物行为异常

很多动物的某些器官感觉非常灵敏，它能比人类提前知道灾害事件的发生。

（1）穴居动物　如老鼠、蛇等在震前的异常行为有：冬眠期间大量出洞；活动规律反常，成群结队，长距离迁徙；惊叫、惊慌，或呆痴不怕人，情绪烦躁等。

（2）水栖动物　如河中、水库、池中的鱼类、青蛙等在震前较为普遍的异常行为有：浮于水面、翻腾跳跃、打旋、昏迷不动、活动规律突变等。

（3）地面动物　如马、牛、猪、狗、猫等在震前的异常行为有：不进食、不进窝圈、闹圈、越栏外逃、不听主人使唤、异乎寻常地怪叫、惶恐不安、萎靡不振、卧地不起等。

（4）飞行动物　如鸡、鸭、鹅、鸽子、鸟类和昆虫等在震前的异常行为有：不符合常规地惊飞、惊叫，不进窝、不回巢，或在笼子里乱飞乱撞，改变栖息方式或呆滞无神。

如：1990年10月20日，景泰里氏6.2级地震前一天，景泰县下响村全村的狗成群结队地往山上跑，对天狂叫，震前一两天骡马不进圈，震前一两个小时正在打场、拉车的马惊叫着跑了。但这些有用的信息没有及时汇报到有关地震部门，因而失去了一次预报地震的良机。

知识窗

震前动物征兆歌谣

震前动物有预兆，群测群防很重要。
牛羊骡马不进圈，猪不吃食狗乱咬。
鸭不下水岸上闹，鸡飞上树高声叫。
冰天雪地蛇出洞，大猫衔着小猫跑。
兔子竖耳蹦又撞，鱼跃水面惶惶跳。
蜜蜂群迁闹哄哄，鸽子惊飞不回巢。
家家户户都观察，综合异常作预报。

3. 植物异常

有些植物在震前也有异常反应，如不适季节发芽、开花、结果或大面积枯萎与异常繁茂等。

如：1975年10月，唐山附近梨树及其他多种植物都提前开花两次，1976年7月28日，唐山发生了里氏7.8级地震。

4. 电磁异常

电磁异常是指地震前家用电器，如收音机、电视机、日光灯等出现的异常。最为常见的电磁异常是收音机失灵；在北方地区，日光灯在震前自明也较为常见。

如：1976年7月28日，唐山里氏7.8级地震前几天，唐山及其邻区很多收音机失灵，声音忽大忽小，时有时无，调频不准，有时连续出现噪音。唐山市内有人见到关闭的荧光灯夜间先发红后亮起来；北京有人睡前关闭了日光灯，但灯仍亮着不息。

电磁异常还包括一些电机设备工作不正常，如微波站异常、无线电厂受干扰、电子闹钟失灵等。

5. 出现地光和地声

临震前的很短时间里，大地会突然发出彩色的或强烈的光，形状不同，颜色各异，称为地光。还可能发出轰隆隆的或像列车通过或像打雷般的巨响，称为地声。

如：1990年10月20日，天祝、景泰里氏6.2级地震前，有群众发现，山上新墩湾、下响、张家庄一线山脊上，出现了约8千米长的乳白色光带。

一旦发现异常的自然现象，不要轻易做出马上要发生地震的结论，更不要惊慌失措，而应当弄清异常现象出现的时间、地点和有关情况，保护好现场，向政府或地震部门报告，让地震部门的专业人员调查核实，弄清事情真相。

（二）地震应急准备

在已发布临震预报或易发生地震的地区，应做好以下几个方面的应急准备工作：

1. 备好临震急用物品

地震发生之后，食品、医药等日常生活用品的供应都会受到影响，水塔、水管往往被震坏，造成供水中断。为能渡过震后初期的生活难关，临震前社会和家庭都应准备一定数量的食品、水和日用品，以解燃眉之急。

2. 建立临震避难场所

房舍被震坏，需要安身之处；余震不断发生，要有躲藏处。这就需要临时搭建防震、防火、防寒、防雨的防震棚。各种帐篷都可以利用，农村储粮的小圆仓也是很好的抗震房。

3. 划定疏散场所，转运危险物品

城市人口密集，人员避震和疏散比较困难，为确保震时人员安全，震前要按街、区分布，就近划定群众避震疏散路线和场所。要把易燃、易爆和有毒物质及时转运到城外。

4. 设置伤员急救中心

在城内抗震能力强的场所或在城外设置急救中心，备好床位、医疗器械、照明设备和药品等。

5. 暂停公共活动

得到正式临震预报通知后，各种公共场所应暂停活动，观众或顾客要有秩序地撤离；中、小学校可临时在室外上课；车站、码头可在露天候车。

6. 组织人员撤离并转移重要财产

如果得到正式临震警报或通知，要迅速而有秩序地动员和组织群众撤离房屋。正在治疗的重病号要转移到安全的地方。对少数思想麻痹者，也要动员到安全区。农村的大牲畜、拖拉机等生产资料，临震前要妥善转移到安全地带。机关、企事业单位的车辆要开出车库，停在空旷的地方，以便在抗震救灾中发挥作用。

7. 防止次生灾害的发生

城市发生地震可能出现严重的次生灾害，特别是化工厂、煤气厂等易发生地震次生灾害的单位，要加强监测和管理，设专人昼夜站岗和值班。

8. 确保机要部门的安全

城市内各种机要部门和银行较多，地震时要加强安全保卫，防止国有资产损失和机密泄漏。消防车辆必须出库，消防人员要整装待发，以便及时扑灭火灾，减少经济损失。

9. 组织抢险队伍，合理安排生产

临震前，各级政府要就地组织好抢险救灾队伍（救人、医疗、灭火、供水、供电、通信等）。必要时，某些工厂应在防震指挥部的统一指令下暂停生产或低负荷运行。

10. 做好家庭防震准备

在已发布地震预报的地区，居民须做好家庭防震准备，制订一个家庭防震计划，检查并及时消除家里不利于防震的隐患。

（1）检查和加固住房　对不利于抗震的房屋要加固，不宜加固的危房要撤离。对于笨重的房屋装饰物，如女儿墙、高门脸等应拆掉。

（2）合理放置家具、物品　固定好高大家具，防止其倾倒砸伤人；牢固的家具下面要腾空，以备地震时藏身；家具物品摆放做到“重在下，轻在上”，墙上的悬挂物要取下来，防止掉下来伤人；清理好杂物，让门口、楼道畅通；阳台护墙要清理，拿掉花盆、杂物；易燃易爆和有毒物品要放在安全的地方。

（3）准备好必要的防震物品　准备一个包括食品、水、应急灯、简单药品、绳索、收音机等在内的家庭防震包，放在便于取到的地方。

（4）进行家庭防震演练　进行紧急撤离与疏散练习以及“一分钟紧急避险”练习。

知识窗

避震三字经

地震来，忌外跑，三角地，就近找；家首先，卫生间；次安全，厨房间；第三名，承重墙；第四名，实木（铁制）床。

办公室，君莫忘，最安全，电梯旁，混凝土，有保障；次安全，柱子旁，材质好，承重强；第三名，卫生间；第四名，桌椅旁。不近火，靠近水，若被困，敲管道。

案例警示

四川安县（今绵阳安州区）桑枣中学是一所初级中学，在绵阳周边非常有名。学校因教学质量高，周围家长都拼命把孩子往里送，每个班有80多名学生，最前排的学生几乎坐在老师下巴前。

从2005年开始，该校每学期都要在全校组织一次紧急疏散演习。演习前，学校会事先告知学生本周有演习，但不知道具体是哪一天。等到特定的一天，课间操或者学生休息时，学校会突然用高音喇叭喊：全校紧急疏散！

刚搞紧急疏散时，学生当是娱乐，除了觉得好玩外，还认为多此一举，有反对意见，但校长坚持。后来，学生和老师都习惯了，每次疏散都井然有序。

由于平时的多次演习，汶川大地震发生时，全校师生按照平时学校要求的行事，从不同的教学楼和不同的教室中，全部冲到操场，以班级为单位组织站好，用时1分36秒。

因在2008年“5・12”汶川特大地震中确保全校师生安然无恙，叶志平校长被网民誉为“史上最牛校长”。

二、地震发生时的求救及逃生方法

地震发生时，至关重要的是要有清醒的头脑，镇静自若的态度。只有镇静，才有可能运用平时学到的防震知识并判断地震的大小和远近。近震常以上下颠簸开始，之后才左右摇摆。远震却很少有上下颠簸感觉，而以左右摇摆为主，而且声脆，震动小。一般小震和远震不必外逃。

虽然目前人类还不能准确预测地震，但只要能掌握逃生方法和自救、互救技能，就能使灾害降到最低限度。

（一）地震逃生

地震时，楼房内人员可躲在卫生间等小开间房内，直到地震停止，确信出口安全之后才能逃离建筑。随手用物件护住头部和捂住口鼻，以防被砸伤或被泥沙烟尘窒息。未受伤人员应尽快抢救家人和邻居。被压在室内的人员，要尽可能向有空气和水的方向移动，节约食物和水，保持镇静，保存体力，待外面有动静时再大声呼救或敲击。

封闭在室内的人，不可使用电器、火柴、蜡烛等，最好用手电筒照明，如闻到煤气或有毒气体时，最好用湿衣物等捂住口鼻。正在用火、用电时，要立即灭火和断电，防止烫伤、触电和发生险情。

住在高层楼房里的人员不可使用电梯，不要往窗前及阳台跑，尤其不可跳楼。

正在上课的学生，按老师的指挥根据平时的演练有组织地撤离，不要乱跑或擅自离开学校。

在街道上的行人，找一处远离建筑物、大树和电线的开阔地，卧倒在地，不要躲避在电线、变压器及高大建筑物附近。正在行驶的车辆应紧急停车并设法停在开阔的地方，车上乘客要抓住座椅或车上牢固器件，不要急于外出。

在野外的人员，应向开阔地或高地坡顶转移，不可往下跑，不可躲在危崖、狭缝处，并时刻提防山崩、滑坡及雪崩、冰塌。

在河岸边的人员，要迅速撤离，谨防上游洪水或巨浪的袭击。

人应远离石化、化学、煤气等有毒的工厂或设施。遇到火情不可处于下风口，应躲避在上风口有水处。要密切注意滑坡和泥石流，若遇到这些现象，应尽快沿斜坡横向方向撤离。

想一想

地震发生时，如果你和同学们正在楼内教室上课，应该如何逃生？

（二）震后自救

地震发生后，一定要遵循快速救助的原则，越快越好。如果你不幸被埋在建筑物下，应采取下列方法自救：

1. 改善环境

地震时如被埋压在废墟下，周围又是一片漆黑，只有极小的空间，要沉着不要惊慌，树立生存的信心，相信会有人来救你，并千方百计保护自己。可设法避开身体上方不结实的倒塌物，并设法用砖石、木棍等支撑残垣断壁，加固自己所处的环境，以防余震发生后，环境进一步恶化。

2. 呼吸畅通

在极不利的环境下，首先要保持自己的手脚活动，保护呼吸畅通，挪开头部、胸部的杂物，闻到煤气、毒气时，将毛巾、衣物等弄湿后掩住口鼻，以防吸入引发窒息。

3. 呼救自救

如果找不到脱离险境的通道，不可大呼大叫，要尽量保存体力，用石块敲击能发出声响的墙壁、水管等，向外发出呼救信号，尽可能控制自己的情绪或闭目休息，等待救援人员到来。如果受伤，要设法包扎，避免流血过多。此时，如果应急包在身旁，将会为你脱险起很大作用。

4. 维持生命

如果震后不幸被困，要尽量保持冷静，救援人员未到，或者没有听到呼救信号，就要想办法维持自己的生命，防震包里的水和食品一定要节约使用，尽量寻找食品和饮用水，必要时自己的尿液也能起到解渴作用，为自己争取等待救援的时间。

5. 互相鼓励

如果是与其他人一起被埋压在一个地方，要互相鼓励，互相说话吸引注意力，千万不可都放松。

6. 活命三角区

可以利用身边坚固的东西来护住自己，积极寻找“活命三角区”躲避，以免余震再次把自己伤害。

知识窗

地震活命三角区

地震“活命三角区”就是可以构成三角区的空间，发生地震时，尽量去找可以构成三角区的空间躲避。也可以迅速寻找一个大而坚实的物体，移动并靠近它的一侧，尽量靠下蜷缩自己的身体。

（三）震后互救

1. 保持镇静

在地震中，有不少不幸者并不是因为房屋倒塌被砸伤或挤压致死的，而是由于精神崩溃，失去生存的希望，乱喊、乱叫，在极度恐惧中扼杀了自己。这是因为，乱喊、乱叫会加速新陈代谢，增加氧的消耗，使体力下降，耐受力降低；同时，大喊、大叫必定会吸入大量烟尘，易造成窒息，增加不必要的伤亡。正确的态度是，在任何恶劣的环境中，都要始终保持镇静，分析所处的环境，寻找出路，等待救援。

2. 止血、固定砸伤和挤压伤

外出血应首先止血，抬高患肢，同时呼救。对开放性骨折，不应做现场复位，以防止组织再度受伤，一般用清洁纱布覆盖创面，作简单固定后再进行转运。不同部位骨折，按不同要求进行固定，并参照不同伤势、伤情进行分类、分级，送医院进一步处理。

3. 妥善处理伤口

遇到大面积创伤者，要保持创面清洁，用干净纱布包扎创面，并立即与医院联系，及时诊断和治疗。对大面积创伤和严重创伤者，可口服糖盐水，预防休克发生。

4. 防止火灾

地震常常引起许多次生灾害，火灾是常见的一种。在大火中应尽快脱离火灾现场，脱下燃烧的衣帽，或用湿衣服覆盖在身上，或就地打滚。在情况允许下，也可用水直接浇泼灭火。切忌用双手扑打火苗，因为这样可能烧伤双手。

5. 防疫情

要预防破伤风和气性坏疽，并且要尽早深埋尸体，注意饮食卫生，防止大灾后的大疫。

知识窗

救援口诀

发现生命先送水，清口鼻补生理液；
臀部肩膀往外拖，不可硬拽伤关节；
伤口出血靠压迫，夹板木棍定骨折；
颈腰损伤勿扭曲，硬板移送多人托；
救出无气似已死，洒水淋身或复活。

思考与活动

1. 地震会给人类带来哪些危害?
2. 地震来临前有哪些征兆?
3. 地震发生时如果你正在寝室休息，应当怎样避险?
4. 判断下列说法是否正确。

（1）地震来了，楼层太高，快跳楼躲避吧。（　　）

（2）地震来了，赶快躲到承重墙角、厨房、厕所等空间比较小的地方去。（　　）

（3）地震来了，我被压在厕所间，不管有没有人我就拼命喊“救命”。（　　）

5. 地震发生时，最好的躲避方法是（　　）。

A. 跳楼躲避　B. 躲避到阳台、窗户下面　C. 躲避到厕所、厨房、承重墙的墙根下

6. 假设同学们正在上课时突然发生了地震，请大家设计一个最佳避险方案。

学习任务三　预防山体滑坡和泥石流

滑坡和泥石流是人们面临的最具破坏性的自然灾害之一，多发生在山区和沟谷深壑地势险峻之地，因暴雨等冲刷而成。滑坡和泥石流暴发时会带来大量的泥沙石块，破坏力极强，严重影响人们的正常生产和生活。

一、山体滑坡前兆、危害及应对措施

山体滑坡是一种很严重的地质灾害，尤其是在土质层较松的区域发生暴雨，经过雨水的强烈冲刷，山体变得破碎、松散，极有可能诱发山体滑坡。

案例警示

2015年12月20日11时42分，深圳市光明新区的红坳渣土受纳场发生滑坡事故。

此次滑坡灾害覆盖面积约38万平方米，造成73人死亡，4人下落不明，17人受伤（重伤3人，轻伤14人），33栋建筑物被损毁、掩埋，90家企业生产受影响，涉及员工4 630人，事故造成直接经济损失8.81亿元。

事故发生的直接原因是红坳受纳场没有建设有效的导排水系统，受纳场内积水未能导出排泄，致使堆填的渣土含水过饱和，形成底部软弱滑动带；严重超量超高堆填加载，下滑推力逐渐增大、稳定性降低，导致渣土失稳滑出。体积庞大的高势能滑坡体形成了巨大的冲击力，加之事发前险情处置错误，造成重大人员伤亡和财产损失。

（一）滑坡前兆及其危害

滑坡，是指斜坡上的土体或者岩体受河流冲刷、地下水活动、地震及人工切坡等因素影响，在重力作用下，沿着一定的软弱面或者软弱带，整体地或者分散地顺坡向下滑动的自然现象，俗称“走山”“垮山”“地滑”“土溜”等。

1. 滑坡的前兆

（1）在山坡中前部出现规律排列的裂缝，并迅速扩展。

（2）在山坡坡脚处，土体突然上隆（凸起）。

（3）建在山坡上的房屋地板、墙壁出现裂缝，墙体歪斜。

（4）在山坡上，干涸的泉水突然复活，或泉水突然干涸、浑浊。

（5）动物惊恐异常，树木枯萎或歪斜等。

2. 滑坡给人类带来的危害

滑坡对乡村最主要的危害是摧毁农田、房舍，伤害人畜，毁坏森林、道路以及农业机械设施和水利水电设施等，有时甚至给乡村造成毁灭性灾害。

位于城镇的滑坡常常砸埋房屋，摧毁工厂、学校、机关单位等，并毁坏各种设施，造成停电、停水、停工，有时甚至毁灭整个城镇。

发生在工矿区的滑坡，可摧毁矿山设施，造成职工伤亡。

（二）滑坡危害的应对措施

在山地环境下，滑坡现象虽然不可避免，但通过采取积极的防御措施，滑坡危害则是可以减轻的。

1. 防御滑坡的主要措施

（1）避　加强监测，做好预报，提早组织人员疏散和财产转移。

（2）排　开挖排水和截水沟将地表水引出滑坡区；对滑坡中后部裂缝及时进行回填或封堵处理，防止雨水沿裂隙渗入滑坡中。

（3）挡　采用抗滑桩、挡土墙、锚索、锚杆等工程对滑坡进行支挡，是滑坡治理中采用最多、见效最快的手段。

（4）减　当滑坡仍在变形滑动时，可以在滑坡后缘拆除危房，清除部分土石，以减轻滑坡的下滑力，提高整体稳定性。

（5）压　当山坡前缘出现地面鼓起和推挤时，表明滑坡即将发生。这时应该尽快在前缘堆积砂石压脚，抑制滑坡的继续发展，为财产转移和滑坡的综合治理赢得时间。

（6）固　结合微型桩群对滑带土灌浆，以提高滑带土的强度，增加滑坡的自抗滑力。

2. 滑坡发生时的应对措施

（1）当发现可疑的滑坡活动时，应立即向有关部门报告。

（2）当发生滑坡时，要迅速撤离危险区及可能的影响区。当处在滑坡体上时，首先应保持冷静，不能慌乱；慌乱不仅浪费时间，而且极有可能做出错误的决定。

（3）要迅速环顾四周，向较为安全的地段撤离。一般除高速滑坡外，只要行动迅速，都有可能逃离危险区段。逃离时，以向两侧跑为最佳方向。在向下滑动的山坡中，向上或向下跑均是很危险的。当遇到无法逃离的高速滑坡时，更不能慌乱，在一定条件下，如滑坡呈整体滑动时，原地不动，或抱住大树等物，不失为一种有效的自救措施。

（4）滑坡时，如果有人员受伤，应立即拨打120。解除警报前，不得进入滑坡发生危险区。

二、泥石流及其危害、预防和避险措施

我国是多山之国，受岩层断裂等地质构造的影响，许多山体陡峭，岩石结构不稳固，森林覆盖面积不多，遇到季风气候的连阴雨、大暴雨天气，常发生严重的泥石流灾害。黄土高原、天山、昆仑山等山前地带以及太行山、长白山泥石流危害都很严重。我国的台湾地区也经常有泥石流发生。

案例警示

2010年8月7日22时许，甘肃省甘南藏族自治州舟曲县城东北部山区突降特大暴雨，引发县城北面的罗家峪、三眼峪等沟系泥石流下泄，由北向南冲向县城，造成沿河房屋被冲毁，泥石流阻断白龙江，形成堰塞湖。泥石流长约5千米，平均宽度300米，平均厚度5米，总体积750万立方米，流经区域被夷为平地，系特大山洪地质灾害，造成重大人员伤亡和财产损失。

（一）泥石流及其危害

泥石流是山区沟谷中由暴雨、冰雪融化等水源引发的，含有大量的泥沙、石块的特殊洪流。其特征往往是突然暴发，在很短时间内将大量泥沙、石块冲出沟外，在宽阔的堆积区横冲直撞、漫流堆积，常常给人类生命财产造成重大危害。泥石流的形成必须同时具备三个条件：陡峻的地形地貌、丰富的松散物质和短时间内有大量的水流。

泥石流常常具有暴发突然，来势凶猛、迅速之特点，并兼有崩塌、滑坡和洪水破坏的多重作用，其危害程度往往比单一的崩塌、滑坡和洪水的危害更为广泛和严重。它对人类的危害具体表现在以下四个方面：

1. 对居民点的危害

泥石流最常见的危害之一是冲进乡村、城镇，摧毁房屋、工厂、企事业单位及其他场所、设施，淹没人畜，毁坏土地，甚至造成村毁人亡的灾难。

2. 对公路、铁路的危害

泥石流可直接埋没车站、铁路、公路，摧毁路基、桥涵等设施，致使交通中断，还可引起正在运行的火车、汽车颠覆，造成重大的人员伤亡事故。

3. 对水利、水电工程的危害

主要是冲毁水电站、引水渠道及过沟建筑物，淤埋水电站尾水渠，并淤积水库、磨蚀坝面等。

4. 对矿山的危害

主要是摧毁矿山及其设施，淤埋矿山坑道、伤害矿山人员、造成停工停产，甚至使矿山报废。

（二）泥石流的预防和避险措施

泥石流会造成重大灾害，因此必须做好预防措施，平时要注意保护生态环境以尽量减少泥石流的发生概率。

1. 预防泥石流的主要措施

（1）选择良好的居住地，建造抗灾能力强的房子。

（2）做一些预防泥石流的工程设施，例如护坡、挡墙、顺坝、丁坝、排泄沟、导流堤、急流槽、渡槽、拦沙坝、储淤场及截流工程等。

（3）植树造林，主要方法是封山育林，停耕还林，固结表土，保持水土，降低泥石流的发生概率与规模。

2. 遭遇泥石流的避险措施

（1）沿山谷徒步行走时，一旦遭遇大雨，要迅速转移到坚固安全的高地，不要在谷底过多停留。

（2）当遇到长时间降雨或暴雨时，要注意观察周围环境，特别是要留意是否听到远处山谷传来打雷般的异常声响，如听到要高度警惕，很可能是泥石流将至的征兆。

（3）去山地户外游玩，要选择平整的高地作为营地，尽可能避开有滚石和大量堆积物的山坡下面，不要在山谷和河沟底部扎营。

（4）发现泥石流后，要马上与泥石流成垂直方向向两边的山坡上面爬，爬得越高越好，跑得越快越好，绝对不能向泥石流的下游跑。

思考与活动

1. 泥石流和滑坡有什么不同？
2. 遭遇滑坡突发时如何逃生与自救？

学习任务四　气象灾害避险

气象灾害是指大气对人类的生命财产和经济建设及国防建设等造成的直接或间接的损害。气象灾害是自然灾害中最为频繁而又严重的灾害，会造成巨大的经济损失和人员伤亡。

气象灾害一般包括天气、气候灾害和气象次生、衍生灾害。

天气、气候灾害，是指因台风（热带风暴、强热带风暴）、暴雨（雪）、雷暴、冰雹、大风、沙尘、龙卷风、大（浓）雾、高温、低温、连阴雨、冻雨、霜冻、结（积）冰、寒潮、干旱、干热风、热浪、洪涝、积涝等因素直接造成的灾害。

气象次生、衍生灾害，是指因气象因素引起的山体滑坡、泥石流、风暴潮、森林火灾、酸雨、空气污染等灾害。

中国是世界上气象灾害发生十分频繁、灾害种类甚多，造成损失十分严重的少数国家之一。随着经济的高速发展，自然灾害造成的损失亦呈上升趋势，直接影响社会和经济的发展。

想一想

雷电、全球变暖、臭氧层破坏及酸雨危害是气象灾害吗？

一、雷电的形成及其灾害、预防与急救

雷电本身只是一种普通的天气现象，之所以成为灾害，是由于它在瞬间释放的巨大能量对我们的生命财产造成了破坏。雷电灾害按事故类型大致可以分为五类，即人员伤亡事故、电子设备受损事故、供电故障事故、火灾爆炸事故、建筑物受损事故，其中以前三者影响最为严重。

案例警示

2016年6月25日下午，海南省儋州市一村庄发生一起雷击事故，一名17岁高中生不幸被雷击身亡。被雷击身亡的少年名叫小文，据小文的爷爷介绍，25日是周末，小文放假在家休息，吃完午饭后，就跟父亲一起回到各自的房间休息。房子一排是三间卧室，父亲睡在中间房的一张木床上，而小文则睡在边上房间的一张不锈钢床上。下午两点半左右，小文屋内突然一声巨响，小文的父亲赶紧跑到小文房间查看，发现小文被雷电击得昏迷不醒。虽然家人拨打了120急救，但小文最终还是不治身亡。

（一）雷电的形成及其灾害

1. 雷电及雷电的形成

雷电是伴有闪电和雷鸣的一种雄伟壮观而又有点令人生畏的放电现象，常伴有强烈的阵风和暴雨，有时还伴有冰雹和龙卷风。

雷电一般产生于对流发展旺盛的积雨云天气，积雨云顶部一般较高，可达20千米，云的上部常有冰晶。冰晶的凇附、水滴的破碎以及空气对流等过程，使云中产生电荷。云中电荷的分布较复杂，但总体而言，云的上部以正电荷为主，下部以负电荷为主。因此，云的上、下部分之间形成一个电位差。当电位差达到一定程度后，就会产生放电，这就是我们常见的闪电现象。

闪电的平均电流是3万安，最大电流可达30万安。闪电的电压很高，约为1亿～10亿伏。一个中等强度雷暴的功率可达1 000万瓦，相当于一座小型核电站的输出功率。放电过程中，由于闪电中温度骤增，空气体积急剧膨胀，从而产生冲击波，导致强烈的雷鸣。带有电荷的雷云与地面的突起物接近时，它们之间就发生激烈的放电，在雷电放电地点会出现强烈的闪光和爆炸的轰鸣声。这就是人们见到和听到的电闪雷鸣。

当然，有时候晴天也会产生雷电，即所谓“晴天霹雳”。

2. 雷电灾害

雷电灾害经常导致人员伤亡，还可能导致供配电系统、通信设备、民用电器的损坏，引起森林火灾及仓储、炼油厂、油田等燃烧甚至爆炸，造成重大的经济损失和不良社会影响。

据估计，中国每年因雷击造成的人员伤亡约有3 000～4 000人，财产损失在50亿～100亿元人民币。

（1）雷电危害人畜生命　世界各地每年都要发生上百起的雷电伤亡人畜的意外事故，而这只占人畜遭遇雷击总数的三分之一，在另外三分之二的事故中，人们往往能够幸免于难。

（2）雷电引发火灾　雷电产生时，会放出大量的能量，这些能量大多由电能转化成光能和热能。雷电释放出的热能会使周围空气温度升高，而大自然中有些物质的着火点很低，当温度升高到着火点而周围又有大量可燃物时，很容易引发火灾，世界上每年由雷电所引发的火灾也不在少数。雷电引发的火灾中，危害最大的便是森林火灾，森林由于其特殊的环境，火灾往往一发而不可收。另外，雷电还可能引发火灾，烧毁房屋、烧毁工厂，往往木、竹建造的房屋最易遭受危害，而酒精工厂、衣料工厂、面粉工厂等最易着火。

（3）雷电损坏电器及电力设施　在雷电放电时，能产生高达数万伏甚至数十万伏的冲击电压，它可能毁坏发电机、电力变压器等电气设备的绝缘，烧断电线和劈裂电杆，造成大规模停电。绝缘损坏还可能引起短路，这些对电器的损坏非常大，轻的烧坏电线，重的直接让电器报废，甚至引发电路起火，造成火灾，危及生命财产安全；更有甚者会危及正在使用电器的人的人身安全。

知识窗

雷电对人体的伤害

雷电的受害者有2/3以上是在户外受到袭击，以在树下避雷雨的最多，一般每3个人中有2个幸存。

当人遭受雷电袭击的一瞬间，电流迅速通过人体，重者可导致心跳、呼吸停止，脑组织缺氧而死亡。另外，雷击时产生的火花也会造成不同程度的皮肤烧灼伤。雷电击伤，也可使人体出现树枝状雷击纹，表皮剥脱，皮内出血，也能造成耳鼓膜或内脏破裂等。

（二）雷击的预防和急救

雷电发生时产生的雷电流是主要的破坏源，其危害有直接雷击、感应雷击和由架空线引导的侵入雷（如各种照明、电信等设施使用的架空线都可能把雷电引入室内）。另外，从电闪雷鸣的形成和发生过程来看，空旷场地上、建筑物顶上、高大树木下、靠近河湖池沼，以及潮湿地区是雷击事故多发区，应严加防范。

1. 预防雷击的方法

（1）建筑物上装设避雷装置，即利用避雷装置将雷电流引入大地而消失。

（2）在雷雨时，人不要靠近高压变电室、高压电线和孤立的高楼、烟囱、电杆、大树、旗杆等，更不要站在空旷的高地上或在大树下躲雨。

（3）在郊区或露天操作时，不要使用金属工具，如铁撬棒等。不要穿潮湿的衣服靠近或站在露天金属商品的货垛上。雷雨天气时在高山顶上不要开手机，更不要打手机。

（4）雷雨天不要触摸和接近避雷装置的接地导线。雷雨天，在户内应离开照明线、电话线、电视线等线路，以防雷电侵入被其伤害。

（5）打雷下雨时，严禁在山顶或者高丘地带停留，更不能继续登往高处观赏雨景；不能在大树下、电线杆附近躲避，也不要行走或站立在空旷的田野里，应尽快躲在低洼处，或尽可能找房屋或干燥的洞穴躲避。

（6）雷雨天时，不要用金属柄雨伞，摘下金属架眼镜、手表、裤带，若是骑车出行，要尽快离开骑行工具，亦应远离其他金属制物体，以免产生导电而被雷电击中。在雷雨天气，不要去江、河、湖边游泳、划船、垂钓等。

（7）电闪雷鸣、风雨交加之时，若在室内休息，应立即关掉室内的电视机、收录机、音响、空调机等电器，以避免产生导电。打雷时，在房间的正中央较为安全，切忌停留在电灯正下面，忌倚靠在柱子、墙壁边、门窗边，以避免在打雷时产生感应电而致意外。

最好躲入一栋装有金属门窗或设有避雷针的建筑物内。一辆金属车身的汽车也是最好的“避雷所”，一旦这些建筑物或汽车被雷击中，它们的金属构架、避雷装置或金属本身会将闪电电流导入地下。

想一想

如果你在野外遇上雷雨天气，应采取什么措施防止被雷击中？

知识窗

个人防雷电的十大要诀

（1）尽量躲入建筑物内，室内门窗要关好。

（2）不宜使用无防雷措施或防雷不足的电器及水龙头。

（3）切勿接触天线、金属门窗、建筑物外墙，远离带电设备。

（4）减少使用电话和手机。

（5）切勿从事水上运动，远离水面及其他空旷场地。

（6）切勿站立于山顶、楼顶上或接近其他导电性高的物体。

（7）切勿处理开口容器盛载的易燃物品。

（8）在旷野时，应远离树木和桅杆。

（9）在空旷场地不宜打伞，不宜把高尔夫球杆等扛在肩上。

（10）不宜开摩托车、骑自行车。

2. 对受伤者的急救方法

若伤者呼吸、心跳已经停止，可以采取如下办法急救：伤者就地平卧，松解衣扣、腰带等；立即进行口对口人工呼吸和胸外心脏按压，坚持到病人苏醒为止；手导引或针刺人中、十宣、涌泉、命门等穴；送医院急救。

若伤者有狂躁不安、痉挛抽搐等精神症状时，还要为其作头部冷敷。对电灼伤的部位，在急救条件下，只需保持干燥或包扎即可。此外，要注意给病人保温。

想一想

建筑物只要安装了避雷针和避雷带就安全了吗？

二、海啸及其危害、自救与互救

海啸是一种灾难性的海浪，通常由震源在海底50千米以内、里氏6.5级以上的海底地震引起。全球有记载的破坏性海啸大约有260次，平均六七年发生一次，发生在环太平洋地区的地震海啸就占了约80%，而日本列岛及其附近海域的地震又占太平洋地震海啸的60%左右。

案例警示

北京时间2011年3月11日13时46分23秒，日本东北部海域发生里氏9.0级地震并引发海啸，强烈的海啸以每小时800千米的速度席卷日本东海岸，最高的海浪达24米。约452 000人被转移至庇护所，房屋被毁，灾民流离失所。在日本"3·11"大地震中确认死亡及失踪的人数超过21 590人，建筑物的损坏数量为399 923户。强烈的震动引发了核危机，福岛核电站开始泄漏放射性蒸汽。

（一）海啸及其危害

海啸是由海底地震、火山爆发、海底滑坡或气象变化产生的破坏性海浪，海啸的波速高达每小时700～800千米，在几小时内就能横过大洋。

剧烈震动之后不久，巨浪呼啸，以摧枯拉朽之势，越过海岸线，摧毁堤岸，越过田野，淹没陆地，瞬间可以把人和建筑物吞噬。港口所有设施，被震塌的建筑物，在狂涛的洗劫下，被席卷一空。事后，海滩上一片狼藉，到处是残木破板和人畜尸体，尸体不及时清理还会引发病菌，容易产生瘟疫，对人类的生命财产造成严重危害。

（二）海啸的防范

如果当时你正在学校上课，收到海啸警报时，要主动听从老师和学校管理人员的指挥，采取相应的行动。如果你当时正在家里，听到海啸警报时，应迅速把所有的家庭成员召集起来，撤离到安全的区域，千万不要因为顾及家中的财产损失而丧失了逃生的时间，同时，对当地救灾部门的要求要予以积极的响应。如果你当时正在海岸边，当你感觉到了强烈的地震或者长时间的震动时，应该迅速往附近的高地或是其他安全的地方躲避。如果你没有感觉到震动，但却收到了海啸的预报，为防万一，也要立即往附近的高地或是其他安全的地方躲避。同时，通过电视或收音机等通信手段掌握最新的信息，在海啸警报没有解除以前，千万不要靠近海岸。

（三）海啸发生时的自救与互救技能

海啸造成严重后果的原因是多方面的，对海啸缺乏防范意识、面对灾难不知所措是重要原因。因此，学习并掌握海啸发生时的自救与互救技能非常重要。

1. 海啸发生时的自救

（1）如果不幸落水，要尽量抓住木板等漂浮物，同时注意避免与其他硬物碰撞。

（2）在水中不要举手，也不要乱挣扎，尽量减少动作，能浮在水面随波漂流即可。这样既可以避免下沉，又能够减少体能的无谓消耗。

（3）如果海水温度偏低，不要脱衣服。

（4）尽量不要游泳，以防体内热量过快散失。

（5）不要喝海水，因为海水不仅不能解渴，反而会让人出现幻觉，导致精神失常甚至死亡。

2. 海啸发生时的互救

（1）尽可能向其他落水者靠拢，既便于相互帮助和鼓励，又因为目标扩大更容易被救援人员发现。

（2）人在海水中长时间浸泡，热量散失会造成体温下降。溺水者被救上岸后，最好能放在温水里恢复体温，没有条件时应尽量裹上被、毯、大衣等保温。注意不要采取局部加温或按摩的办法，更不能给落水者饮酒，因为饮酒只能使热量更快散失。给落水者适当喝一些糖水有好处，可以补充体内的水分和能量。

（3）如果落水者受伤，应采取止血、包扎、固定等急救措施，重伤员则要及时送医院救治。

（4）要及时清除落水者鼻腔、口腔和腹内的吸入物。具体方法是将落水者的肚子放在施救者的大腿上，从后背按压，将海水等吸入物倒出。若心跳、呼吸停止，则应立即交替进行口对口人工呼吸和心脏按压。

想一想

当海啸来临时，如果你正在海边度假，你将怎样逃生？

知识窗

我国海啸情况

我国位于太平洋西岸，大陆海岸线长达1.8万千米。但由于我国大陆沿海受琉球群岛和东南亚诸国阻挡，加之大陆架宽广，越洋海啸进入这一海域后，能量衰减较快，对大陆沿海影响较小。

中华人民共和国成立后，我国近海监测记录到的海啸共有3次：第一次是在1969年7月18日，由发生在渤海中部的7.4级地震引起的海啸，给河北唐山造成一定损失；第二次是1992年1月4日至5日，发生在海南岛南端，榆林验潮站记录到的波高为0.78米，三亚港也出现波高0.5～0.8米的海啸，造成一定损失；第三次是1994年发生在台湾海峡的海啸，未造成损失。

我国现已建立了海啸预警系统。国家海洋局按照国务院统一部署编制了包括海啸在内的重大海洋灾害应急预案，在海岛和近岸建立了大量的海洋监测站和浮标站，现已基本具备了海啸预警能力。一旦预计沿海可能受到海啸影响，国家海洋局海洋环境预报中心会立即通过海啸预警系统发布受影响地区的海啸警报，国家将启动海啸应急预案。

三、高温天气及其危害、应对措施

高温天气不仅会使人体感到不适，而且还会引发干旱和火灾等事件，其危害不可小觑。那么，高温天气的危害具体有哪些？我们又该如何应对呢？

（一）高温天气及其危害

世界气象组织建议高温热浪的标准为日最高气温高于32℃，且持续3天以上。中国气象学上一般把日最高气温达到或超过35℃时称为高温天气，如果连续几天最高气温都超过35℃时，即可称作“高温热浪”天气。

高温预警信号分为三级，分别以黄色、橙色、红色表示。其中，高温黄色预警信号的标准是连续三天日最高气温在35℃以上；高温橙色预警信号的标准是24小时内最高气温升至37℃以上；高温红色预警信号的标准是24小时内最高气温升至40℃以上。

高温天气对人体健康的主要影响是中暑以及诱发心脑血管疾病导致死亡。

高温对人们日常生活和健康以及国民经济各部门都有一定的影响。高温天气使人体感到不适，工作效率降低，中暑、患肠道疾病和心脑血管等病症的发病率增多；因用于防暑降温的水电需求量猛增，造成水电供应紧张，故障频发；旅游、交通、建筑等行业也会受到不同程度的影响；尤其在农业方面，高温加剧了土壤水分蒸发和作物蒸腾作用，高温少雨同时出现时，就会造成土壤失墒严重，加速旱情的发展，给农业生产造成较大影响。同时，持续高温少雨还易引发火灾，不仅对生态环境造成破坏，还会危及国家和百姓生命财产安全。

（二）应对高温天气的措施

暂停户外或室内大型集会，尽量留在室内，并避免阳光直射。

尽量避开在上午10时至下午4时这一时段出行，确需外出时要打遮阳伞、穿浅色衣服、戴宽檐帽。从外面回到室内后，切勿立即开空调。

在户外工作时，采取有效防护措施，切忌在太阳下长时间裸晒皮肤，预防日光性皮炎的发病。

要多喝水，并注意饮食卫生，防止胃肠感冒。出现头晕、恶心、口干、迷糊、胸闷气短等症状时，应怀疑是中暑早期症状，应立即休息，喝一些凉水降温，病情严重应立即到医院治疗。

保持充足睡眠，有规律地生活和工作，增强免疫力。

知识窗

预防中暑与中暑救护

高温中暑常发人群为高温作业工人、夏天露天作业工人、夏季旅游者、家庭中的老年人、长期卧床不起的人、产妇和婴儿。

夏季预防中暑应做到：

1. 多喝水。夏季缺水，会使体温太高，容易中暑。不要等口渴了才喝水，因为口渴表示身体已经缺水了。

2. 穿柔软宽松的衣服。夏天穿宽松柔软的衣服有助于排汗、散热。

3. 防晒。最好待在舒适的环境里，防止温度太高。

4. 身体降温。可以用冷毛巾擦身体，进行物理降温。

若有人员中暑，其救护办法为：

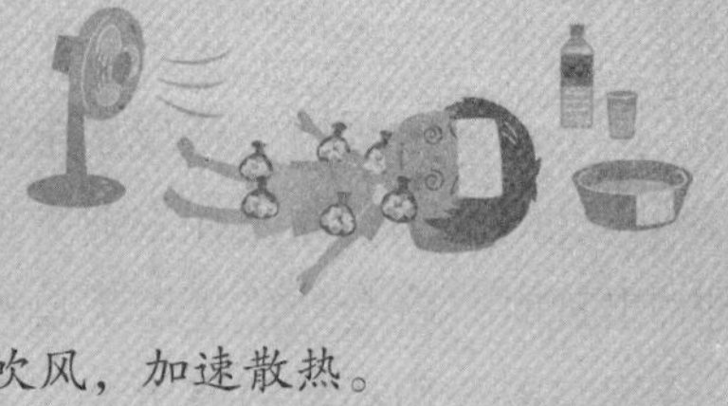

1. 中暑初期应迅速到通风阴凉的地方，平卧并解开衣扣，松开或脱去衣服，如衣服被汗水湿透应更换降温，头部可捂上冷毛巾，可用酒精、白酒、冰水或冷水进行全身擦浴，然后用手扇或电扇吹风，加速散热。

2. 轻度中暑可以为患者泼水。泼在皮肤上的水，蒸发较快，以增加降温的效率。或者用冷毛巾湿敷患者，如果可能，将患者移到有冷气设备的地方。

3. 初期与轻度患者仍有意识时，可喝一些清凉饮料，在补充水分时，可加入少量盐或小苏打水。但千万不可急于补充大量水分，否则，会引起呕吐、腹痛、恶心等症状。

4. 重度中暑时，若病人已失去知觉，可指掐人中、合谷等穴，使其苏醒。若呼吸停止，应立即实施人工呼吸。对于重症中暑病人，必须立即送医院诊治。搬运病人时，应用担架运送，不可使患者步行，同时运送途中要注意，尽可能地用冰袋敷于病人额头、枕后、胸口、肘窝及大腿根部，积极进行物理降温，以保护大脑、心肺等重要脏器。

思考与活动

1. 预防雷电有哪些方法？
2. 海啸发生时，如何逃生自救和互救？
3. 下列哪些措施有助于减轻高温天气的危害？（　　）

A. 充足的睡眠　　B. 白天尽量减少户外活动时间
C. 剧烈运动　　D. 外出时打伞、涂抹防晒霜

活动演练　地震逃生演练

一、演练目的

通过紧急疏散演练，进一步强化师生的安全意识，让学生学到安全防护知识，达到有事不慌、处变不惊、积极应对、自我保护的目的，提高抗击突发事件的应变能力。

二、演练组织机构

总指挥：校长
副总指挥：副校长
现场指挥：德育主任
疏散引导人员：各班主任、跟班教师和楼层负责老师。

三、演练时间、地点和对象

××××年×月×日上午课间操时间，全体师生参加。

四、演练原则

安全第一，确保有序；责任明确，落实细节。

五、工作小组

1. 疏散引导小组（各班主任和任课教师）

（1）演习前清点学生人数，强调安全注意事项；

（2）带领学生撤出，任课教师在先，班主任在后；

（3）到达安全场地后清点学生人数并上报总指挥。

2. 宣传小组

负责活动现场的拍照和负责活动宣传报道。

3. 救护小组

具体负责疏散演练过程中发生的意外事故的应急救护。

4. 应急疏散小组

总负责人：负责将从楼梯撤出来的学生安置到安全位置。

各楼层负责人：负责学生撤离教学楼的接应疏散及楼道安全。

5. 计时小组

负责整个活动的计时工作，并报告总指挥。

六、撤离疏散及安全管理

1. 参加演练的全体师生在听到疏散命令后，按照拟定的路线进行迅速撤离。

2. 从楼内撤离出的学生，以班级为单位有组织地按升旗队形在操场集合，班主任及任课教师组织学生站好队，清点人数并向总指挥汇报。

七、疏散演练活动过程

1. 现场指挥宣读地震疏散演练方案、地震逃生方法介绍。

2. 宣传小组利用广播："请注意，学校发生紧急情况。同学们听到警报后不要慌乱，听从指挥，有序撤离教室，在班主任和任课教师带领下按平时做操上下楼路线就近安全撤离。"

3. 紧急疏散

（1）在各层疏散引导教师、班主任、任课教师带领下，按预定路线有序疏散，撤离到操场。

（2）各班主任清点疏散人数。如发现少人，迅速与总指挥联系；如发现有同学受伤，立即与现场救护小组联系，并展开紧急救护。

（3）各区域负责人向总指挥汇报、沟通疏散情况。

4. 计时员向总指挥汇报时间。

5. 总指挥小结讲话。

八、疏散演练注意事项

1. 疏散演练师生基本要求

（1）保持镇静，做出正确的判断，行动迅速。

（2）学会自我保护，撤离中严防绊倒、碰撞。

（3）服从指挥，按预定顺序、线路撤离。

（4）到达安全地带，以班为单位集中，由教师清点人数，向有关领导报告情况。

2. 学生注意事项

（1）有特殊疾病不能参加演练的同学，提前告知班主任。

（2）接到疏散命令后，要沉着冷静，听从指挥，撤离时动作要快，严禁争先恐后、推拉他人。遇到障碍，最前面的同学要设法快速排除障碍，保证后面同学顺利撤离。

（3）如有学生跌倒，后面的一、二名学生应快速将其扶起后继续撤离，其他同学要绕行，不要围观、拥挤，更不准往上压。

（4）在清查人数时，如果发现人数不齐，不要回原处寻找，应立即报告老师，由老师向有关领导汇报后处理。

九、疏散演练后的总结和评价

演练结束后，各班级迅速将演练过程中出现的问题向总指挥汇报，总指挥汇总后，进行集体点评，并提出改进措施。

学生每人写出个人总结，找出自己存在的问题和不足，以班为单位由班主任组织进行总结点评，评出表现好的优秀个人，对存在的问题和不足提出改进措施。

模块四 交通安全

学习导读

现代交通的发达虽然给人们带来了很多的便利，但同时也增加了许多安全隐患。自觉维护交通安全不仅关系到自己的生命和安全，同时也是尊重他人生命的体现，是每个公民应该具备的社会公德。作为中职学生，要自觉学习相关的交通安全知识，遵守交通规则，养成文明行车、安全出行的好习惯。

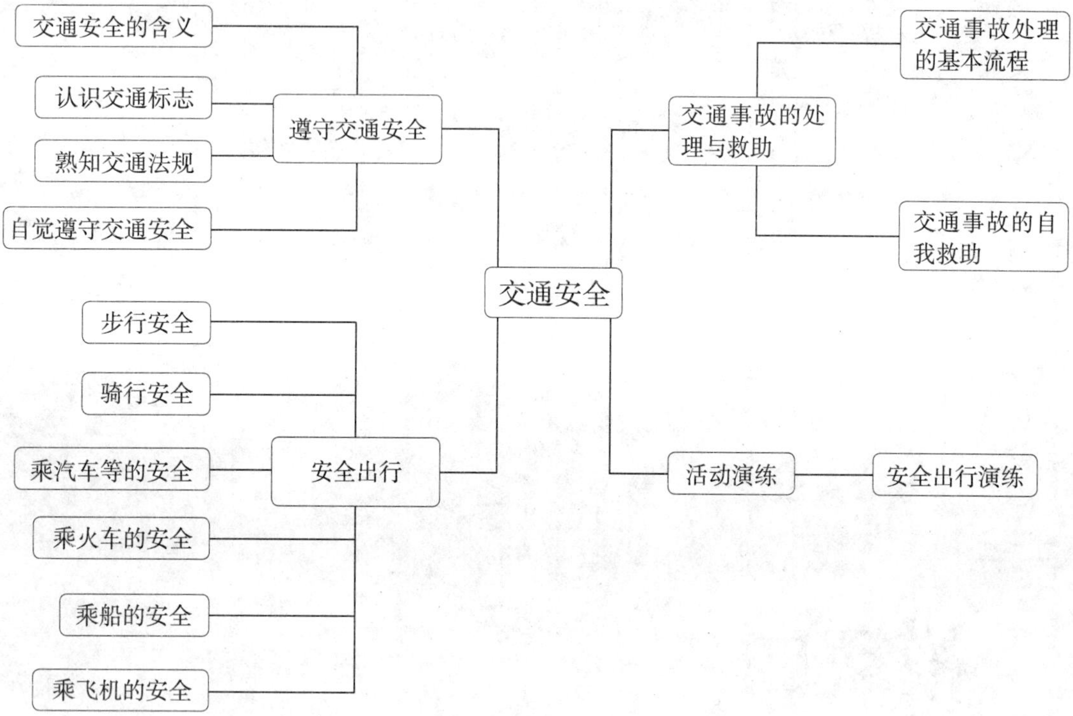

学习目标

认知目标	情感态度观念	运用目标
了解常见的各类交通标识	增强遵守交通规则、遵纪守法、遵守社会公德、维护公共秩序的意识	能识别常见交通标识，掌握交通事故发生时的逃生技能
掌握乘坐各类交通工具的安全常识		
了解交通事故处理的基本程序	提高交通安全意识	

学习任务一　遵守交通安全

随着现代社会的发展，人们的交往日益频繁，交通出行已成为人们学习、生活、工作的重要组成部分，特别是在城市中，交通压力愈来愈大，交通风险也随之攀升。因此，无论步行、骑行、驾车，还是乘坐各类交通工具，都要注意安全。

案例警示

2017年10月3日中午，在××县街头发生惊险一幕，一名身穿××职业学校校服的中职学生在骑电瓶车经过十字路口时，与一辆出租车发生刮擦，电瓶车当场倒地，该学生躺在地上昏迷不醒，而且浑身不停地抽搐。

10分钟后，120急救车赶到现场，将受伤女孩送往了医院。随后交警也赶到了事发地点，对事故现场进行勘查。

造成本次事故的主要原因是骑电动车的女孩未遵守交通规则，擅自转向，导致出租车司机躲避不及，从而发生了此次惨剧。

一、交通安全的含义

交通安全，是指人们在道路上进行活动、玩耍时，要按照交通法规的规定，安全地行车、走路，避免发生人身伤亡或财物损失。它具有以下几个特点：

1. 交通安全是在一定危险条件下的状态，并非绝对没有交通事故的发生。

2. 交通安全不是瞬间的结果，而是对交通系统在某一时期、某一阶段过程或状态的描述。

3. 交通安全是相对的，绝对的交通安全是不存在的。

4. 对于不同的时期和地域，可接受的损失水平是不同的，因而衡量交通系统是否安全的标准也不同。

二、认识交通标志

交通标志，用文字或符号传递引导、限制、警告或指示信息的道路设施。安全、醒目、清晰、明亮的交通标志，是实施交通管理，保证道路交通安全、顺畅的重要措施。它用简明的文字符号明确规范交通行为规范，能有效地疏导交通，提高道路通行能力，降低交通事故发生概率，保障交通安全畅通。

交通标志有多种类型，例如警告标志、禁令标志、指示标志、指路标志、旅游区标志、道路施工安全标志、辅助标志等。常见的有以下几种：

一是指示标志，主色以蓝色为主。例如人行横道标志、非机动车道标志、非机动车行驶标志、机动车道标志。自行车属于非机动车，应该按照道路标志指示行走和骑行。

人行横道

机动车道

非机动车道

右转车道

非机动车行驶

机动车行驶

直行

步行

二是禁令标志，主色以红色为主。例如禁止行人通行标志、禁止非机动车通行标志，告诉我们不应该怎样做。

停车让行

减速让行

禁止车辆长时停放

禁止掉头

禁止通行

禁止机动车通行

禁止非机动车通行

禁止行人通行

三是警告标志，主色以黄色为主，例如注意信号灯标志、注意行人标志、注意儿童标志、注意危险标志等。

注意行人

注意儿童

慢行

注意危险

注意信号灯

易滑

事故易发路段

十字路口

想一想

交通标志的特点有哪些？你还能说出哪些交通标志？

三、熟知交通法规

为了维护道路交通秩序，预防和减少交通事故，保护人身安全，国家制定了各类交通法规，来保护公民、法人和其他组织的生命财产安全及其他合法权益。国家现行的交通法规主要有《中华人民共和国道路交通安全法》《中华人民共和国道路交通安全法实施条例》《中华人民共和国公路法》《中华人民共和国道路运输条例》《机动车驾驶证申领和使用规定》等。

交通法规对遵守者起指导和规范作用，对违法者给予一定的法律制裁，促使人们按照交通法规行事，自觉维护交通安全。

知识窗

《中华人民共和国道路交通安全法》

《中华人民共和国道路交通安全法》是2003年10月28日公布的关于道路交通安全的法

律，自2004年5月1日起正式施行，并于2007年、2011年两次修订。

本法分总则、车辆和驾驶人、道路通行条件、道路通行规定、交通事故处理、执法监督、法律责任、附则8章共124条。这部法律的通过是我国道路交通法制建设历程中的一座里程碑，是我国道路交通事业全面走向法治时代的崭新开端。

四、自觉遵守交通安全

随着道路交通事业的飞速发展，交通事故已成为国际社会的一大公害，是世界人口非正常死亡的重要因素。

截至2017年底，我国机动车保有量约3.1亿辆，机动车驾驶人约3.85亿人。每年交通事故超过50万起，因交通事故死亡的人数超过10万人，每一分钟有一人因车祸伤残，每五分钟有一人因车祸死亡。其中，我国每年有超过1.85万名14岁以下儿童死于交通安全事故，每天至少有19名15岁以下的孩子因道路交通意外而死亡，77人因道路交通伤害而受伤。

学生是交通参与的重要群体，每天数次往返家与学校之间，以步行、自行车、公交车为基本交通工具，由于判断能力、行为支配能力和心理素质未成熟等特点，极易诱发交通事故。交通事故的后果，不仅直接造成个体的人身伤亡，而且使无数个幸福家庭片刻间支离破碎。因此，交通安全不仅关系到自己的生命和安全，同时也是尊重他人生命的体现，是构筑和谐社会的重要因素。

维护交通安全是每个人应该具备的社会公德，我们应当学会保护自己，养成文明行车、文明走路的习惯，遵守交通法规，做一个合格的公民。

思考与活动

1. 以小组为单位，搜集生活中常见的其他交通标志，并了解这些标志的具体内涵。

2. 自我检测

（1）遇到交通事故，你要打的报警电话是（　　）。

A. 120　　B. 122　　C. 110　　D. 119

（2）我国的道路通行原则是（　　）。

A. 右侧通行原则　　B. 左侧通行原则　　C. 中间通行原则

（3）有人突然患病或受伤时，应该打（　　）电话求助。

A. 120　　B. 122　　C. 110　　D. 119

（4）少年儿童（　　）周岁以上可以骑自行车上街。

A. 8　　B.12　　C.14　　D.16

（5）每年的中小学生安全教育日是（　　）。

A. 每年3月的最后一个星期一

B. 每年3月的最后一个星期五

C. 每年6月的最后一个星期一

D. 每年6月的最后一个星期五

（6）每年的全国交通安全日是（　　）。

A. 3月2日　　B. 6月2日　　C. 9月2日　　D. 12月2日

学习任务二　安全出行

随着经济的发展和社会的进步，中职学生活动的领域越来越宽广，交通安全也日益引起人们的重视。在日常生活中，人们从事的各种活动，如出行、集会、旅游、体育锻炼等，都有可能潜藏着各种不安全因素。有数据显示，学生的死亡比率占交通事故死亡人数的1/5。而避免交通事故最有效的方法是遵守交通规则和遵守各类交通工具的使用规定。

一、步行安全

案例警示

2016年12月9日晚，在某学院校门口的马路上，两名大三学生横穿马路时，被一辆皮卡车撞倒，造成一死一伤的悲剧。

据目击者称，当晚近7时许，肇事的皮卡车从北向南行驶，这两名学生正从西向东欲横穿马路。正当他们过了一半马路时，为了躲避对面车道行驶来的车辆，两个人突然停住前进的脚步，结果疾速行驶的皮卡车根本来不及刹车，重重地将两名学生撞倒。其中一名身穿蓝色棉衣的学生倒在血泊中，另一名学生也不省人事。

很快，交警、120等相继赶到现场。经查，那名穿蓝色棉衣的学生由于伤势过重已不治身亡，另一名学生受重伤，被120送往市内医院。

汽车本应礼让行人，但作为行人，更应提高安全过马路的意识，切莫横穿马路，造成安全隐患。

行人是交通事故中的弱势群体，极易受到各类交通工具的伤害，从而造成严重后果。同学们上学和放学的时间，正是一天中道路交通最拥挤的时候，人多、车辆多，必须十分注意交通安全。

1. 在道路上行走，要走人行横道。没有人行横道的道路，应先看左边，再看右边，当确认没有机动车通过时才可以穿越马路。要学会避让机动车辆，不与机动车辆争道抢行。不要翻越道路中央的安全护栏和隔离墩。

2. 集体外出时，最好有组织、有秩序地列队行走。结伴外出时，不要相互追逐、打闹、嬉戏；行走时要专心，注意周围情况，不要边走边看手机或做其他事情。

3. 特殊天气穿鲜艳衣服。雾、雨、雪天，最好穿着色彩鲜艳的衣服，以便于机动车司机尽早发现目标，提前采取安全措施。

4. 不要突然横穿马路。特别是马路对面有熟人、朋友呼唤，或者自己要乘坐的公共汽车已经进站，千万不能贸然行事，以免发生意外。

5. 通过有人看守的铁路道口时，要听从管理人员的指挥。遇到道口栏杆关闭、红灯亮时，表示有列车即将通过，不可强行或者钻越栏杆通过道口。通过无信号灯也无人看守的铁路道口时，必须停下来仔细观察，在确认没有列车开来时再通过。如果发现有列车开来，要退到距道口5米以外等候，等列车通过后再通过道口。

二、骑行安全

案例警示

2016年3月的一个星期天的上午，11岁的小学男生何某与9岁的表弟刘某一起，两人合骑一辆自行车出行。当时，何某骑车带着刘某，在一个大下坡路上玩耍。忽然，背后有汽车驶来。惊慌失措的何某扶着车把左右摇摆。当车子从他们身边驶过时，搭载两人的自行车竟向着汽车倒去！自行车被压，何某当场死亡，他的表弟刘某也于次日清晨死亡。

中职学生因为年龄原因，出行工具大多选择自行车、电动车、摩托车、公交车等交通工具。国家从保障交通安全和个人生命安全出发，明确规定未满十二周岁的儿童不准在道路上骑自行车。驾驶轻便摩托车、小型汽车、小型自动挡汽车、普通二轮摩托车等准驾车型的年龄必须满十八周岁，经公安机关车辆管理部门考试合格，予以发证，方可上路驾驶。当你已经达到法定的骑车年龄，准备正式骑车上路时，必须认真学习有关的交通规定，掌握安全骑乘的相关规定。

1. 要经常检修自行车，保持车况完好。车闸、车铃是否灵敏、正常，尤其重要。

2. 学习、掌握基本的交通规则知识。骑自行车要在非机动车道上靠右边行驶，不逆行；转弯时不抢行猛拐，要提前减慢速度，看清四周情况，以明确的手势示意后再转弯。经过交叉路口，要减速慢行，注意来往的行人、车辆；不闯红灯，遇到红灯要停车等候，待绿灯亮了再继续前行。严禁用推行或者绕行的方式闯红灯。

3. 骑车时要规范。不多人并骑，不互相攀扶，不互相追逐、打闹。骑车时不攀扶机动车辆，不载过重的东西，不骑车带人，不在骑车时戴耳机听音乐。

4. 雨天雾天，不要撑伞骑车。结冰和积雪的道路，要防止打滑摔倒，比较安全的方式是下车推行。

5. 不到法定年龄，禁止骑行自行车。驾驶摩托车，必须到法定年龄，并通过交通部门的考试，颁发驾驶证后，方可上路。

三、乘汽车等的安全

案例警示

2014年6月30日，江苏省江阴市一女子因开车时将左手搭在窗外，结果发生车祸，手臂被撞断。

2015年，济源一个五岁女童不慎被乘坐的汽车天窗卡住。女童被送往医院抢救，但不幸的是，最终还是没能挽救她的生命。

2016年7月，金华一个十岁男童把头伸出天窗外，谁知其父亲为避让迎面而来的一辆摩托车突然减速，导致该男童的头“咣当”一声撞在天窗的金属边框上，划了一条长约4厘米的伤口。

2017年5月，浙江义乌市赤岸镇一名乘客在坐公交车时，起身将头伸出车窗外与同学打招呼，结果脸部被树枝刮伤，鼻梁骨折。

在日常生活中，中职学生乘坐公交车、出租车、长途汽车、轨道交通等交通工具出行的机会较多，在等待车辆和乘车期间一定要遵守公共秩序。由于交通环境日益复杂，由车辆引发的交通事故日益增多，而且由于中职学生自身的安全意识不强，更容易造成意外事故频发。因此，了解乘坐公共交通工具的安全知识，非常有必要。

1. 乘坐公共汽（电）车，要排队候车，按先后顺序上车，不要拥挤。上下车均应等车停稳以后，先下后上，不要争抢。

2. 上车后迅速观察车辆情况，确认车辆安全门、安全锤及车门锁开关等位置，有安全带时一定要系好安全带。

3. 不要把汽油、烟花爆竹等易燃易爆的危险品带入车内。若在车内闻到烧焦物品的气味或者看到不明烟雾、不明物体时，要及时通知驾驶员，同时听指挥撤离到安全区域。

4. 乘车时不要把头、手、胳膊伸出车窗外，以免被对面来车或路边树木等刮伤；也不要向车窗外乱扔杂物，以免伤及他人。

5. 乘车时要坐稳扶好，车辆行驶过程中不要与司机说话，以免干扰驾驶。没有座位时，要双脚自然分开，侧向站立，手应握紧扶手，以免车辆紧急刹车时摔倒受伤。

6. 尽量避免乘坐卡车、拖拉机；必须乘坐时，千万不要站立在后车厢里或坐在车厢板上。

7. 不要在机动车道上招呼出租汽车，切勿乘坐“黑车”等非法交通工具。一旦发生意外事故，切忌惊慌、拥挤，应服从相关人员指挥，积极开展自救和互救。

四、乘火车的安全

案例警示

2017年2月4日，刘某乘坐D5088次列车从西安到延安，两个多小时的车程让烟瘾大的刘某按捺不住了，他悄悄溜进厕所燃起了一支烟，没想到刚抽两口，动车上的火灾烟雾报警器就发出警报，动车司机当即采取紧急降速措施。经过紧急处理后，动车在四分钟后恢复了正常运行。延安站派出所民警根据相关法律规定对刘某进行了处罚。

日益发展的铁路交通对促进城市经济和社会的快速发展起到了重要作用，但由于环境封闭、人员密集等特点，一旦发生交通事故，往往损失惨重。

1. 在上车之前，我们要特别注意检查自己的行李，不能把易燃易爆等危险品携带上车。

2. 磁介质车票保管应避免高磁性的电器（如音响、手机等）；不能破损、污秽、折叠，应保持车票的完整性，尤其是车票代码的完整性；不要随意丢弃车票，防止个人信息泄露。

3. 听从站务人员的安排，在站台一侧的安全线内候车。来车后须停稳再上，先下后上；严禁在站台上打闹和跨越铁轨线路。

4. 进入车厢后，将自己的行李物品放好，尽快找到自己的位置坐下，不要在车厢里来回穿行，也不要在车厢连接处逗留，以免在上下车拥挤或紧急刹车时被夹伤、挤伤。

5. 乘坐动车时，动车上任何地方禁止吸烟，报警器全面监控。

6. 倒热水时不要过满，以免晃动使热水溅出烫伤人。

7. 火车有时会紧急刹车，当有所察觉时，应充分利用有限时间，使自己的身体处于较为安全的姿势，或抓住牢固的物体以防碰撞。

8. 突发事件莫慌张，听从指挥需镇定。列车内发生紧急事件，保持镇定，听从工作人员的指挥。

想一想

火车在行驶过程中遇到紧急情况突然制动时，我们应该采用什么方法保护自己？

五、乘船的安全

随着我国水上交通运输的快速发展，乘船出行的概率大大增加。但乘船容易受到天气因素及其他人为因素的影响，从而发生安全事故，对乘客人身安全造成极大威胁。因此，我们要掌握必要的安全乘船常识，减少伤害事故的发生。

1. 严禁乘坐缺乏救护设施、无证经营的船只，更不能冒险乘坐超载的船只或者“三无”船只。不准携带易燃、易爆、有毒、有腐蚀性、有放射性以及有可能危及船上人身和财产安全的其他危险品乘船。

2. 遭遇大风大雨、浓雾等恶劣天气时，应尽量改乘其他交通工具。

3. 上下船只时抓好扶手，下船时务必待其停稳。

4. 上船后应根据船上的标识确认救生衣、救生圈、消防器材放置的具体位置。登船后不要坐在船、艇栏杆上，也不要挤向一边。在船上走动时，不要奔跑，以防滑倒。不要靠近游船停泊一方的门窗，以免发生意外。

5. 在船上要注意防火、防盗，不要乱接电器电源。要爱护环境卫生，不得随地吐痰、乱扔垃圾，严禁向水中丢弃垃圾及游玩所产生的废弃物。

6. 不要触摸船上各种仪器、设备，以免触电；要爱护船上所有设施、物品，如发生人为损坏，照价赔偿。

7. 因涌浪的影响，船、艇会波动，不要惊慌或跳跃，抓好栏杆，并保管好手机、手表、照相机、摄像器材等贵重物品，以免掉入水中。

8. 乘船过程中如遇险情，切不可慌乱，应听从工作人员安排、指挥，以保证人身的绝对安全。

六、乘飞机的安全

随着人们生活水平的提高，越来越多的人开始选择乘坐飞机出行。由于空中高速飞行，飞机一旦遭遇事故后果往往比较严重。

1. 预订航空公司的飞机机票后，要在起飞前的1～2日之内办理确认手续。

2. 在飞机起飞前1～2小时办理登机手续，尤其是跨国飞行的旅客，不能到得太晚，护照、签证、身份证、机票等各种证件要齐全。

3. 行李的重量和体积不能超过航空公司的规定，否则会加收行李费。行李中不能夹带枪支、弹药、凶器和易燃易爆物品，也不能夹带国家禁止出境的文物、动物、植物、艺术品和其他物品。

4. 对号入座，随身携带的行李放入座位上方的行李箱中。提前了解哪些物品不能带入飞机，提前办理托运。

5. 在飞机起飞、降落和飞行过程中要系好安全带。初次飞行者或者身体不适者会感到耳涨、心慌、头痛，此时可张合口腔，或者咀嚼口香糖之类的食物，使耳内压力减轻，消除不适。

6. 飞机起飞后，乘务员会通过录像或者亲自示范讲解安全带、救生衣、紧急出口等设施的使用方法，要注意听讲并理解。

7. 随时听从乘务员或者其他机组人员的命令或帮助。

想一想

你坐过飞机吗？乘坐飞机的流程你了解吗？

思考与活动

1. 行人在通过没有交通信号灯的路口时，怎样做最安全？
2. 骑自行车、电动车前，应该如何对车辆进行安全检查？
3. 乘车时将头、手等部位伸出窗外，会引起什么严重后果？

学习任务三　交通事故的处理与救助

随着车辆的剧增，交通事故发生频率也在不断上升。一方面，我们在开车时应避免事故的发生；另一方面，我们还应了解交通事故发生后的现场处理方法，并能进行简单的自救与互救，从而最大限度地减少人身伤亡和财产损失。

案例警示

2017年5月18日，张某驾驶一辆轿车沿东风大道由南向北行驶，当该车沿外国语学校门前路段右转进入外国语学校时，车头与黄某驾驶的因故障停在路中维修的黑色轿车发生碰撞，引发交通事故。

事故发生后，张某急于上班，提出跟黄某私了，黄某坚持报警。

交警到达现场后，根据事故原因认定，张某应承担本次事故的主要责任，黄某承担次要责任。事故双方在公安交管部门主持下，达成调解协议并履行完毕。

一、交通事故处理的基本流程

依据《道路交通事故处理办法》和《道路交通事故处理程序》的规定，交通事故发生后，其基本的处理流程如下：

第一步：立即停车，避免危险

事故发生后，应立即停车，马上开启危险报警闪光灯，如果是晚上，还要开启示廓灯和后位灯。车辆没有撤离到安全区域时，应该在车身后方50～100米（高速公路上至少150米）处设置警示标志，避免二次事故发生，危及自己和他人的生命安全。

第二步：查看现场，拍照取证

查看事故现场，是否有车辆受损、人员伤亡。如果双方只是轻微的碰擦，没有造成严重的后果，双方可以将事故现场进行拍照保留证据，自行协商解决进入快速理赔流程。

在拍照的过程中，尽量从不同的角度（前、后、左、右）进行拍摄，不能只拍摄自己财产受损的位置，确保照片能直观地反映车辆的位置、标志标线、周围建筑物。

第三步：事故报警，保险报案

如果事故较为严重，自己无法处理的，应尽快拨打122道路交通事故报警电话，同时向保险公司进行报案。如果事故存在人员伤亡的，应立即拨打120急救电话，确保伤员得到及时的救治。

第四步：撤离现场，确保安全

发生交通事故后，为了确保道路交通的安全，确保车辆的正常通行，事故车辆在可以安全移动的情况下，当事人可以在报警后，并且对现场拍照或者标画停车位置保留相关证据后，将车辆移动到不妨碍交通的地点等候处理。

第五步：事故发生，解决纠纷

1. 自行协商，达成协议

事故中，机动车一方与机动车、非机动车或者行人之间只有财产损失，双方当事人对事故的基本事实和成因没有争议的，或者其他双方当事人达成一致的情形的，双方当事人可以就事故产生的财产损失进行协商并达成协议的，可以填写道路交通事故损害赔偿协议书。

2. 事故轻微，简易程序

仅造成人员轻微伤或者没有争议的财产性损失的交通事故，可以由一名交警适用简易程序进行处理，但是有交通肇事犯罪嫌疑的除外。

3. 事故严重，一般程序

如果事故较为严重，有人员伤亡、事故起因复杂、责任确定双方有争议的，简易程序无法解决或者双方不愿以简易程序解决的，当事人需要通过一般程序来解决交通事故：①交警部门对事故进行责任认定；②受害人进行伤残鉴定；③双方对事故达成和解；④交警部门对事故进行调解；⑤受害人向人民法院起诉。

二、交通事故的自我救助

交通事故的自我救助指的是当交通事故发生后，由事故受害人直接采取的不依赖他人的相应措施和手段，来更快地使自身免于人身伤亡和财产损失。其中，交通事故指的是车辆在道路上因过错或者意外造成的人身伤亡或者财产损失的事件。

案例警示

2016年6月5日下午4点，渝宜高速公路涪陵段一辆轿车与一辆货车追尾。轿车内副驾驶座上中年女子受伤严重，家人情急之下，没有等到救护车赶到，就心急火燎地将伤者搬上了货车，急匆匆地往附近医院赶。可是货车内根本没有医疗设施，加上其受损后驾驶起来非常颠簸，到达涪陵区中心医院时，这名女子颈椎骨折脱位，可能面临高位截瘫。

（一）道路交通事故中自我救助的意义

道路交通事故是常见的路中灾难，当交通事故发生后，对伤员尽快施救、缩短获救时间是减少事故死亡率的关键。在事故现场实施及时正确地抢救，可使10%以上的受伤者得以生还和康复。而在事故现场，最早的现场救护仍是靠当事者的自救和互救，或者是路过车辆的驾乘人员的帮助。许多国家已把普及现场救护、正确实施事故救护作为降低交通事故死亡率和致残率的重要手段大力推广普及。

（二）如何进行自我救助

当车辆遇险时，乘客要用力拉住车内的把手或椅背，尽量使身体固定，全身肌肉保持紧张状态。若遇翻车或坠车，应迅速蹲下身体，两手紧紧抓住前排座位的椅脚，身体尽量固定在两排座位之间，随车翻转。车辆在行驶中发生事故时，乘客不要盲目跳车，应在车辆停下后再陆续撤离。如果落入水中，用窗边的小尖锤砸破玻璃，屏住气，钻出窗户，浮出水面。

1. 现场抢救的基本顺序

现场抢救的基本顺序是先呼救，再抢救；先抢救人员，后抢救财物。遇伤员被挤压、夹嵌在事故车辆内时，不要生拉硬拖，应用机械工具拉开或切开车辆，再救出伤员。

2. 现场抢救的基本原则

发生交通事故后，应在第一时间拨打救援电话，在医护人员未到场时，实施现场自救。自救必须遵循以下原则：

（1）正确判断伤者伤情和受伤部位。

（2）用正确的方法搬动伤员，保护脊柱和骨折肢体。

（3）按先救命、后救伤的原则，先进行心肺复苏，后处理受伤部位。

（4）迅速止血，包扎伤口，固定骨折部位。止血应充分利用现场材料，头部可以包扎；四肢出血可以使用止血带，或在四肢出血的肢体近端用带子绑紧；如在胸腹部可用衣物等压迫止血。

（5）保持呼吸道畅通。伤员可能会有很多的呕吐物，这样会造成窒息，用手将其头偏向一侧，同时清除口腔内残物。

（6）当伤员心跳、呼吸停止时，在医生未到之前可使用人工胸外按压，以及人工呼吸。

（7）当伤员处于被动体位，如被车卡住或被车压着，应尽量避免硬拉等方法，等待专业人员到达现场后使用合理的方法处理。

（三）其他需要注意的事项

为了方便自救，车内应该常备急救包，放入包扎巾、纱布、绷带、小夹板、剪刀、镊子等小物品，也可放一瓶矿泉水，必要时可用来冲洗伤口。还可以在里面放一张救援卡，上面写上急救电话号码，注明驾驶员个人姓名、血型、家庭住址和紧急联系电话等。

知识窗

飞机上为什么要配备救生衣

一般客机都会有救生衣。救生衣是为了客机在海上迫降的时候使用的，因为海上迫降会由于落水的速度很高而发生解体，所以，每个乘客都配备了救生衣。

救生衣不只是作为漂浮辅助物来使用，救生衣鲜艳的颜色（红色和黄色），可以让救援人员在空旷的地带很容易发现幸存者。红色供机组使用，黄色提供给旅客。同时，在低温、强风和冰雪覆盖的地区，救生衣还能起到一定的保暖作用。救生衣的顶部装有定位灯，在救生衣的电池被海水浸泡后，定位灯每隔几秒会自动发光，可以持续8～10小时，便于落水者在夜间被发现。一些救生衣还配有可以发出啸声的哨子和可以反射光线的镜子等求生物品。

救生衣的使用方法：取出救生衣，撕开包装，经头部穿好；将带子扣好系紧；拉动红色充气手柄，救生衣自动充气；充气不足时，拉出人工充气管，用嘴向里充气；成人救生衣给未成年人穿戴时，应将带子放在两腿之间，扣好系紧。

思考与活动

1. 如果乘船时不慎落水，我们应该如何进行自救？

2. 小组讨论：当我们外出旅游时，不小心乘坐了“黑车”，应该怎么办？以小组为单位，列举出具体的自救方式。

活动演练　安全出行演练

每年的12月2日是我国的“交通安全日”。交通安全与每个人息息相关，密不可分。在现实生活中，无数的事实告诉我们，凡是无视安全的行为必将付出惨痛的代价。积极开展交通安全教育，树立交通安全意识，培养学生自我保护能力、自救互救能力，是自我保护、珍爱生命的重要内容，也有利于社会、学校和家庭的和谐发展。让文明出行成为生活中的一种习惯，把交通安全观念转化为实际行动，交通安全就会离我们越来越近。

活动目标

1. 掌握交通安全常识，树立自觉维护交通安全的意识。

2. 能根据列举的交通安全事例，正确分析发生交通安全的原因，并指出正确的交通出行方式。

3. 掌握交通事故发生时的逃生技能，学会在事故中自我保护和自救互救。

活动地点

教室。

活动过程

1. 看视频

观看交通安全事故视频，组织学生讨论出现事故的原因，并分析对策。

事故现象	事故原因	事故对策

2. 说一说

以小组为单位，说一说交通安全的重要性，自己在以后的生活中该如何遵守交通规则，树立交通安全意识。

3. 练一练

内容：交通事故中的自我救助。

要求：能根据不同的交通事故状况，开展简单的自救与互救，最大限度地减少事故造成的伤亡。

讨论行人与机动车、非机动车与机动车、机动车与机动车发生碰撞以及翻船落水等情况下应该如何开展自救。

交通事故状况	自救方式
行人与机动车发生碰撞	
非机动车与机动车发生碰撞	
机动车与机动车发生碰撞	
翻船落水	

4. 评一评

学生姓名	日期	自评	互评	师评
学习评价目标				
（1）能正确识别基本的交通标志				
（2）能了解与个人生活息息相关的交通法规				
（3）深刻了解交通安全的重要性				
（4）能正确掌握乘坐陆地交通工具的安全常识				
（5）能正确掌握乘坐水运交通工具的安全常识				
（6）能正确掌握乘坐空中交通工具的安全常识				
（7）了解交通事故处理的基本程序				
（8）掌握发生交通事故时的逃生技能				
学习体会				
（1）生活中，你有没有不遵守交通安全的行为？如果有，应该怎样改正 （2）如果碰到不遵守交通规则的行为，你会去劝阻吗 （3）以班级为单位，设计一次“交通安全，从我做起”的交通安全志愿服务活动，利用周末时间，付诸行动，并写出自己的体会				
总体评价		教师签名		

模块五

消防安全

学习导读

火灾是我们可能遭遇的比较常见的灾难，时刻关注消防安全，积极预防火灾，学会逃生自救，共铸坚不可摧的“防火墙”，才能更好地为我们的生命和财产保驾护航。

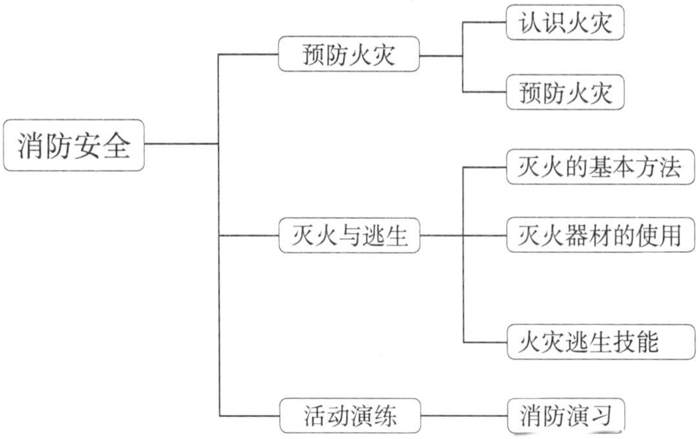

学习目标

认知目标	情感态度观念	运用目标
了解火灾的类型、特点和危害	树立消防安全意识	学会正确使用灭火器材
掌握火灾预防自救及逃生知识		掌握火灾发生时的逃生技能

学习任务一　预防火灾

消防安全无小事，只要我们了解了可能引发火灾事故的原因，有针对性地采取相应的防范措施，就可以避免火灾事故的发生。

案例警示

2015年8月某日晚，某学校学生宿舍起火，未造成人员伤亡。起火原因：一名同学在宿舍内使用吹风机，突然停电后，该同学下楼充值买电。在这一过程中，因吹风机未断电，来电后，运行的吹风机引燃了被褥。

在我们的日常生活中，经常会用到各种电器，稍有不慎，就会引发火灾，因此，预防火灾关系到同学们的生命和财产安全。

一、认识火灾

（一）火灾原因

在时间和空间上失去控制的燃烧造成的灾害就是火灾。也可以说，凡是失去控制并造成了人身和（或）财产损害的燃烧现象，均可称为火灾。以下是引发火灾的常见原因：

1. 电器

电器原因引起的火灾在我国火灾中居于首位，如漏电、短路、超负荷使用电器，购买使用劣质开关、插座、灯具，忘记关闭电器电源等。

2. 生活用火不慎

生活用火不慎主要是指城乡居民家庭生活用火不慎。例如：炊事用火中炊事器具设置不当，安装不符合要求，在炉灶的使用中违反安全技术要求等引起火灾；家中烧香祭祀过程中无人看管，造成香灰散落引发火灾等。

3. 吸烟

烟蒂和点燃烟后未熄灭的火柴温度可达800℃，能引起许多可燃物质燃烧，在起火原因中，占有相当的比重。

4. 生产作业不慎

生产作业不慎主要是指违反安全生产制度引起火灾。如：在易燃易爆的车间内动用明火，引起爆炸起火；在用气焊焊接和切割时，飞迸出的大量火星和熔渣，因未采取有效的防火措施，引燃周围可燃物；化工生产设备失修，出现可燃气体，以及易燃、可燃液体跑、冒、滴、漏现象，遇到明火燃烧或爆炸等。

5. 玩火

未成年儿童因缺乏看管，玩火取乐，也是造成火灾发生的常见原因之一。

6. 雷击

雷电导致的火灾大体上有三种：一是雷电直接击在建筑物上发生热效应、机械效应等；二是雷电产生静电感应作用和电磁感应作用；三是高电位雷电波沿着电气线路或金属管道系统侵入建筑物内部。在雷击较多的地区，建筑物上如果没有设置可靠的防雷保护设施，便有可能发生雷击起火。

另外，还有静电、自燃和其他原因引起的火灾。

想一想

你在平时的生活中有哪些不安全用火、用电行为呢？

知识窗

充电宝的选购和使用

你用充电宝给手机充电吗？充电宝成为现代人们必备的物品，市面上充电宝品种繁多，良莠不齐，有的充电宝在锂离子电池、系统电路及电池保护电路、附加功能的安全以及材料、结构、组装、标识等方面存在安全问题。

在选购和使用充电宝时要注意以下几点：

第一，在购买充电宝时，必须要确保上面有清晰全面的标识，有3C认证，不能一味贪图便宜。

第二，尽量购买2万毫安以内的充电宝。

第三，在使用充电宝的过程中一定要学会防范充电宝的自燃，尽可能使用原配的充电头和配适器，不要在过热、潮湿的环境中使用和保存，尽量避免碰撞和挤压，更不要随意拆卸。

第四，避免阳光暴晒，远离明火和高温环境，发现充电宝发热后，应立即停止使用。

第五，充电宝充满就要拔掉，不要过度充电。

最后着重提醒大家，在飞机上千万不要充电！

另外，我国首部移动电源（充电宝）国家标准《信息技术 便携式数字设备用移动电源通用规范》已正式发布，于2018年7月1日正式实施。

（二）火灾的危害

火灾是各种灾害中发生概率最高的一种，给人类的生活和生命安全构成了严重威胁。2017年1月至10月，全国共接报火灾21.9万起，死亡1 065人，受伤679人，直接财产损失26.2亿元。

1. 造成巨大财产损失

火灾，能烧掉人类经过辛勤劳动创造的物质财富，能将温馨的家园变成废墟，能吞噬掉森林和草原，能烧掉大量文物、古建筑等诸多稀世瑰宝。另外，火灾所造成的间接损失往往比直接损失更为严重，这包括受灾单位自身的停工、停产、停业，以及相关单位生产、工作、运输、通信的停滞和灾后的救济、抚恤、医疗、重建等工作带来的更大的投入与花费。至于森林火灾、文物古建筑火灾造成的不可挽回的损失，更是难以用经济价值计算。

2. 残害人类生命

火灾不仅使人陷于困境，它还涂炭生灵，直接或间接地残害人类生命，造成难以消除的身心痛苦。

3. 破坏生态平衡

火灾的危害不仅表现在毁坏财物、残害人类生命，而且还会严重破坏生态环境。

4. 引起不良的社会和政治影响

火灾不仅给国家财产和公民人身、财产带来巨大损失，还会影响正常的社会秩序、生产秩序、工作秩序、教学科研秩序以及公民的生活秩序。当火灾规模比较大，或发生在首都、省会城市、人员密集场所、经济发达区域、有名胜古迹等地方时，将会产生不良的社会和政治影响。有的会引起人们的不安和骚动，有的会损害国家的声誉，有的还会引起不法分子趁火打劫、造谣生事，造成更大的损失。

（三）火灾的特点

无数的火灾实例表明，火灾具有以下特点：

1. 发生频率高

据统计，在各种灾害中，火灾是发生频率高，最经常、最普遍地威胁公众安全和社会发展的主要灾害。由于可燃物质品种多，数量巨大，引火源极其复杂，诱发火灾的因素多，稍有不慎，就可导致火灾发生。

2. 突发性强

火灾的发生往往是突然的、难以预料的，且火灾的发展过程瞬息万变，来势凶猛，影响区域广；爆炸危害具有瞬时性，短时间内可造成大量人员伤亡。

3. 破坏性大

火灾不仅残害人类生命，给国家、公民财产带来巨大损失，而且严重时会导致基础设施（包括供电、供水、供气、供热、交通和通信等城市生命线系统工程）损坏、生产系统紊乱、社会经济正常秩序被打乱、生态环境遭到破坏等。由此可以看出，火灾的破坏性相当大。

4. 灾害复杂

火灾发生地，由于建筑、物质、火源的多样性，人员复杂性，消防条件和气候条件不同，使得灾害发生、发展过程极为复杂。

5. 易形成灾害连锁反应和灾害链

对于一个城乡或工业企业，其社会生产或生活的整体功能很强，一种灾害现象的发生，常会引发其他次生灾害，造成其他系统功能的失效，如火灾引发爆炸，爆炸又引发火灾，形成灾害链。

6. 灾后事故处理艰巨

火灾发生后，对于事故的调查、法律责任的认定、伤亡人员的处理、财产损失的保险理赔、生活与生产恢复、社会秩序恢复等许多方面，处理起来都有很大难度。

二、预防火灾

有备才能无患，防灾胜于救灾。及时消除火灾安全隐患至关重要。

校园是人员高度聚集的公共场所，教学仪器多、科研设备价值昂贵、用电量大，各类试验、实习项目和易燃物多，一旦发生火灾事故，影响大、损失大，直接影响教育教学工作的正常进行。

1. 增强消防安全意识，提高应对火灾能力

学生是学校的主人，如果消防安全意识淡薄，消防常识缺乏，扑救初起火灾和逃生自救能力低下，一旦发生火情，势必酿成严重后果。因此，学生要自觉接受消防安全教育，掌握灭火器使用常识，定期参加学校组织的火灾逃生演练，并虚心接受当地消防部门给予的多种躲避、逃生、自救、呼救的方法指导，提高自身应对火灾的能力。

2. 消除火灾隐患，落实防火措施

学校作为人员密集场所，及时消除各种能引发火灾的隐患，对预防火灾具有积极意义。发生火灾的重点是教学楼、学生公寓、食堂、实验室、实训车间、图书馆、礼堂报告厅、库房、配电室等处。发现可燃物要及时清理，消除火灾隐患，并管理好火源，防止引燃可燃物品。灭火器放在易于拿取的地方，自觉爱护灭火设施，保证其完好、有效，使各项防火措施落到实处。

想一想

你所在的学校和家中存在哪些火灾安全隐患？如何消除隐患？

3. 执行消防法规

《中华人民共和国消防法》第五条规定："任何单位和个人都有维护消防安全、保护消防设施、预防火灾、报告火警的义务。任何单位和成年人都有参加有组织的灭火工作的义务。"我们要自觉学习法律法规，做到知法、懂法、守法、用法，为打造平安和谐美丽校园贡献自己的力量。

4. 自觉遵守规则

为防止火灾发生，学校制定了严密的规章制度，我们人人都要认真遵守。出入商场、车站、机场、影剧院、体育馆、图书馆等公共场所，我们要自觉遵守公共场所的防火规定。

知识窗

防范电动车火灾

如今，电动车已经成了很多人的代步工具，而由电动车引起的火灾也趋于增多。

那么，如何防止电动车火灾事故的发生呢？

买车，看品牌查装置。要注意选择具有生产许可证、市场知名度较高、知名品牌的电动车，同时注意查看电动车是否具备欠压、过流保护功能和短路保护功能。

用车，勤检查常维护。购买电动车必须看清产品说明书并按说明书操作，还要选择与电动车充电器、电机型号、规格相配套的电瓶；出现故障时，要选择专业的维修机构或人员；不得擅自拆卸电气保护装置，确保电气线路和保护装置完好有效。

放车，加强车辆管理。实行集中存放的场所，电动车和自行车分开存放，并按照规定配置消防设施和器材。

充电，规范布线限时间。车辆充电时应尽量在室外进行，或将电池拆下单独充电。充电线路要选择合适的线路，线路敷设应固定安装，要加装短路和漏电保护装置。车辆应避免充电时间过长，应当按照说明书的规定进行充电。

行驶，充电器不要放在车上。电动车充电器尽量不要放在车上，因为有时候路面颠簸容易导致充电器内部发生短路，再充电时容易引起自燃；尽量避免在雨天、积水路段行驶，以防电机进水，充电时短路着火。

想一想

节假日同学们会去超市购物，去书店看书，去电影城看大片，在这些公共场所如何预防火灾呢？

思考与活动

一、选择题

1. 使用电熨斗不慎或麻痹大意，很容易引发火灾，要注意做到（　　）。

A. 用完后切断电源直接存放　　B. 放在熨衣板上

C. 用完后切断电源待其冷却后存放

2. 当打开房门闻到燃气气味时，要迅速（　　），以防止引起火灾。

A. 打开燃气灶具查找漏气部位　　B. 打开门窗通风

C. 拨打119向消防队报警

3. 居民上班或外出旅游前，应注意做到（　　）。

A. 关闭电源、燃气　　B. 关闭水源、燃气

C.关闭电源、水源

4. 家中经常使用的物品中属易燃易爆的是（　　）。

A. 餐洗剂　　B. 杀虫气雾剂　　C. 洗发水

二、根据你学的专业的特点或生活实际，结合所学知识制作消防安全电子报刊。

学习任务二　灭火与逃生

火魔无情，如果我们掌握灭火和逃生自救的一些基本知识，在灾难来临时，就可以让自己的命运由“被动”转化为“主动”，为生命赢得更多的“生机”，从容逃离险境。

案例警示

2014年12月15日零时，某地一KTV因罐装空气清新剂受取暖器烘烤发生爆燃引发火灾，造成11人死亡、24人受伤。火灾暴露出单位消防责任制度不落实、人员不懂得逃生自救知识、消防设施管理维护不力等问题。

一、灭火的基本方法

1. 冷却灭火法

该方法是将灭火剂直接喷射到燃烧的物体上，以降低燃烧物体的温度于燃点之下，使燃烧停止；或者将灭火剂喷洒在火源附近的物质上，使其不因火焰热辐射作用而形成新的火点。冷却灭火法是灭火的一种主要方法，常用水和二氧化碳作灭火剂冷却降温灭火。

2. 抑制灭火法

该方法就是使灭火剂参与到燃烧反应过程中去，使燃烧过程中产生的游离基消失，而形成稳定分子或低活性的游离基，使燃烧反应因缺少游离基而停止。

3. 隔离灭火法

该方法就是将火源处或其周围的可燃物质隔离或移开，燃烧会因缺少可燃物而停止。如将火源附近的可燃、易燃、易爆和助燃物品搬走；关闭可燃气体、液体管路的阀

门，以减少和阻止可燃物质进入燃烧区；设法阻拦流散的液体；拆除与火源毗连的易燃建筑物等。

4. 窒息灭火法

该方法就是阻止空气流入燃烧区或用不燃物质冲淡空气，使燃烧物质得不到足够的氧气而熄灭。如用不燃或难燃物捂盖燃烧物；用水蒸气或惰性气体灌注发生火灾的容器、设备；封闭起火的建筑、设备和孔洞等。

知识窗

应对轻微火情

对比较轻微的火情，我们应掌握简单的应对方法。火灾初起，可正确使用灭火器、水、沙土、干土、浸湿的毛巾、床单、棉被等覆盖灭火。油类、酒精等起火，不可用水去扑救，可用沙土或浸湿的棉被迅速覆盖。煤气起火，可用湿毛巾盖住火点，迅速切断气源。电器起火，不可用水扑救，不可用潮湿的物品捂盖，因为水是导体，这样做会发生触电，正确的方法是首先切断电源，然后再灭火。

二、灭火器材的使用

1. 灭火器

灭火器是生活中最常见的一类消防器材，它是用来扑救初期火灾的。学校、商场、酒店等场所都配备了足够数量的灭火器，一旦发现火情，可用附近的灭火器进行扑救，从而保护人们的生命和财产安全。

灭火器种类不同，适用范围也有差异，见下表。

灭火器名称	适宜灭火	不适宜灭火
清水灭火器	木材、纸张、棉麻织物等初期火灾	带电设备火灾
泡沫灭火器	脂类、石油产品等B类，木材等A类初期火灾	C类可燃气体和D类轻金属火灾，带电设备火灾
二氧化碳灭火器	600伏以下带电电器、贵重设备、图书档案、精密仪器的初期火灾，一般可燃液体的火灾	A类火灾
干粉灭火器	可燃液体、可燃气体、带电火灾，一般固体物质火灾	轻金属火灾

目前，学校常备的灭火器多为手提贮压式干粉灭火器。使用时，先打开保险销，一手握住喷管，对准火源，另一手拉动拉环，即可扑灭火源。在使用时要注意尽量避免皮肤直接接触喷嘴，扑救电、气引起的火灾时，要先关闭电、气源。

2. 消火栓

它是用来扑救火灾的。消火栓分为室外消火栓和室内消火栓。室外消火栓设在建筑物周围，室内消火栓设在建筑物内。消火栓是扑灭火灾的主要水源，一旦发生火灾，可在消火栓上接入水带取水灭火。

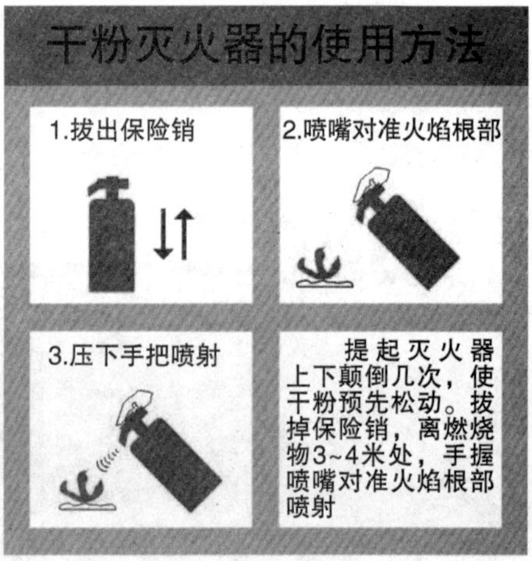

室内消火栓的使用方法：①打开室内消火栓箱；②取出消防水带，向着火点展开水带；③水带一端连接水枪；④连接水栓；⑤打开水闸门；⑥手握水枪头及水带，对准火源，即可灭火。

注意事项：①室内消火栓打开方法是逆时针旋转手轮阀门，室外消火栓必须用专用扳手才能打开；②请爱护消防设施；③非火灾时严禁使用；④严禁遮挡、圈占消防设施。

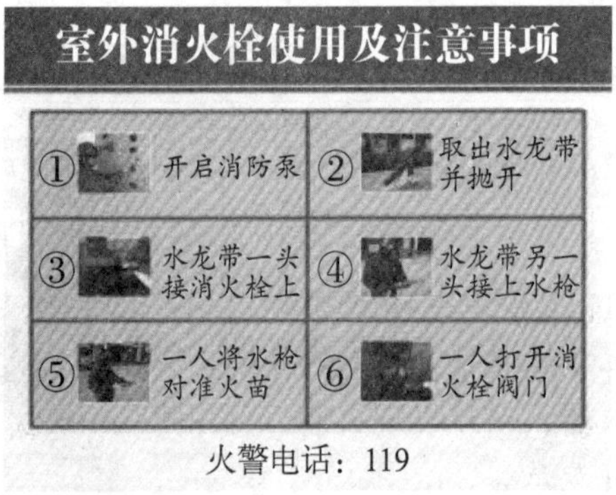

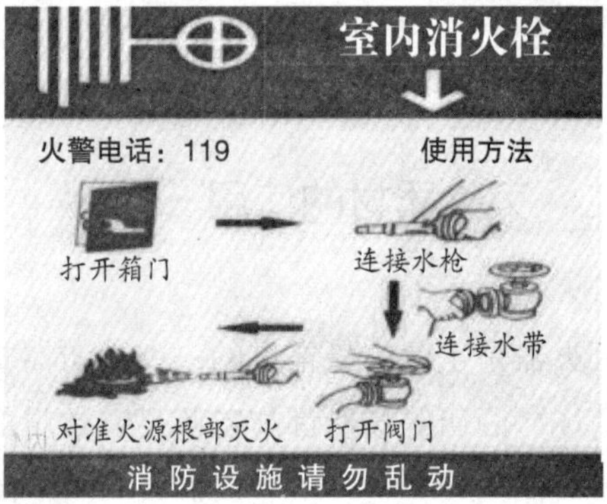

想一想

你家里有哪些防火器材？

三、火灾逃生技能

火灾发生时，运用科学的方法进行逃生，就会使灾害降至最低。

（一）逃生原则

1. 及时报警

一旦火灾发生，不能因为惊慌而忘记报警，报警是求得消防控制中心和消防队救助的关键措施，须不失时机地运用通信设施报警。报警越早、越快、越清楚，损失越小。

知识窗

怎样报火警

报火警时的主要步骤：

（1）报警时要讲清着火处所在区县、街道、胡同、门牌或乡村地址；

（2）要说清是什么东西着火和火势大小，以便消防部门调出相应的消防车辆；

（3）说清报警人的姓名和使用的电话号码；

（4）要注意听清消防队的询问，正确简洁地予以回答，待对方明确说明可以挂电话时，方可挂断电话；

（5）报警后要到路口等待消防车，指示消防车去火场的道路。

假报火警是属于扰乱公共秩序、危害公共安全的违法行为，会受到警告、罚金、行政拘留等处罚。

2. 保持冷静

被大火围困时，千万不要惊慌，必须树立坚定的逃生信念和必胜的信心，决不能采取盲目跳楼等错误行为，要保持冷静的头脑和稳定的心态，设法寻找逃生机会逃出火场。利用好楼内各种消防设施，如防火门、防烟楼梯间、应急电梯、连通式阳台、避难层（间）等，逃生困难时，可将防烟楼梯间、阳台等作为临时避难场所。

3. 安全撤离

火场中的人员要抓住有利时机，就近、就便，利用一切可以利用的地形、工具，迅速撤离危险区域。不要因抢救个人贵重物品或钱财、存折而贻误逃生良机。如果逃生通道均被封死时，在无任何安全保障的情况下，不要急于采取过激的行为，以免造成不必要的伤亡。

4. 救、助结合

一是自救与互救相结合。在火灾现场，我们不仅要尽快撤离现场，还要积极帮助老、弱、病、残、妇女、儿童等疏散。看见前面的人倒下去，应立即扶起；看见拥挤应给予疏导或选择其他的辅助疏散方法给予分流，减轻单一疏散通道的压力。实在无法分流时，应采取强硬手段坚决制止，同时告诫和阻止逆向人群的出现，保持疏散通道畅通。切忌乱作一团，否则会堵塞通道，酿成大祸。二是逃生与抢险相结合。有时候火灾千变万化，如不及时消除险情，就可能造成更多人员伤亡。因此，在条件许可时要千方百计地消除险情，身体状况较好的同学，要协助查清起火点和火势大小，积极参与灭火，延缓火灾发生的时间，减轻灾害发生的规模。三是救人与救物相结合。在所有情况下，救人始终是第一位的，决不要因为抢救个人贵重物品而贻误逃生良机。

（二）逃生技能

1. 熟悉环境

熟悉环境就是了解我们经常或临时所处建筑物的消防安全环境。对于我们经常工作或居住的建筑物，事先可制订较为详细的逃生计划，所有成员都要知道逃生出口、路线和方法。

2. 迅速撤离

逃生行动是争分夺秒的行动，一旦听到火灾警报或意识到自己可能被烟火包围，千万不要迟疑，要立即跑出房间，设法脱险，切不可延误逃生良机。

3. 毛巾保护

逃生时常用的防烟措施是用干、湿毛巾捂住口鼻。可把毛巾浸湿，叠起来捂住口鼻，无水时，干毛巾也行。身边如没有毛巾，餐巾布、口罩、衣服也可以替代，要多叠几层，使滤烟面积增大，将口鼻捂严。穿越烟雾区时，即使感到呼吸困难，也不能将毛巾从口鼻上拿开。（烟雾的传播速度：水平方向0.8米/秒，垂直方向3～4米/秒）

4. 通道疏散

楼房着火时，应根据火势情况，优先选用最便捷、最安全的通道和疏散设施，如疏散楼梯、消防电梯、室外疏散楼梯等。从浓烟弥漫的建筑物通道向外逃生，可向头部、身上浇些凉水，用湿衣服、湿床单、湿毛毯等将身体裹好，要低姿行进或匍匐爬行，穿过险区。

5. 绳索滑行

当各通道全部被浓烟烈火封锁时，可利用结实的绳子，或将窗帘、床单、被褥等撕成条，拧成绳，用水沾湿，然后将其拴在牢固的暖气管道、窗框、床架上，被困人员逐个顺绳索滑到地面或下到未着火的楼层而脱离险境。

6. 低层跳离

如果被火困在二楼内，若无条件采取其他自救方法并得不到救助，在烟火威胁、万不得已的情况下，也可以跳楼逃生。但在跳楼之前，应先向地面扔一些棉被、枕头、床垫、大衣等柔软物品，以便“软着陆”。然后用手扒住窗台，身体下垂，头上脚下，自然下滑，以缩小跳落高度，并使双脚先着落在柔软物上。如果被烟火围困在三层以上的高层内，千万不要急于跳楼，因为距地面太高，若往下跳易造成重伤和死亡。只要有一线生机，就不要冒险跳楼。

7. 借助器材

人们处在火灾中，生命危在旦夕，不到最后一刻，谁也不会放弃生命，一定要竭尽所能设法逃生。可利用建筑物的窗户、阳台、屋顶、落水管等脱险。

8. 卫生间避难法

当实在无路可逃时，可利用卫生间进行避难，用毛巾紧塞门缝，把水泼在地上降温，也可躺在放满水的浴缸里躲避。但千万不要钻到床底、阁楼、大橱等处避难，因为这些地方可燃物多，且容易聚集烟气。

9. 火场求救法

发生火灾时，可在窗口、阳台或屋顶处向外大声呼叫、敲击金属物品或投掷软物品。白天应挥动鲜艳布条发出求救信号，晚上可挥动手电筒或白布条引起救援人员的注意。

10. 暂时避难

在无路逃生的情况下，应积极寻找暂时的避难处所以保护自己，择机而逃。一些大型综合性多功能建筑物，一般都在经常使用的电梯、楼梯、公共厕所附近，以及走廊末端设置避难间，火灾时可将短时间内无法疏散到地面的人员，以及在火灾期间不容中断工作的人员暂时疏散到避难间。但发生家庭火灾时，由于住宅都未设置专门的避难间，所以人们可以根据实际情况，如利用阳台的可燃物少，方便同外界接触的空间，自创避难小空间避难。

11. 标志引导

要在公共场所的墙面上、顶棚上、门顶处、转弯处设置事故照明灯以及“安全出口”“紧急出口”“安全通道”“太平门”“火警电话”、逃生方向箭头等标志。被困人员看到这些标志时，马上就可以确定自己的行为，按照标志指示的方向有秩序地撤离逃生，以解“燃眉之急”。

总之，火场逃生中一定要保持沉着冷静，正确估计火势发展和蔓延势态，不盲目采取行动，先要考虑安全及可行性后，方可行动。尽量减少所携带物品的体积和重量。逃生、报警、呼救要同时进行。运用智慧，充分利用建筑内设施逃生。积极开展逃生的自救和互救，利用消防设备在火灾前期将火扑灭或将火势减弱以便逃生，从而摆脱危境，化险为夷，重获新生。

思考与活动

一、选择题

1. 如果你在宾馆五楼遇到火灾，大火封门时，应如何应对？（　　）

A. 跳楼

B. 用湿毛巾捂住嘴、鼻，沿楼道、楼梯匍匐前进

C. 关紧房门，堵塞门缝，向门上泼水降温，等待救援

2. 家庭装修油漆家具时，必须做到（　　）。

A. 远离窗户　　　B. 远离其他家具　　　C. 远离火源

3. 当发生火灾时，下列自救措施正确的是（　　）。

A. 先了解火源的正确位置，分析火灾原因，然后报警求助

B. 所处室内浓烟密布时，应贴地爬行离开，并用湿毛巾掩盖口鼻

C. 离开现场时，沿途要关好门窗，要乘电梯保证快速离开

二、制订“家庭火灾疏散逃生预案”，包括制作一张家庭每个房间的逃生路线图，确定疏散程序、方法、要求等。

活动演练　消防演习

一、演习目的

为了保证学校师生的生命和财产安全，保障学校的公共财物安全，保持正常的教学秩序，进一步强化全校师生的安全意识，增强防范能力，要在全校范围内实施火灾逃生应急疏散演习。

二、演习要求

1. 班主任要稳定学生情绪、控制局面，要求学生在教室内静坐，必要时有秩序地安排学生分成两组，分别从教室前、后门疏散。疏散时，每组学生按两路离开教室，要求学生要靠右行走，不要拥挤、喧哗、打闹，不得制造紧张气氛。

2. 按学校要求按班级分楼梯疏散。值班人员要站在楼道拐角处维持秩序，监督学生有秩序地撤离，班长要在教室门口听从值班人员或教师的安排协助疏散。

3. 疏散顺序按先低层后高层、先近后远的原则进行，先从一层开始疏散，依次类推。

4. 值班人员及班主任老师要提醒学生用湿毛巾捂住口鼻，弯腰低头，按秩序行进。

5. 建立严格的应急反应机制。带班领导、值班人员要早到晚归，坚守岗位，带好必备的喇叭，确保通信信号（手机）畅通，一旦发现教学楼有情况，要立即上报给校长，校长做出决定后，遵照执行。

三、演习准备

1. 消防演习前，各班召开学生培训会，对学生进行火场逃生等消防知识培训，强调演习过程中应注意的事项，如演习的程序、演习疏散的顺序、逃生路线及方式、疏散地点等。班主任首先让学生冷静，稳定学生情绪，有序地组织学生从教室前门、后门迅速撤离，不得跑步行进，不准用手推扶前面的同学（各班班长分别打开前后门，平时后门打开并留有应急通道）。

2. 学生提前备好湿毛巾，在听见火警信号之前统一待在各自的教室内。

3. 备好报警电铃、烟幕弹。校医务室提前准备好应急处理药品及器械等。消防演习前20分钟，演习指挥小组所有成员、教职工必须各就各位。

四、演习过程

信号组在得到总指挥的演习命令后，发出演习火警信号，各班听到逃生信号之后，有序地从教室中跑出，每人用湿毛巾捂住嘴巴、弯腰，有组织地按规定的顺序、路线逃出教学楼。

逃生演习结束后，班主任清点好各班人数，逐级上报（班主任、各负责人、总指挥）。

五、演习总结

在清点学生人数无误后，各负责人向总指挥报告情况，总指挥进行小结，并宣布本次消防逃生演习获得成功，演习顺利结束。

演习结束，各班有秩序地回到教室后，班主任就本班参加这次演习活动的情况立即进行分析、小结。利用此次应急逃生演习，使学生从根本上提高应急逃生的安全意识，真正掌握遇到灾害事故时自救和逃生的基本方法。

六、活动评价表

消防演习学生评价表

序号	评价项目	评价内容	自评	他评
1	逃生疏散情况	是否按预案规定路线逃生 是否快速熟练逃生		
2	逃生动作要求执行情况	是否用湿毛巾捂住口鼻 是否弯腰低头逃生		
3	疏散时间	是否在规定时间内疏散完毕		
需要改进的方面				

模块六
网络安全

学习导读

21世纪是信息时代，我们可以通过网络工作学习、浏览新闻、游戏娱乐，充分享受网络带来的快乐。但是，网络也存在网络谣言、网络欺诈、私密信息泄漏等诸多不安全因素。这就要求我们中职学生了解网络安全知识，维护国家信息安全，在保证自己绿色健康上网的同时，保守商业秘密、预防网络诈骗。

- 网络安全
  - 安全绿色上网
    - 什么是绿色上网
    - 为什么要绿色上网
    - 如何做到安全绿色上网
  - 维护国家信息安全
    - 信息安全的含义
    - 网络信息安全事件
    - 网络信息安全问题带来的威胁
    - 如何保障国家网络信息安全
  - 保护商业秘密
    - 商业秘密的含义
    - 商业秘密的重要性
    - 保护商业秘密的途径
    - 如何保守商业秘密
    - 侵犯商业秘密的处罚
  - 预防网络诈骗
    - 网络诈骗的含义
    - 网络诈骗的类型、特点和预防措施
  - 活动演练
    - 预防网络诈骗模拟演练

学习目标

认知目标	情感态度观念	运用目标
了解网络安全常识	树立文明上网意识	能辨别网络不良、不安全信息
	增强保密观念	
理解网络安全的重要性	保护商业秘密	提高网络安全防范能力
	维护国家信息安全	

学习任务一 安全绿色上网

互联网对人们精神文化生活的影响越来越大，已经成为社会主义精神文明建设的重要阵地。而各种违法虚假不良网络信息却屡禁不绝，污染网络环境，败坏社会风气，侵害人们的身心健康。因此，倡导安全绿色上网，保证有一个健康纯净的网络环境，成为社会各界的共同心愿。

案例警示

2016年3月下旬，某地公安局网络巡查发现一QQ群发布大量淫秽视频。经落地查办，破获以吴某某、贺某某等人为首的网络传播淫秽物品牟利案。该案涉案人员27名，每天不定时在QQ群中传播淫秽视频达1万余部，并收取入群费。涉案QQ群成员达600余人，涉及全国15个省份。经查证，该QQ群内绝大多数成员系未成年人，部分涉案人员为未成年人。公安机关刑事拘留4名犯罪嫌疑人，取保候审9人。

由以上案例可以看出，不法分子为了牟取利益，不惜利用网络传播淫秽信息毒害青少年，甚至诱惑青少年犯罪。因此，我们要增强自我保护意识和网络道德意识，自觉抵制网络不良信息。

一、什么是绿色上网

绿色上网又名健康上网，也叫文明上网或安全上网，有广义和狭义之分。

从广义上来讲，绿色上网是指遵守国家法律法规，增强自我保护意识，诚实友好，尊重他人，尊重事实，合理和善用网络资源，建立健康的网络环境。

从狭义上讲，绿色上网是指通过正确使用电脑、经常做眼保健操等方法，使眼睛、身体免受伤害的上网方式。

二、为什么要绿色上网

（一）绿色上网是国家相关部门的要求

1. 共青团中央等单位颁布了《中华人民共和国全国青少年网络文明公约》

2001年，为了增强青少年自律意识和自护能力，保障青少年健康成长，共青团中央等八个单位联合发布了《中华人民共和国全国青少年网络文明公约》，这标志着我国青少年有了较为完备的网络行为道德规范。

《全国青少年网络文明公约》的主要内容如下：

要善于网上学习，不浏览不良信息。

要诚实友好交流，不辱骂欺诈他人。

要增强自护意识，不随意约会网友。

要维护网络安全，不破坏网络秩序。

要有益身心健康，不沉溺虚拟时空。

2. 国家互联网信息办公室开展“护苗2015”专项行动

“护苗2015”作为国家互联网信息办公室2015年专项行动，对互联网上淫秽色情、暴力、恐怖、残酷、迷信等有害少年儿童身心健康的信息进行了全面清理。继2015年以后，全国“扫黄打非”办公室每年都进行“护苗”专项活动，治理网络环境。

护苗，顾名思义就是保护幼苗，意即保护未成年人、保护国家的未来和希望。保护，不能将青少年封闭起来，绝缘于网络和社会，而是给他们创造较为纯净而富有生气的网络环境。铲除网络上的淫秽色情、暴力恐怖等有害消息，就是通过净化网络空间，为包括青少年在内的网民提供健康的网络生态，保证他们不为淫秽色情信息所诱惑，不为暴力恐怖信息所毒害，不为迷信信息所误导。

（二）绿色上网是预防网络危害的要求

互联网在为大家提供便利迅捷的学习、服务和娱乐环境的同时，也带来很多不利的影响。如果我们对于网络缺乏足够的判断力和自我控制力，往往会产生很大的危害。

1. 妨碍中职学生生理的健康发展

从生理上讲，中职学生正处在长身体的时期，长时间坐于电脑前，会令他们腰肌受损，视力下降，精神疲惫，且身体长期受到电磁射线的辐射，影响健康。

2. 容易出现“网络成瘾症”

“网络成瘾症”是一种过度使用互联网行为的心理疾病，青少年患病比例远远高于成年人。心理医学专家对“网络成瘾症”患者的描述是：对网络操作出现时空失控，而且随着乐趣的增强欲罢不能。

3. 妨碍中职学生个体的社会化过程

一些中职学生对网络的依赖，已经不仅仅限于网上的人际交流。玩网络游戏、下载网上音乐及浏览色情网站等，使他们在网络中愈陷愈深。日久天长，负面效果就会越来越明显，性格孤僻、内向，不爱与人交流，不能很好地处理现实中的人际关系与矛盾，只满足于与虚拟世界中的人物交往。一些人习惯了网络交流的方式与语言，回到现实世界里来，难免会有不适应的感觉，这也会减少他们对现实中人际交流的愿望。

4. 导致中职学生社会责任感的缺失

调查得知，很多人不会在网上公布自己的真实信息，同时，不相信别人公布的信息，对网络媒体缺少信任感。当问他们“如果在网上被骗，会怎样去做”时，有36.1%的人承认会报复或再骗别人。不诚实、撒谎会造成人与人之间的信任危机，同时也使人们对社会缺乏责任感。

5. 引发中职学生犯罪心理倾向和犯罪行为

互联网中的不良信息是诱发青少年犯罪的重要因素。网络游戏大多以“攻击、战斗、竞争”为主要成分，长期玩赛车、砍杀、爆破、枪战等游戏，火爆刺激的内容容易使游戏者模糊道德认知，迷失自我，以至不能理性地行使现实社会中的角色，他们误认为这种通过伤害他人而达成目的的方式是合理的。一旦形成了这种错误观点，便会不择手段，欺诈、偷盗甚至对他人施暴。

6. 导致中职学生失去学习兴趣

对于中职学生来说，长时间沉溺于网络世界，会使他们对学习产生不同的看法，认为学习是辛苦的，是枯燥的。现在一部分中职学生，在网络游戏中，在不良信息的淹没中，其感官受到某一特定的内容的刺激，兴趣集中于此，其注意力也会从学习上转变到网络不良信息上。

由此可见，中职学生一定要做到绿色上网，远离不良信息，防止网络对我们的侵害。

三、如何做到安全绿色上网

作为新时代的中职学生，一定要树立正确的人生观、世界观、价值观，提高遵守网络规则的法制意识和对网络信息的选择性接收能力，增强对网络不良信息的免疫力，做到安全上网、绿色上网。

1. 严格遵守《中华人民共和国计算机信息网络国际联网管理暂行规定》《互联网信息服务管理办法》等国家法律法规，恪守网络道德，文明上网。

2. 自觉遵守有关保守国家机密的各项法律规定，不泄露党和国家机密，或传送有损国格、人格的信息；禁止在网络上从事违法犯罪活动。不制作、查阅、复制和传播有碍社会治安及社会公德和有伤社会风化的信息。不得发表任何诋毁国家、政府、党的言论，不得发表任何有碍社会稳定、国家统一和民族统一的言论。

3. 不得擅自复制和使用网络上未公开和未授权的文件，不得在网络中擅自传播或拷贝享有版权的软件，或销售免费共享的软件。网络上所有资源的使用应遵循知识产权的有关法律法规。不利用网络盗窃别人的研究成果和受法律保护的资源。

4. 不得使用软件或硬件的方法窃取他人口令，非法入侵他人计算机系统，阅读他人文件或电子邮件，滥用网络资源。不得制造和传播计算机病毒等破坏性程序。禁止破坏数据、破坏网络资源，或其他恶作剧行为。

5. 不在网络上接收和散布封建迷信、淫秽、色情、赌博、暴力、凶杀、恐怖等有害信息。不得浏览色情、暴力、不健康的网站网页。

6. 不得捏造或歪曲事实、散布谣言、诽谤他人、发布扰乱社会秩序的不良信息。

7. 要合理安排上网时间，不沉溺于虚拟时空。

想一想

在日常的上网过程中，你做到安全绿色上网了吗？你在以后上网的时候该如何去做？

思考与活动

沉迷网游欠下债务　纵火逼母还贷

郝某某从大学毕业后，对网络的依赖性越发严重，开始了“与世隔绝”的六年生活，每天上网约18个小时，且在购买游戏装备、皮肤等上花费了大量的金钱。六年转眼而过，郝某某却仍像个未成年的孩子一般，靠着年迈的父母养着，完全没有自立能力。父母见儿子沉迷于网络，性子越发孤僻，便断了其生活费。此时郝某某便通过贷款、借款来满足自己在游戏里的花销，当发现自己没有能力还债后，便希望母亲能够将房子抵押来抵偿自己的债务。母亲一直不同意，并从此不再回家。

2016年6月，找不到母亲的郝某某将家中的棉被放在燃气灶上点燃，并且将棉被燃烧之后的照片发布于其母所在的QQ群，逼迫母亲现身，用房产抵押借款。邻居见其房屋冒烟报警，随后公安机关将郝某某抓获。

1. 结合以上事例，谈谈你对网络危害的认识。

2. 你知道网络上有哪些不良信息？作为中职学生，你应如何预防这些不良信息对你的危害？

学习任务二　维护国家信息安全

在复杂的网络化、信息化环境下，网络信息安全问题正变得日益严峻与繁杂，我们要提高警惕，不给犯罪分子可乘之机。

一、信息安全的含义

信息安全本身包括的范围很大，大到国家军事政治等机密安全，小到如防范商业企业机密泄露、防范青少年对不良信息的浏览、防止个人信息的泄露等。网络环境下的信息安全体系是保证信息安全的关键，包括计算机安全操作系统、各种安全协议和安全机制（数字签名、信息认证、数据加密等），直至安全系统，其中任何一个安全漏洞便可以威胁全局安全。

根据国际标准化组织的定义，信息安全性的含义主要是指信息的真实性、保密性、完整性、可用性、不可抵赖性和可控制性。真实性是对信息的来源进行判断，能对伪造来源的信息予以鉴别；保密性是保证机密信息不被窃听，或窃听者不能了解信息的真实含义；完整性是保证数据的一致性，防止数据被非法用户篡改；可用性是保证合法用户对信息和资源的使用不会被不正当地拒绝；不可抵赖性是建立有效的责任机制，防止用户否认其行为，这一点在电子商务中是极其重要的；可控制性是对信息的传播及内容具有控制能力。

案例警示

【案例一】2015年6月，臭名昭著的Hacking Team发生了一起严重的数据泄漏事件。有一名匿名黑客对该团队的服务器进行了攻击，并将其数据库、内部邮件，以及该团队在GitHub上的网络间谍工具源代码等数据泄漏了出来。

研究人员在该团队泄漏出来的数据中发现，该团队的黑客在他们的网络攻击活动中利用了大量的Oday漏洞。大部分的媒体机构在受到攻击的时候并没有任何的察觉。

除此之外，该团队也因为向第三世界国家的政府出售间谍软件而受到了很多公司和机构的批判。

【案例二】2016年1月18日，某酒店集团对外称，从2015年8月13日到12月8日，该集团旗下的627家连锁酒店中有318家酒店遭到恶意软件入侵。这些恶意软件的攻击目的就是为了窃取信息。

该集团公布了其旗下分布于世界各地的遭到恶意软件入侵的酒店名册。根据这份名册，全球有54个国家的该集团下属的酒店遭到安全入侵。这些国家包括美国、英国、中国、德国、日本、意大利、法国、俄罗斯和加拿大等，其中中国有22家受害。

由以上事例可见，网络在给我们提供方便的同时，也存在诸多不安全因素，而且网络信息安全给我们带来的危害和损失有时是巨大的、不可估量的。我们一定要引起重视，采取相应措施保护网络信息安全。

二、网络信息安全事件

网络信息安全事件是指不管是因为偶然的自然因素，还是通过非法手段对网络信息进行恶意篡改、插入、删除，导致网络信息的完整性以及安全性不能得到保障的情况。网络信息安全事件不仅会对人们的生活与生产造成很大的影响，而且还有可能威胁到国家信息安全。目前主要的网络安全事件有以下几种：

1. 非授权进行的访问

非授权访问主要指的是没有得到系统相应的授权就对网络或者计算机资源进行访问，也就是通过非法的手段避开系统中的访问控制权限，非法使用网络中的各种信息资源，或者是超越权限范围访问某些信息，主要是以以下形式出现：假冒身份攻击、非法用户进入网络系统进行违法操作、合法用户以未授权方式进行操作等。

2. 信息泄露

信息泄露主要指的是有价值的信息数据或者是敏感数据被泄露出去或是丢失。比如账号、密码以及邮件等重要资料在信息传输中出现的信息泄露或者是丢失。一般都是由人为因素导致的。如利用黑客方式获取机密信息或者丢失有价值信息，会对正常的社会秩序造成很严重的影响。

3. 数据的完整性遭到破坏

数据的完整性遭到破坏主要是指通过非法的手段对某些重要信息进行删除、篡改等导致某些数据信息遭到破坏，从而严重影响了用户正常使用。

4. 拒绝服务攻击

这类安全事件主要指的是利用系统安全的操作漏洞以及协议漏洞等，对网络设备进行攻击，从而干扰网络服务系统正常的作业流程，使系统反应变慢或者是瘫痪，导致正常的合法客户无法进入网络服务系统，无法得到相应的服务，对合法用户造成很严重的影响。

5. 恶意代码

这类网络攻击事件主要指的是通过病毒、木马、蠕虫、间谍软件以及其他后门等攻击特定的系统执行程序而引发的灾情，其中计算机病毒是引发网络信息安全的主要祸首，会导致系统瘫痪以及导致很多重要的数据丢失或者是损坏，无法正常使用。

三、网络信息安全问题带来的威胁

随着网络信息技术的普及与发展，计算机网络已经普遍应用于社会活动各个领域当中，很多重要的信息都是通过网络进行传播的，因此，网络信息的安全，对人们的生产生活来说具有非常大的影响，主要体现在以下几个方面：

1. 网络信息安全对个人方面的影响

（1）对个人购物网的影响　随着网络技术的发展，人们的购物模式也发生了很大的改变，更多的人更倾向于网络购物，主要是由于网络购物非常方便快捷，可以在任何有网络覆盖的地方进行购物。但是，由于人们在支付过程中可能涉及一些重要资料，比如账号密码、银行卡信息等，如果在一些网络公共环境下或者是免费的wifi环境中有可能导致这些重要的信息被泄露，从而给用户个人造成巨大的损失。

（2）对个人的网络社交造成一定的影响　随着互联网技术的发展，以网络为依托的QQ、微信等社交平台也逐步取得了较快的发展，成为人们沟通交流的主要辅助工具，但由于这些社交平台的头像以及资料等很容易被不法人员假冒并利用，向其他人骗取钱财，甚至可能盗取账户中的钱财，这都给个人造成巨大的损失。

2. 对企业带来的影响

随着计算机技术的发展，以经济为目的的各类信息安全事件逐渐增加。企业是社会经济发展中的重要元素，而一些不法分子处于某种目的，利用木马病毒、黑客等对企业网加大进入或攻击的力度，使企业的一些重要的数据信息遭到破坏、删除或者是篡改，严重影响了企业利用网络进行正常的商业活动。比如企业的竞争对手或者是对企业不满的员工可能会利用木马病毒植入企业计算机内部，对企业的重要文件进行恶意的篡改以及删除，导致企业的内部私密文件损毁，这势必会给企业的生产运作带来很严重的影响，导致企业的经济遭受巨大的损失。另外，企业维护管理工作中的不足也会带来很大的信息安全隐患，给企业造成巨大的损失。比如网络维护管理人员的管理不到位，没有定期扫描病毒或者是进行杀毒等，这些都很容易被不法分子钻空子，给企业经济发展带来严重的影响，甚至扰乱社会经济发展秩序。

3. 对国家安全带来的影响

网络信息安全问题也会对国家安全带来很大的威胁，主要体现在以下几个方面：

（1）网络信息安全对国家的政治安全的影响　随着网络信息技术的发展，网络已经被普遍应用于社会生活的各个方面，国家之间也主要是通过网络信息传播意识形态的，尤其是西方国家，从没有放弃利用网络技术对我国人民进行影响，甚至可能采取一些非主流的手段加速对我国公民的渗透与影响，从而导致人们的意识形态朝着多元化发展，不利于我国政治秩序的稳定。

（2）对国家经济安全的影响　目前，国际经济中的大量的金融信息与交易信息都是靠网络进行传输的，很容易成为不法分子攻击的对象，甚至会给国家经济造成严重的损失，因此要重视网络信息安全问题。

（3）对国家文化安全造成影响　网络技术的发展，方便了国家与国家之间的文化交流，但有些国家可能会利用网络对我国的文化进行非法侵犯，从而对我国的文化安全造成重大的影响。

四、如何保障国家网络信息安全

为了保障我国网络信息安全，除了政府要充分发挥信息安全管理主体的重要作用外，同学们作为国家公民同样要提升网络安全意识，认识到网络技术发展对国家安全的威胁，为保障我国网络信息安全尽到自己的责任。

1. 不制作、不传播危害网络安全的病毒和木马程序

目前最大的信息安全问题是互联网病毒问题，曾经疯狂蔓延的“勒索病毒”就是一个典型的例子。因此，一定不要制作或传播计算机病毒和木马程序。如果受到计算机病毒的威胁，可以给电脑安装强力的杀毒软件，帮助维护电脑的信息和系统安全。

2. 不制作、不传播有害信息

所谓的有害信息，就是不符合社会主流价值观的信息，常见的就是暴力、凶杀、破坏民族团结等负面的信息，这些信息的传播在一定程度上危害了整个社会的安定，因此不要制作或传播此类信息。

3. 注意保护自己和他人的个人隐私

个人隐私保护有很多内容，最常见的就是互联网平台的一些账号、密码等，里边有太多的个人隐私内容，贩卖这些信息也是属于犯罪行为，即使不是为了钱也构成了侵犯个人隐私的违法行为。

4. 不利用计算机从事传统意义上的犯罪行为

在如今互联网发达时代，传统意义上的犯罪有了新的模式，比如电信诈骗、侵犯著作权、贩卖国家机密等违法行为，这些传统意义上的违法行为通过计算机互联网实施，同样也是违法行为。

5. 不交易、不泄露内幕信息

内幕信息是指所在集体内部运作人员所知悉的、尚未对外公开的、具备商业价值的信息。比如说股票，如果能得到相关信息，这对于其他人来说是不公平的，很明显这也是违反了信息安全法律法规的行为。

6. 个人上网自觉维护网络信息安全，不浏览不健康的网站，自觉举报不良信息。

想一想

作为中职学生，在维护国家网络信息安全方面应如何去做?

知识窗

防止个人信息泄露的对策

1. 养成良好的个人信息保护意识，所有记载有个人信息的收据卡片不乱丢，集中在一起销毁。

2. 不要在陌生网站随便注册账号，尽量不要在网站上透露个人信息。不连接安全情况未知的公共wifi，不见码就扫，不玩手机上的各种神测试。

3. 将重要个人信息与互联网隔离，用来上网的计算机、手机里最好不要存放重要个人信息。

4. 在计算机、手机系统中安装防火墙和防护软件。养成在官网下载手机应用软件的习惯。传输涉及个人信息的文件时，使用加密技术。使用多套密码、加强密码，并定期更换。

5. 养成良好的上网习惯，及时清除Cookie等暂存在内存里的资料，从而保护自己的网络隐私权。

6. 如果发现自己的个人信息已泄露，停用所有网上使用过的相关信息。一旦发现被诈骗，第一时间报案。

思考与活动

1. 信息安全的含义是什么？

2. 结合平时上网、登录QQ、用微信的情况，说说我们如何保护个人的信息安全。

学习任务三 保护商业秘密

在激烈的市场竞争中，任何一个企业生产经营方面的商业秘密都十分重要，商业秘密作为知识产权的一部分普遍受到法律的保护。中职学生在实训或实习的过程中，也会接触到企业的商业秘密，这就要求我们了解什么是商业秘密，如何保护商业秘密。

一、商业秘密的含义

商业秘密是指不为公众所知悉、能为权利人带来经济利益、具有实用性并经权利人采取保密措施的技术信息和经营信息。根据该定义，可以纳入商业秘密保护的包括技术信息和经营信息两大类。

1. 技术信息

表现形式主要包括设计、程序、产品配方、制作工艺、制作方法。从研制技术信息的阶段性成果来看，技术信息包括完整的技术方案、开发过程中的阶段性技术成果，以及取得的有价值的技术数据。除了能够转化成产品的技术信息外，还包括针对技术问题的技术诀窍。

2. 经营信息

指经营策略、管理诀窍、客户名单、货源情报、投标标底等信息。在实践生活中，经营信息作为商业秘密经常会被权利人忽视。

二、商业秘密的重要性

1. 维护商业秘密权利人合法权益的需要

商业秘密可以为权利人带来一定的，甚至是巨大的经济利益。一些不法分子为获一己之利，采取各种手段，侵犯他人的商业秘密，有时给商业秘密权利人造成重大损失。要克服上述问题，必须加强商业秘密的保护。它不仅可以通过民事赔偿的方式有效弥补权利人的经济损失，而且可以通过责令停止、罚款等行政手段及时制止侵权行为的发生，从而最大限度地维护商业秘密权利人的合法权益。

2. 维护正常的市场竞争秩序的需要

商业秘密属于民事侵权行为，它不仅损害商业秘密权利人的经济利益，而且破坏正常的市场竞争秩序。加强商业秘密的保护，有助于打击扰乱市场秩序的不良行为，有助于树立公平、诚实、信用的市场经营理念。它可以使民法的基本原则与市场经济的内在要求有机结合起来，逐步构建和巩固良好的市场秩序。

3. 参与世界经济一体化的需要

世界上越来越多的国家重视商业秘密的保护。就世界贸易组织成员方而言，遵循《与贸易有关的知识产权协议》，运用民事法律手段保护商业秘密，是必须履行的基本义务。我们应当遵循《与贸易有关的知识产权协议》的要求，以加强商业秘密的保护。只有如此，才能促进对外交流与合作，才能最大限度保护国内商业秘密权利人的利益。

4. 提高商业秘密法律保护整体效果的需要

在现实生活中，商业秘密侵权行为以民事侵权最为常见，运用民事法律武器制裁侵权行为，给权利人以多种形式的民事法律救济，就十分自然地成为人们最常用的法律保护方法。加强民事法律保护，意味着抓住了商业秘密保护的根本和关键，有助于提高商业秘密保护的整体效果。

三、保护商业秘密的途径

商业秘密的保护是一个系统工程，其中既有企业的自我保护，又有行政保护，还有司法保护。

1. 企业的自我保护

企业应当采取各种有效的措施来保护自己的商业秘密，必须把企业多年来努力所取得的技术信息和经营信息进行全面的回顾，将它们进行分类整理，区别各种情形，以决定什么要保护、什么能够保护、采取什么措施来保护等。

2. 行政保护

在企业商业秘密遭受侵害时，可以向监督检查部门（即工商行政管理机关）举报，请求查处。行政保护的好处是，节约当事人的调查取证的成本，程序简单，处罚有力。如当事人想起诉，那么行政机关在查处中所获取的证据材料是诉讼中的有力的证据，为案件的胜诉准备了条件。

3. 司法保护

当事人在遭遇商业秘密侵害时，可以考虑司法救济程序。在司法救济渠道中，又有两种程序（渠道），一种是刑事诉讼程序，一种是民事诉讼程序。

四、如何保守商业秘密

作为一名中职学生，我们要到企业顶岗实习，将来还会到各种单位就业，同样要保守商业秘密，因此，我们要做到：（1）了解工作单位商业秘密的范围，不刺探与本职工作或本身业务无关的商业秘密。不将商业秘密向任何第三人泄露。（2）非工作需要，不复印、摘抄、随意或恶意拿走秘密文件及电脑软、硬件等。重要文件不允许随意摆放，该加密的加密，不用的纸质资料记得随时粉碎，不能随意丢弃，任何文件的丢失都可能会导致泄露商业秘密。（3）在非必要的场合，尽量不谈论涉密话题，避免在言谈中有意或无意泄露秘密。（4）对保密工作办公用的计算机、通信工具等软、硬件设备，进行加密管理，不经授权不得随意交由他人使用。（5）如发现商业秘密被泄露或者自己过失泄露商业秘密，应当采取有效措施防止泄密进一步扩大，并及时向有关领导报告。

五、侵犯商业秘密的处罚

根据我国《刑法》《民法通则》和《反不正当竞争法》等法律规定，侵权人应当承担下列法律责任：（1）停止侵害、消除影响、赔礼道歉。（2）给权利人造成损害的，应当承担损害赔偿责任。（3）侵权人应承担被侵害的权利人因调查该侵权人侵害其合法权益所支付的合理费用。（4）根据情节处以侵权人一万元以上二十万元以下罚款。（5）给商业秘密的权利人“造成重大损失的”或“造成特别严重后果的”，按《刑法》承担刑事责任。

想一想

什么样的秘密才能被称为商业秘密？

知识窗

《中华人民共和国反不正当竞争法》商业秘密保护核心条款

第四条　县级以上人民政府履行工商行政管理职责的部门对不正当竞争行为进行查处；法律、行政法规规定由其他部门查处的，依照其规定。

第九条　经营者不得实施下列侵犯商业秘密的行为：

（一）以盗窃、贿赂、欺诈、胁迫或者其他不正当手段获取权利人的商业秘密；

（二）披露、使用或者允许他人使用以前项手段获取的权利人的商业秘密；

（三）违反约定或者违反权利人有关保守商业秘密的要求，披露、使用或者允许他人使用其所掌握的商业秘密。

第三人明知或者应知商业秘密权利人的员工、前员工或者其他单位、个人实施前款所列违法行为，仍获取、披露、使用或者允许他人使用该商业秘密的，视为侵犯商业秘密。

思考与活动

1. 保护商业秘密的重要性有哪些？
2. 在我们到某企业实习的时候，如何做到保护企业的商业秘密？

学习任务四 预防网络诈骗

目前，网络诈骗是人们非常关注的一个现实性问题，而利用互联网实施网络诈骗的事件也日益增多。那么，我们该如何预防网络诈骗呢？下面我们就来学习一下关于网络诈骗的知识。

一、网络诈骗的含义

网络诈骗是指以非法占有为目的，利用互联网采用虚构事实或者隐瞒真相的方法，骗取数额较大的公私财物的行为。网络诈骗花样繁多，且不断翻新，让人防不胜防。由于多数骗术充分利用了社会工程学和人们爱占便宜的心理，极易使人们上当。

二、网络诈骗的类型、特点和预防措施

网络诈骗的形式是多种多样的，有技术层面的，也有心理层面的，有以网页形式行骗的，也有以电信形式行骗的。

（一）网络钓鱼

1. 网络钓鱼的主要特点

“网络钓鱼”是当前最为常见也较为隐蔽的网络诈骗形式。所谓“网络钓鱼”，是指犯罪分子通过使用“盗号木马”“网络监听”以及伪造的假网站或网页等手法，盗取用户

的银行账号、证券账号、密码信息和其他个人资料，然后以转账盗款、网上购物或制作假卡等方式获取利益。主要可细分为以下三种方式：

（1）发送电子邮件，以虚假信息引诱用户中圈套。诈骗分子以垃圾邮件的形式大量发送欺诈性邮件，这些邮件多以中奖、顾问、对账等内容引诱用户在邮件中填入金融账号和密码，或是以各种紧迫的理由要求收件人登录某网页提交用户名、密码、身份证号、信用卡号等信息，继而盗窃用户资金。

（2）建立假冒网上银行、证券网等，骗取用户账号、密码实施盗窃。

（3）以低价商品为诱饵实施诈骗。诈骗分子在网上以极低的价格公布某商品信息，当有人购买时，便称第一次购买只能给极少的一定数量的商品，一次购买成功后才能成为商家的VIP客户，这样以后才能大量购买。

2. 预防措施

不要在网上随意填写个人资料，开通网上业务前应前往正规银行索要资料，登录正确的网页办理业务，避免上当受骗。

识别和防范虚假钓鱼网站有以下五种方法：

（1）查该网站有没有公布详细的经营地址和电话号码。

（2）检查公司所在地与注册地址是否相同。

（3）检查网站是否提供用实名登记的联系方式。

（4）检查版权所有地址与固定电话所在地址是否一致。

（5）检查网站货物的价格是否是超低价格。

案例警示

2017年3月8日，某市的刘女士报案称，她在某网站购买一款理财产品，突然被拉黑，18万元的投资不翼而飞。

根据刘女士的遭遇和侦查情况，警方初步摸清了这起诈骗的套路。刘女士在QQ上认识一位自称是理财顾问的好友，声称某款理财产品投资回报高，一天就有8%的投资回报，并将其拉入一个投资理财群。

刚开始刘女士比较谨慎，2017年3月1日，她根据对方提供的网站，注册开通了账户，投了1 000元，第二天就变成了1 080元，而且还能随时取现。刘女士尝到了甜头，但还是比较谨慎，再投了2 000元，第三天又得到了回报。

而刘女士所在的群里，众多群友在传递着各种令人“兴奋”的消息：我今天又收益几千元，我准备卖房投资这款理财产品，我把我媳妇也拉进来一起投资……

刘女士逐渐放松了警惕，此后又接连四次投资，共计18万元。直至2017年3月7

日，她想取现时发现不能取。她根据理财顾问的提示，几次拨打客服电话，对方均称系网络故障，要她稍后再试。她抱着侥幸的心理，试了几次后，登录的网站却消失了，还被好友拉黑了，这才意识到被骗，遂报了警。

这个案例恰如其分地说明了“天下没有免费的午餐”，许多网络诈骗就是利用有些人“不劳而获”的心理，使其一步步掉进欺骗的深渊。

（二）庞氏骗局

1. 主要特点

“庞氏骗局”是对金融领域投资诈骗的称呼，是“金字塔骗局”的始祖，很多非法传销集团就是用这一招聚敛钱财的。庞氏骗局在中国又称“拆东墙补西墙”“空手套白狼”。简言之就是利用新投资人的钱来向老投资者支付利息和短期回报，以制造赚钱的假象，进而骗取更多的投资。

较之一般的金融诈骗，“庞氏骗局”受害者更多，影响面更广，危害程度更深，隐蔽性更强，具有更大的社会危害。

“庞氏骗局”发展到现在又演变出了很多形式，主要有以下几种：

（1）利用股票论坛及QQ炒股群欺骗。不法分子通过论坛、QQ群散布诱惑性广告，聚集人气，并利用会员制收费的方式敛财。

（2）彩票预测欺骗。以先进计算方法保证高中奖率等为幌子，诱骗彩民的会费。

（3）海外私募基金欺骗。冒充国外知名交易机构和知名投资公司发行基金，以高回报率吸引投资者，使投资者血本无归。

（4）网上投资传销欺骗。以通过网上投资公司理财产品获取高额回报为诱饵，发展身边同事、朋友为下线，然后获取佣金。

2. 预防措施

首先，要克服“一夜暴富”的心理，牢记“天下没有免费的午餐”。其次，要明白任何投资的回报率都应该在一个合理的范围之内，出现巨额回报、夸大宣传，多半是不可靠的。

（三）假冒他人行骗

1. 主要特点

骗子通过冒充公安人员、政府部门、电信部门、快递公司、亲戚、朋友等身份进行网络诈骗。

不法分子盗窃QQ账号、邮箱账号后，向用户的好友、联系人发布信息，声称遇到紧急情况，请对方汇款到其指定账户。

冒充的“公安人员”，谎称事主身份信息被冒用并实施诈骗。

谎称事主医保卡在异地药店买药消费，已经“不能用”，进而告诉事主身份信息被盗用，接着实施诈骗。

自称是快递公司工作人员，称有两个邮件一直没有送到，邮件是公安分局发的，主要内容是信用卡欠费已经被法院起诉，还牵扯到一个几千万元的金融案件，进而实施诈骗。

冒充电信人员，在告诉事主电话欠费的同时，告知事主电话欠费可能是由于事主的信息泄露而造成的，建议做一个金融保单，进而实施诈骗。

利用我们对亲戚、朋友的感情和信任，通过微信等手段实施诈骗。

2. 预防措施

如遇到上述情况，我们要保持清醒的头脑，不要轻信陌生电话和短信。当接到疑似诈骗电话或短信时，要注意核实对方身份，尤其是对方要求向指定账户汇款时，不要轻易汇款，应第一时间告知家长商量解决或咨询公安机关，公安部门不可能提供安全账户，更不会指导转账、设密码。

牢记口诀：“不决断，晚交钱，睡一觉过一天，再找亲人谈一谈。”

想一想

你是否遇到过冒充他人的网络诈骗，如果遇到过，你是如何处理的？

（四）网购诈骗

1. 主要特点

网购诈骗是指在互联网上因购买商品而发生的诈骗行为，其表现形式有以下几种：

（1）谎称其货品为走私物品或海关罚没物品，要求网民支付一定的保证金、押金、定金。

（2）谎称网民下订单时卡单，要求网民重新支付或重新下订单。

（3）谎称支付宝系统正在维护，要求网民直接将钱汇到其指定的银行账户中。

（4）谎称购物网站系统故障，要求网民重新支付。

（5）谎称网店正在搞促销、抽奖活动，需要交纳一定的手续费等。

（6）网民在网购飞机票时，嫌疑人谎称网民提供的身份信息有误，要求网民重新支付购票款。

（7）谎称需要进行资质验证，要求网民支付验证资质费。

（8）谎称店内无货，朋友的店里有货，于是推荐一个看似差不多的网址。

2. 预防措施

（1）选择货到付款的交易模式（物流快递代收货款，收到货品后再进行支付）。

（2）选择具有第三方支付手段的平台进行交易（多使用支付宝、财付通等第三方支付模式交易）。

（3）选择具有消费者保障制度的交易平台（指具有7天包退换、正品保证、30天免费维修、假一赔三等消费者保障制度的电子商务交易平台）。

（4）选择店铺的产品质量、货源和售后服务具有品牌厂家认证的网店。

（5）索取网购销售凭证，防范霸王条款（向经营者索要购票凭证或者服务单据，为解决网上购物的纠纷提供凭证和依据）。

知识窗

预防电信诈骗“八个凡是”

凡是自称公检法要求汇款的；

凡是叫你汇款到“安全账户”的；

凡是通知中奖、领取补贴要你先交钱的；

凡是通知“家属”出事要先汇款的；

凡是索要个人和银行卡信息及短信验证码的；

凡是让你开通网银接受检查的；

凡是自称领导（老板）要求打款的；

凡是陌生网站（链接）要登记银行卡信息的。

以上情况都可能是诈骗，遇到后要提高警惕。

思考与活动

【案例】某高校学生李某称在玩网络游戏“王者荣耀”时看到有人发布代练信息，就加了QQ商谈代练事宜。谈好价钱后，该代练说在某网站上交易，李某打开网站乍看没什么问题，就充值300元。后平台说需要交纳800元做押金，商谈无果，李某于是又充值了500元。客服态度很好，聊了一会儿后说李某的账号出错，钱打不进去，又让李某充值2 800元。李某发现不对，一直问客服怎么回事，对方说需要上报上级，三天后解决，之后就没有消息了。之后，李某在网上看到很多类似案件，才确定自己被骗了800元。

结合案例思考：

1. 李某为什么会被骗?

2. 同学们在平时玩游戏时遇到过类似的事情吗？如果有，你们该如何处理?

3. 你还知道哪些网络诈骗行为？我们应该怎样预防?

活动演练 预防网络诈骗模拟演练

近年来，网络诈骗逐渐呈现出专业化、规模化、智能化等特点。面临日益严峻的网络安全形势，同学们不仅需要增强防诈骗意识，还应当进一步提高对网络诈骗的辨别能力，尽早识破不法分子的骗局。

活动目标

1. 提高网络安全意识，认识到网络诈骗的危害。
2. 了解网络诈骗的多种手段、形式，遇到网络诈骗能及时识破。
3. 学会对各类网络诈骗的预防措施，防止上当受骗。

活动地点

各班教室。

活动过程

一、观看视频，引起思考

观看小品《一个女婿半个儿》片段，引出诈骗主题。

二、说说见闻，增长见识

同学们说一说，平时在生活中遇到过的或听到过的网络诈骗事件，让每个学生得到分享，更多地了解网络诈骗的手段、形式，增长见识。

三、现场表演，情景模拟

分组进行，学生现场表演网络诈骗的过程，进行情景模拟。

四、案例讨论，深入分析

案例一　高额返利套取资金

2017年6月1日，邵先生上网时，QQ上跳出某投资公司客服添加好友的请求。对方表示，现在公司可以网上理财，投入一定金额就能获得一部高端手机。

根据对方提示，邵先生下载安装了客户端，注册成为会员。平台显示，充值满3万元送高端手机一部。2017年6月2日，邵先生投入1万多元，6月3日，邵先生又充值2万元，投资“美国国际黄金”项目。当邵先生咨询何时送手机时，客服人员通过QQ表示，VIP会员才送手机，但需要一次性充值3万元以上。6月4日，邵先生又充值近4万元。客服人员表示，等此次活动结束便给邵先生寄手机，并索取了邵先生地址、身份证号、银行卡账号等信息，称帮其办理VIP会员。6月5日，邵先生发现自己的账户有一笔4 000多元的“项目返款”和2万元的“返还本金”。然而，当他想要提现时，却没有成功。客服人员称出款通道被冻结，需要激活。邵先生投资的项目起投金额为8万元，只有达到这个数额才能提现。邵先生于是又充值8 000元。之后，邵先生看到账户上又多了几笔返款，但依然无法提现。

当他再次联系客服人员时，对方却说需要当天充值8万元方能提现。此时，邵先生怀疑自己遇到了骗子。通过网络查询，邵先生联系到了该投资公司，对方表示他们根本没有网上理财平台。

案例二　QQ上谈钱

2016年1月，小飞在家上网时，QQ上一个同学发来信息，说朋友要还自己的钱，但自己卡掉了，想先把钱转到小飞卡上，然后再由小飞转给他。小飞答应了，对方又说汇钱需要银行卡号、身份证号及联系电话，小飞又全部告诉了对方。过了几分钟，小飞手机收到一个验证码，对方称只要告诉他这个验证码，钱就能到账了，小飞没细想就告诉了他。直到收到银行短信通知，小飞才发现自己卡里被消费了2 200元。

根据以上两个案例分别讨论：

1. 案例中的主人公为何会上当，骗子利用了人们的哪些心理？

2. 我们遇到类似的情况，要采取什么样的预防措施？

五、课后收集，拓展知识

学生课后通过各种媒体收集网络诈骗的相关知识，进一步深入了解网络诈骗的形式，以便更好地预防网络诈骗。同时把学到的知识讲给家人、同学、朋友听，让更多的人避免上当。

六、活动总结

1. 学生对本次演练活动进行总结，包括本课所学到的关于网络诈骗的知识和同学们的课堂表现。

2. 老师对本活动的总结，包括网络诈骗的多种形式、预防方法与措施；对学生在本次活动中的表现进行评价。

七、活动评价表

预防网络诈骗模拟演练学生评价表

序号	评价项目	评价内容	自评（10分制）	他评（10分制）
1	知识理解	1. 是否了解网络诈骗的手段、形式（5分） 2. 是否掌握各种网络诈骗的预防措施和方法（5分）		
2	角色模拟	1. 是否按角色形象要求进行扮演（5分） 2. 语言是否形象生动（5分）		
3	课堂参与	1. 是否认真观看视频及学生表演（5分） 2. 是否积极参与到讨论当中（5分）		
本次活动的收获				
需要改进的方面				

模块七 财产安全

学习导读

在我们的日常生活中，一旦遇到盗窃、诈骗、抢劫、抢夺等侵犯财产安全的事件发生，就会给我们的人身和财产安全带来损失或伤害。那么，我们该如何从生活中的细节做起，做好防范和应对工作呢？只有了解盗窃、诈骗、抢夺、抢劫等各类违法行为的特点，提高保护财产安全的意识，掌握预防和应对的技能与方法，才能有效预防和避免各类侵犯财产安全的事件发生。

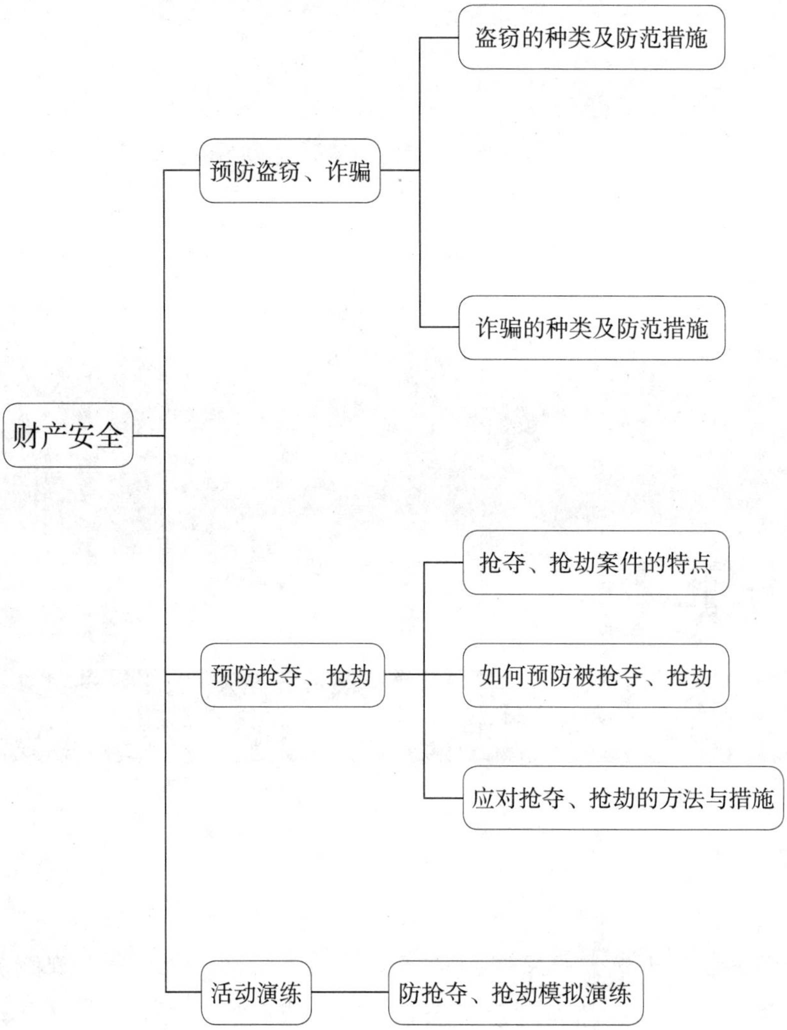

学习目标

认知目标	情感态度观念	运用目标
了解盗窃、诈骗、抢夺、抢劫等违法行为的特点	提高保护财产安全意识	掌握预防财产侵犯的方法，提高应对技能

学习任务一　预防盗窃、诈骗

了解各类盗窃、诈骗的方式及危害，掌握正确的防盗、防诈骗措施，养成良好的防范习惯，可以有效防止一些盗窃与诈骗事件的发生。另外，学习掌握失盗、被骗后的正确处置方法，也能让我们的财产损失降到最低。

一、盗窃的种类及防范措施

（一）常见的盗窃方式

1. 校园盗窃

（1）撬门破锁　盗贼潜入校园采用撬开门锁的方式行窃。以偷盗笔记本电脑、手机、现金、饭卡等价值高、易携带的贵重物品为主。

（2）爬窗入室　趁学生宿舍没人，无防盗窗或防盗窗不坚固等，通过阳台、水管翻窗入室进行盗窃。

（3）溜门行窃　趁学生外出上厕所或夏天图凉快睡觉不关门等，快速入室进行盗窃；也有夜间先偷走门房钥匙，等白天室内无人时再寻找机会入室偷窃的情况发生。

（4）窗外钓鱼　盗贼用竹竿、拉钩或铁丝网罩等工具，套取晾在窗外的衣服、室内桌凳上的衣服、挎包、手袋等。住一楼的同学如缺乏警惕，最容易受到这种侵害。

（5）顺手牵羊　趁人不备，将晾晒在走廊、阳台等处的衣物盗走；趁学生去洗漱间或到隔壁同学宿舍，顺手牵羊将室内物品盗走。

（6）内外勾结　学校内部有个别同学勾结社会上的不法分子进行盗窃。通常事先把配好的钥匙交给外人，串通后利用上课时间进行盗窃。

（7）宿舍内盗　个别同学思想意识不健康，或对同学有意见、有矛盾，或因生活有困难，或因花钱没有节制，就利用上课时间，以请假看病等为由，潜回宿舍行窃。

2. 校外盗窃

校外的盗窃，大都发生在公交车上、火车站、旅游景点或购物商场等人员密集的地方。

（1）盗窃分子利用人多拥挤，学生看物、看路等精力不集中时，浑水摸鱼，伸出黑手。

（2）盗窃分子两人或多人联合作案，往往一个在前边主动与你搭讪，假装问路或者套近乎分散注意力，另一个在背后趁机行窃。

（二）被盗后的应对方法

一旦遭遇被盗事件，会给我们中职学生造成财产损失和生活不便，给我们的心理带来阴影和伤害。那么，如果发现被盗，我们该采取什么样的方法来应对呢?

1. 保护现场，及时报案

一旦被盗，不要惊慌失措，应迅速组织在场人员保护好现场，并及时向学校老师、政教处报告，不得先翻动、查看自己丢了什么东西，否则将现场有关的痕迹物证破坏了，不利于调查取证。

2. 发现可疑，及时控制

如果自己发现可疑人员，一定要沉着冷静，应主动上前询问，一旦发现其回答有疑问，要设法将其稳住，必要时组织学生围堵，及时向有关部门报告，防范盗贼狗急跳墙，伤及学生。在当场无法抓获盗贼的情况下，应记住盗贼的特征，包括年龄、性别、身高、胖瘦、相貌、衣着、口音、动作习惯、佩戴首饰等，以便向公安保卫部门提供破案线索。

3. 及时报失，配合调查

发现银行卡或存单被盗，应尽快到银行挂失。知情人员要积极配合公安保卫部门的调查取证工作，不要采取事不关己高高挂起，或怕别人打击报复，怕影响同学的关系等不愿多讲的态度，因为这些错误做法会给侦查破案工作带来困难，延误破案的最好时机，使犯罪分子逍遥法外继续害人。

（三）常见的校园防盗措施

调查发现，校园盗窃案件多与学生自身的防范意识淡薄有关。日常生活中，我们应从以下几个方面做起，增强自身的防范意识和防盗能力。

1. 妥善保管财物

现金是一切盗窃分子的首选目标，数额较大时要存入银行，数额较小时要随身携带。各类有价证卡要随身携带，设置密码。最好不要以自己的生日、手机号、学号等作为密码。不要将密码告诉他人，使用时注意隐蔽。要妥善保管好手机、笔记本电脑、随身听等贵重物品，或锁在抽屉或箱柜里，或随身携带，不要随意乱丢，可在物品上做一些特殊的记号。

2. 关好门窗箱柜

离开教室、宿舍，要随手关闭门窗，钥匙不轻易借给外人。宿舍内的箱柜里如有贵重物品要上锁。

3. 留意陌生人员

相互关照，勤查勤问，对陌生人要多留一个心眼。有些不法分子常以找人、卖东西或上门服务等为名混入宿舍趁机行窃。

4. 谨慎社会交往

要克服讲哥们义气，少交酒肉朋友，不将社会人员带到校内，防止引狼入室，甚至同流合污，成为盗贼的帮凶。

5. 爱护安全设施

要留意教室、宿舍是否装有防盗设施，已有的防盗设施有无损坏，发现安全隐患要及时向有关部门汇报，以便尽快解决。要爱护公共财物，保护门窗和室内设施完好无损。

二、诈骗的种类及防范措施

（一）什么是诈骗

诈骗是指以非法占有为目的，用虚构事实或隐瞒真相的方法骗取财物的行为。它一般不使用暴力，而是在平静甚至“愉快”的气氛下进行，给受骗者造成财产损失和心理伤害。

案例警示

春节期间，在多个QQ群中看到了发红包返利的游戏，群主声称自己是大企业老板，过年给群里的亲朋好友发红包福利，有人还晒出了返利红包的截图。这种低级的诈骗手段居然让中职学生小刚中招了。先是通过扫描群内的二维码给对方发了1元，果然，对方给发了返利红包10元，接着他又发了5元，被返还了50元。随即，小刚就把红包里所有的钱近900元一起发了过去，结果没有收到返利反被对方移出了群聊……

想一想

你在QQ或微信群里遇到过类似的红包返利活动吗？你当时是怎么做的呢？

（二）诈骗学生的通常手段

一些不法分子利用学生思想单纯、富有同情心、社会经验较少等特点，或混入校园，或守在校园周边，或在街头寻找机会，或通过网络、短信等，对学生进行诈骗。

1. 推销商品行骗

提着假冒的名牌货或贵重商品，以直销或者高回报为由，吸引学生参与投资备货；或利用学生社会经验少、不识货、苛求物美价廉的弱点，上门推销各种商品，以次充好，恶意行骗；或假借认识学校某某老师，谎称跟他打过招呼或得到了默认，借机销售商品（多为伪劣产品）。

2. 介绍升学或招生行骗

（1）在校园内外散发广告或在网上发布信息，介绍学生读各种考证的培训班，或介绍升学，骗取介绍费、押金、报名费等。

（2）有些培训班是确实存在的，但有名无实，不是发假证书，就是发的不是当初承诺的证书。

3. 介绍工作行骗

（1）有些同学想兼职或利用假期打工，或急于找到好工作，诈骗分子以招聘的名义对一些没有经验的学生进行欺诈，骗取介绍费、押金、报名费等。但等你交了钱，他们往往就消失了。

（2）利用假合同或无效合同诈骗。有一些骗子利用学生经验少，法律意识差、急于赚钱补贴生活的心理，常以公司名义让学生为其推销商品或打工，事后却不兑现诺言和酬金而使学生上当受骗。

4. 利用学生的同情心骗取钱财

衣衫褴褛，装扮成“农民工”“逃荒者”或“残疾人”，装出一副十分可怜且令人同情的模样，甚至下跪；谎称是外地人，钱包被偷，急需回家的路费或饭钱等，开口一般不多，只要几十元，骗取学生的同情心。

5. 同学诈骗

个别学生常以“急于用钱”为借口向其他同学借钱，然后却挥霍一空，要债的追紧了就再向其他同学借款补洞，拖到毕业一走了之。还有个别品行差的学生，得知某某同学家庭条件好，通过武力威胁或交男女朋友等方式骗取钱财。

6. 利用QQ、微信或手机短信诈骗

冒充好友发短信借钱借物，或假冒老乡、同学、老师、亲戚等身份，虚构出车祸、生病等事由骗取学生及家长的信任而实施诈骗；或发布虚假中奖信息，诱使用户访问虚假网站办理“领奖事宜”，然后又通过虚假网站挂载木马盗取用户更多个人信息，当你信以为真与兑奖方联系时，以需要保证金、支付邮寄费用等各种借口要求你先汇钱。

想一想

如何从日常生活中的细节做起，避免上当受骗？

（三）如何避免上当受骗

1. 增强社会认知，提高防范意识

积极投入到社会生活中去，多读书看报，留意社会新闻，多学习，多观察，认识社会，提高分辨能力。积极参加学校和社区组织的法制和安全防范教育活动，多了解，多掌握一些防范知识。

2. 提高思想警惕，谨慎对待借钱、索物

在提倡助人为乐、奉献爱心的同时，要提高警惕，不能轻信盲从，让善良之心害了自己。特别是一些新认识的“朋友”“老乡”和遭受不幸的“落难者”，如果对你提出钱财方面的要求，切不可被感情的表象所蒙蔽，受善心驱使而缺乏理智，要深入了解对方的来历，要学会察言观色，不凭主观印象判断，理智地分析问题，看看对方的要求是否符合常理。

3. 不贪图便宜、谋取私利

天上不会掉下馅饼，对飞来的“横财”和“好处”，特别是不很熟悉的人所许诺的利益，要深思和调查。时刻保持头脑清醒，不图虚荣，不贪便宜，增强抵御各种诱惑的能力。

4. 淡对“殷勤者”

对主动夸耀自己“本事”或“能耐”的人，或者过于热情地希望“帮助”你解决困难的人，要特别注意观察。这种人很可能就是一个十足的诈骗分子，企图通过骗取你的信任，达到其不可告人的目的。

5. 加强防范意识，保障信息安全

交友要谨慎，遇事多留一个心眼，涉及个人（包括他人）的电话和手机号码、家庭情况及QQ号等，不轻易地向陌生人透露；也不要在网上随意发布个人信息。

知识窗

受骗之后如何应对

一旦发现自己受骗，要立即向公安机关报案。要注意保留作案人员遗留的文字资料、身份证件、电话号码等证据，积极提供嫌疑人的体貌特征、与其交往的经过等重要线索，配合调查，追缴被骗的财物，使犯罪分子得到应有的法律制裁。同时，要深入反思受骗原因，吸取教训。

在社会交往中，如果识破了骗子的诡计，或发现了行骗人员，尽管自己没有上当，也要及时报案、大胆揭发；能够劝阻受害者的，要及时、巧妙地进行劝阻。

思考与活动

1. 观看网络欺诈的典型案例视频，做到警钟长鸣。

2. 搜集网络泄密的典型案例，加强网络安全意识。争当“诚信上网、净化网络环境，从我做起”先锋。

学习任务二　预防抢夺、抢劫

虽然我国的治安环境比较好，人民安居乐业，但抢夺、抢劫案件也时有报道。如果你遇到抢劫、抢夺事件，切记不要惊慌失措，应快速冷静下来，采取正确的方法和措施来应对，以确保我们的自身安全，同时将财产损失降到最低。

案例警示

【案例一】2015年4月的某天晚上，三名不法分子混入某职业学校院内，用玩具手枪、水果刀等作案工具，威逼利诱，抢劫几名在厕所抽烟的男生现金及手机折合3 500余元，幸亏抢劫现场有学生趁乱溜走并及时拨打了110，不法分子在分赃时被警方抓获。

【案例二】2016年某日晚9时许，某职业学院一对情侣从自习室回来，带着两台笔记本电脑到一处偏僻的小树林里谈恋爱，遭遇三名持刀歹徒抢劫。男生高喊着让女生拿着电脑快跑，自己留下来与三名歹徒搏斗，结果被歹徒数刀捅伤腹部，后被途径小树林的同学发现送往医院，最终却因失血太多，医生也没能挽回这位男生年轻的生命。

想一想

上述案例各有什么特点？如果碰到类似的抢夺、抢劫事件发生，你会采取哪些应对措施？

一、抢夺、抢劫案件的特点

（一）什么是抢夺、抢劫

1. 抢夺是指以非法占有为目的，趁人不备公然夺取他人财物的一种犯罪行为。

2. 抢劫是指以非法占有为目的，以暴力胁迫或者其他方法将公私财物据为己有的一种犯罪行为。

这两类犯罪行为不仅侵犯他人财产的所有权，同时还会对被害者的人身造成危害。

（二）抢夺、抢劫案件的特点

1. 校园抢夺、抢劫案的发生时间主要是在节假日、午休、夜晚行人稀少时，以及新生刚入学报到的一段时间内。

2. 大多数抢夺、抢劫案件发生在校内比较偏僻、阴暗、人少的地带，一般为树林中、远离宿舍区的教学实验楼附近、无灯的人行道、正在兴建的建筑物内等。

3. 抢夺、抢劫的主要对象是携带贵重财物、单身行走的人员，外出或晚自习后出门且无伴或少伴的人员，谈恋爱滞留于偏僻黑暗、无人地带的人员。

4. 校园抢夺、抢劫案件的作案人一般为校园附近农村、工厂、居民区及本校教职工子弟中的不务正业、有劣迹的小青年以及临时工，这些人员一般对校园环境较为熟悉，往往结伙作案，作案时胆大妄为，作案后易于逃匿。随着流动人口的增多，流窜人员作案也在增多。

想一想

怎样从生活中的一点一滴做起，避免成为歹徒的“猎物”呢？

二、如何预防被抢夺、抢劫

1. 尽量避免在深夜或人少的时候单独外出。确需外出时，要选择比较繁华和灯光照明条件较好的地段和路线行走，最好是结伴而行，并且准备一些防卫工具。

2. 假期回家探亲、外出旅游、参加社会实践，或在旅行途中尽量结伴而行，减少夜间乘车。

3. 尽量不要携带贵重财物出行；不要让人知道你携有大量现金或贵重物品等；现金或贵重物品最好装在衣服里，不要置于手提包或挎包内。

4. 到银行等机构存取较大数额的钱款时，要有人陪护，以防不测。

5. 出门在外，如果发现有形迹可疑的人长时间跟踪尾随自己，应立即往人多、繁华的地方走，并及时报警或向行人求助。

6. 不到营业性娱乐场所，如电子游艺厅、网吧、舞厅等；不独自到溜冰场、小书摊（主要为漫画屋）等场所；不到一些废弃的厂房、建筑工地及小弄堂内玩耍；男女谈恋爱不要在夜晚或偏僻路段滞留，以免遭到抢劫、污辱。

7. 遇有陌生人敲门，应先问明身份情况再决定是否开门；不要让人以任何借口叫开房门而造成人身伤害或财产损失。

8. 不要随便和外人谈论自己和家庭的情况，不要随便和不熟悉的人到偏僻的地方去，不要随便和陌生人交往。

三、应对抢夺、抢劫的方法与措施

一旦遇到抢劫或抢夺时，不要惊慌，要保持镇静，在保护自己的前提下，针对不同环境、不同情况，采取不同的对策与不法分子做斗争。

1. 如果不法分子是一个人，又没有凶器，而且你具备反抗的能力或时机有利，就应发动进攻，以制服作案人或使作案人丧失继续作案的心理和能力；如果实在无法与作案人抗衡，可想方设法分散他的注意力，如假装看见熟人打个招呼或采用声东击西的办法，喊一声“警察来了”，看准时机，向有人、有灯光的地方奔跑。

2. 如果不法分子人数较多且带有凶器，则要慎重采取对策，千万不要随便逃离，以免受到伤害；更不要和不法分子硬碰硬地打斗，可将自己随身携带的财物交给抢劫者。

3. 如果对方是你的同学，或是你认识的外校学生，要敢于义正词严地指出，他们这样做是违法行为，并向老师或公安机关报告。如果你胆小不敢反抗、不敢说话，他就会认为你好欺负，会经常向你要钱要物。

4. 独自在家遇到入室抢劫，要特别注意生命安全，不要轻易与不法分子发生冲突，以免造成人身伤害。当不法分子问你家里贵重物品和现金放在什么地方时，你可以回答我是小孩，父母从不告诉我这些东西放在什么地方，并在不引起不法分子注意的情况下，尽量往门口靠，伺机开门逃脱。一旦逃到室外，要马上向邻居求援，同时拨打110报警。留意观察作案人的特征，如身高、年龄、体态、发型、衣着、胡须、口音、行为，以及作案人的逃跑方向等。报案时如能准确描述这些特征，有利于有关部门及时组织力量布控，抓获作案人。

5. 及时报案。作案人得逞以后，还会继续寻找下一个目标，甚至在作案现场附近的商店和餐厅进行挥霍，及时报案，有利于尽快抓住作案人。报案时应说明被抢劫的具体时间、地点，不法分子的人数，使用的凶器和交通工具。如果是汽车，应记住汽车的车型、车号、颜色及特殊标记等；如果是自行车，还应提供车子的型号、颜色和特征。无论在什么情况下遇到抢劫或抢夺，只要有可能，就要大声呼救或故意高声与作案人说话。

知识窗

路遇抢劫后的心理调适

假如你自己亲身经历或路遇了抢夺、抢劫事件，给自己的身心留下了可怕的阴影，事后可主动寻求或接受心理专家的帮助，学会调适心理，消除阴影，重建信心，早日回到快乐健康的校园学习生活。

思考与活动

1. 积极开展提高防盗、防诈骗、防抢夺、防抢劫的方法与技巧交流活动。
2. 以小组为单位，阐述路遇抢夺、抢劫时的解决方案，制作安全手册。

活动演练　防抢夺、抢劫模拟演练

一旦路遇抢夺、抢劫事件，第一时间采取自救和应对措施至关重要。为进一步加强中职学生公共安全教育，增强学生的安全防范意识和避险技能，提高面临突发安全事件的自救自护能力，保障学生生命财产安全和身心健康，请结合学校、班级与自身实际，开展以下防抢夺、抢劫技能演练活动。

活动目标

1. 通过观看相关视频，聆听专业人士防抢夺、抢劫的方法与技能的讲座和演练，进一步增强安全防范意识。

2. 学习掌握切实可行的防抢夺、防抢劫技能与方法。

3. 分角色现场模拟各类财产侵犯及其防御场景，提高自身应对抢夺、抢劫等人身及财产安全的方法与技能。

活动地点

大报告厅、学校操场。

活动过程

第一阶段：聆听专业人士财产安全报告（大报告厅）

1. 听一听、看一看

（1）聆听专业人士讲解，了解各类盗窃、诈骗、抢劫、抢夺案例的特点。

（2）通过观看相关视频资料，学习专业人士应对抢夺、抢劫等人身与财产安全的防侵技能与方法。

2. 说一说、练一练

（1）与相邻同学交流听后感和观后感，学习讨论各种防盗、防诈骗、防抢夺、防抢劫的技能与方法。

（2）选择适合自己或自己力所能及的防御技能，与同学进行技能学习和巩固练习。

第二阶段：防抢夺、抢劫技能演练（学校操场）

3. 学一学、演一演

内容：邀请武警专业队员或跆拳道教练，传授几种常用的擒拿术或跆拳道招式；分小组进行实地防盗、防诈骗、防抢劫、防抢夺技能学习演练。

（1）现场学习几种防抢夺、抢劫的技巧与基本的防身技能。然后分组进行基本的防抢夺、抢劫技能技巧练习，请专业导师给予现场指导训练。

（2）以小组为单位，模拟几种抢夺、抢劫案例现场，分角色进行预防技能与技巧演练，通过实践锻炼进一步提升保护自身和财产安全的技能与技巧。

4. 评一评、选一选

（1）通过观看各小组的现场模拟表演，各小组进行防御能力及实用性等互评，总结各小组现场模拟防范时采用的技能和方法各有什么优缺点。评价内容见下表。

（2）根据自身情况，选择自己力所能及、切实可行的防御方法与技能，与同学进行现场模拟演练，总结防范经验，提高防御技能。

评价内容	优缺点	自评	互评	师评
场景模拟是否逼真				
应对方法是否实用				
防御技能是否有效				
适合自己的方法技能				

模块八 实习实训安全

学习导读

中职学生在专业教学实践中，要面临管理模式、特种设备、机械设备、用电安全、危险品、化学品、起重设备等各项专业实训活动，我们要落实安全措施，遵守操作规范，避免事故的发生。

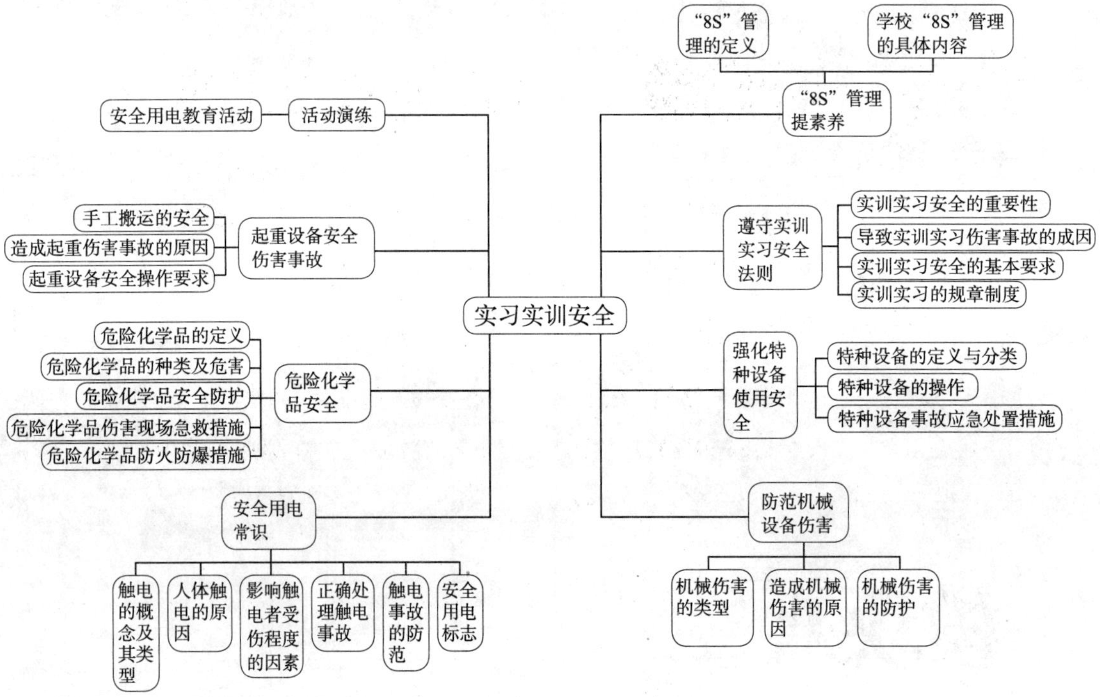

学习目标

认知目标	情感态度观念	运用目标
了解实习实训的基本知识	形成遵守职业安全规范的观念	掌握实习实训的基本安全操作规范
了解实习实训中常见的安全事故的成因		
掌握实习实训中安全事故的预防和应对措施	提高安全意识	

学习任务一　"8S"管理提素养

"8S"管理模式是进行现场管理的基础，许多企业、学校都在采用这种管理模式，在教学和实训实习管理中实施"8S"管理，可以提高我们的职业安全素养。

一、"8S"管理的定义

"8S"就是整理（SEIRI）、整顿（SEITON）、清扫（SEISO）、清洁（SEIKETSU）、素养（SHITSUKE）、安全（SAFETY）、节约（SAVE）、学习（STUDY）八个项目，因其首字母均以"S"开头，简称为"8S"，其具体含义见表8-1。

表8-1　"8S"管理的含义

序号	内容	含义
1S	整理	区分要用和不用的，不用的去除掉
2S	整顿	要用的东西依规定定位、定量摆放整齐，明确标示
3S	清扫	清除工作场所内的脏污，防止污染发生
4S	清洁	将上面"3S"实施的做法制度化、规范化，并维持成果
5S	素养	人人依规定行事，从心态上养成好习惯
6S	安全	管理上制定正确的作业流程，配置适当的工作人员进行监督
7S	节约	节约为荣，浪费为耻
8S	学习	学习长处，提升素质

想一想

做好"8S"实习现场管理工作，第一步应该对我们的实验室做哪些改进？

二、学校“8S”管理的具体内容

1. 整理

（1）整理教室　废弃的物品及时清除，规定卫生工具、饮水机、垃圾桶等放置位置，地面无垃圾，值日生每日必须清理垃圾。

（2）整理讲台　灰尘和粉笔头及时清理，规定粉笔盒、座位表、班级日志等的放置位置。

（3）整理课桌　及时清理桌面，无乱涂乱画，无学习用品之外的杂乱物品，学习用品放置要统一整齐。

2. 整顿

（1）桌子、椅子排放整齐，桌面上的物品要统一摆放整齐。

（2）班级墙面做好有意义的标识，有国旗、宣传板报、德育量化表、卫生角、课程表、值日生表、布告栏、名人名言或班级特色宣传等，标识要求美观、鲜明、醒目。

（3）推行学生形象标准。要求学生按规定穿校服、戴胸卡，仪容仪表符合要求。

3. 清扫

（1）教室、包干区地面彻底清洁。

（2）玻璃窗、窗台、门、墙面彻底擦干净。

（3）例行每日三小扫，一周一大扫。

4. 清洁

（1）落实前面“3S”的工作。

（2）制定清扫标准，建立考评制度和奖惩制度。

5. 素养

（1）持续推行以上“4S”，直到成为学生共有的习惯。

（2）帮助学生达到最低限度的修养要求，使其成为讲文明、懂礼貌、行规范的文明学生。

（3）提升学生的纪律观念和责任感，激发热情，铸造团队精神。

6. 安全

（1）利用早读课、班会课时间开展安全教育，加强学生的安全意识。

（2）发动学生检查校园内的不安全因素并及时上报消除。

（3）保障学生的人身安全和财产安全。

7. 节约

（1）利用早读课、班会课时间开展节约教育，加强学生的节约意识。

（2）发出倡议，在校园内开展“节约为荣，浪费为耻”的宣传活动。

（3）养成良好的节约习惯，杜绝教室、宿舍水电浪费。

8. 学习

（1）抓好课本知识的学习，巩固专业技能的学习。

（2）抓好生活、生存技能的学习。

通过班级日常规范“8S”管理活动，可以提高各项工作开展的效率和安全意识，减少安全隐患，使学生养成节约的习惯。在实训室也要实行“8S”管理，养成整理、整顿、清扫、清洁、素养、安全、节约、学习的习惯。

思考与活动

1. “8S”管理的内容和要求是什么？

2. 组织实训实习学生，对本班教室、实习场地按照“8S”管理的要求提出存在的问题及改进建议，充分讨论发言。

3. 组织实训实习学生，对某个良好实施“8S”管理的学校或工厂进行现场参观。

学习任务二　遵守实训实习安全法规

制定和执行实训实习安全法规，可以加强学生实习实训安全管理，维护正常的教学和生活秩序，保障有关人员人身和财产安全。

案例警示

在实训期间，有一次，车工一班学生小飞在机床低速运转停车后，用卡盘扳手卸货时，不慎碰到操纵杆，致使机床旋转将其缠住甩到车床对面地上。幸运的是，小飞除擦破一点皮外，没有造成重大事故。

此次事故主要是操作者没有及时关闭机床电源，因误碰操纵杆造成的。

实训实习是理论与实践相结合，是学生获得基本技能操作训练、获得生产技术和管理知识、培养独立工作能力和实践能力的重要教学环节，也是学生了解社会、了解国情、了解企业的重要途径。近年来，各地职业学校的学生在参加实训实习过程中，大大小小的安全事故时有发生，一些同学受伤，甚至失去了宝贵的生命。为此，我们必须重视实习实训安全，掌握基本的安全生产知识和技能，学会保护自己和他人的人身安全，顺利完成实训实习任务。为了加强实习工作，需制定实训、实习规章制度，并且严格执行。

一、实训实习安全的重要性

案例警示

某技校钳工班学生小生在下厂就业实习期间，一次在第三炼钢厂机械工段金工车间操作C650车床加工工件时，因戴手套清除铁屑，被车床卷入工件与导轨之间，旋转三周，导致左臂与右腿高位截肢，造成重大人身伤害事故。

此次事故是操作者戴手套操作，严重违反操作规程造成的。

1. 保障实训实习的正常进行

实训实习的效果很大程度上取决于每个学生的实习态度，把安全教育的时间前置，从我们在校学习时就开始，提前介入安全教育，有针对性地开展安全生产法律、法规的教育活动，认识和了解企业的安全生产要求和措施，做到春风细雨，潜移默化，使我们逐渐形成安全生产意识，增强安全生产自觉性，保障实训实习的正常进行。

案例警示

某学校学生丁某，在某电子有限公司顶岗实习，与师傅一起安装模具，当他扶正模具，师傅起吊模具上模进行对接时，吊着上模的吊钩突然从吊环上脱落，将丁某左手压伤，导致其左手食指和中指从第二关节处骨折。

2. 保护自己和他人的生命安全

实训实习安全在我们职业生涯中具有重要意义，是事业成功的基础。只有不断提高在实训实习中的安全生产意识和安全素质，才能坚持“人最宝贵，安全第一”的原则，做到不伤害自己、不伤害别人、不被别人伤害。

想一想

你在实习过程中能否做到安全认真操作？

二、导致实训实习伤害事故的成因

案例警示

某校一名实习生参加毕业实习，在粉末加工面过程中，由于操作不熟练，心理紧张，反应不灵敏，伸出去的右手没及时抽回，导致右前臂被机器缠绞轧伤。

某职校一学生在实习时，因操作对象是台旧车床，且车床皮带轮防护罩缺失，在生产过程中不慎袖子被绞，经医院抢救后右手被截肢。

某校实习生许某，在实习现场，面对从未见过的1 000吨压砖机，在指导师傅不在场的情况下，开始安装工作，不料推料架突然倒塌，将躲闪不及的许某压个正着。

从以上三个典型案例可以看出，本人操作不当、学校安全防范措施不到位及单位安全管理松懈是导致悲剧发生的原因，具体来看有以下原因（表8-2）：

表8-2　实训实习伤害事故成因

序号	事故成因	具体表现
1	安全意识淡薄	对于学校与企业的安全教育，缺乏足够的重视，看到老师和带班师傅的工作觉得比较简单，认为自己已完全掌握，高估了自己的能力，对于实习伤害事故的危害性认识不够深刻
2	心理准备不充分	对企业环境、实习工作过程和生产环境的认识理想化。进入实习现场对可能遇到的种种困难、问题与突发事件，缺乏应有的心理准备。因此，一旦遇到突发事件，变得手足无措，从而因操作失误导致事故发生
3	安全操作技能水平低	学生职业技能水平及对操作规程的了解，直接影响系统的安全运行与操作的可靠性。尤其是当面对突发事件时，职业技能水平决定了对事故的判断与操作行为的决策，并决定了事故控制处理的成败及事故后果的严重性，提高技能操作水平至关重要
4	安全教育学习流于形式	学生接受学校的安全教育只停留在课堂，机械记忆安全规章制度、安全防范注意事项等，没有站在实训和企业的真实生产环境下理解安全问题。同时，企业的带班师傅对学生的实际情况及个人特点缺乏了解，很少结合真实的工作环境，逐点讲解可能出现的安全隐患
5	实训实习缺乏安全管理制度	大部分学校和大中型企业都建立了安全管理机构，有明确的实习管理制度，保障实习期间的管理与指导。有少数学校和小型企业，自身安全管理机构不完备，管理松懈，职能及安全生产制度没有得到有效发挥，实训实习指导师傅安全意识不强，这也对实习生的安全造成影响

三、实训实习安全的基本要求

案例警示

2016年3月20日晚，车工七班学生小涛在低速加工梯形螺纹时，用手触摸低速旋转的工件，检验加工效果。由于工件表面有毛刺，小涛袖口没有扎紧，被工件卷住手臂，造成脱臼。幸亏在他身后操作的同学发现及时，采取紧急停车措施，否则后果不堪设想。

发生此次事故的主要原因是操作者违反操作规程，用手接触旋转的工件，并且袖口没有扎紧，属于违章操作。

如果严格按照实训实习基本要求（表8-3）去做，此类事故完全可以避免。

表8-3　实训实习基本要求

序号	基本要求
1	实训实习前必须进行安全教育，提高安全意识，掌握安全生产技能，深入掌握安全规章制度，遵守安全规章制度，明确安全操作规程，并熟记于心，按操作规范进行操作
2	实训实习期间，树立安全第一的思想，服从老师、师傅的指挥，严格遵守劳动纪律，严格执行安全规定
3	进入实训室和实习场地，必须按要求穿戴好劳动保护用品，及时觉察、报告安全隐患，严禁抽烟、聊天、打闹和乱走乱动
4	坚守岗位，严格按操作规程进行，把工具放在指定位置，按照操作程序进行操作，不投机取巧，经批准后再动电源开关。不动其他设备和工具
5	离开岗位时必须严格执行交接班制度，按要求拉闸断电、关闭开关，清点材料和工具，清扫场地，关严门窗

四、实训实习的规章制度（表8-4）

表8-4　实训实习规章制度

序号	规章制度
1	自觉遵守法规和社会公德。注重个人品德修养，关心集体，团结友爱，乐于助人，树立学生的良好形象，维护学校荣誉
2	严格要求自己，自觉遵守实训、实习单位的安全、保密、操作等规章制度和劳动纪律

（续表）

序号	规章制度
3	勤奋学习，刻苦钻研，不怕苦，不怕累，积极完成实训、实习任务。认真记好实训、实习日记，独立完成实训、实习报告或总结，争取优异成绩
4	服从安排，听从指挥，虚心向技术人员和工人师傅学习，参加公益活动。搞好校企关系
5	遵守考勤制度，不迟到、不早退，不擅离实训、实习岗位。因故不能参加实训、实习者，按规定办理请假手续
6	爱护公物，保护公共设施。未经许可，不得擅自动用实训实习单位的一切仪器设备和器具。损坏公物要赔偿

思考与活动

1. 学生三人一组，进行实训实操，两人配合操作，一名做观察员，对其实训实操行为的整个活动进行点评。

2. 组织实训实习学生对实训实习操作规范和规章制度进行有奖问答。

学习任务三 强化特种设备使用安全

特种设备安装检验和使用在安全方面有特殊要求，我们需要了解特种设备安全常识，掌握事故应急处置措施。

一、特种设备的定义与分类

特种设备主要是指涉及生命安全、危险性较大的锅炉、压力容器（含气瓶）、压力管道、电梯、起重机械、客运索道、大型游乐设施、场（厂）内专用机动车辆以及法律、行政法规规定适用《中华人民共和国特种设备安全法》的其他特种设备，国际上称之为“具有潜在危险的设备”“危险性设备”“特定危险设备”。

（一）锅炉

锅炉是指利用各种燃料、电或者其他能源，把所盛装的液体加热到一定的参数，并对外输出热能的设备，其范围规定为容积大于或者等于30升的承压蒸汽锅炉，出口水压大于或者等于0.1压强（表压），且额定功率大于或者等于0.1兆瓦的承压热水锅炉、有机热载体锅炉。

（二）压力容器

压力容器是指盛装气体或者液体，承载一定压力的密闭设备，其范围规定为最高工作压力大于或者等于0.1兆帕（表压），且压力与容积的乘积大于或者等于2.5兆帕·升的气体、液化气体和最高工作温度高于或者等于标准沸点的液体的固定式容器和移动式容器；盛装公称工作压力大于或者等于0.2兆帕（表压），且压力与容积的乘积大于或者等于1.0兆帕·升的气体、液化气体和标准沸点等于或者低于60℃液体的气瓶、氧舱等。

（三）压力管道

压力管道是指利用一定的压力，用于输送气体或者液体的管状设备，其范围规定为最高工作压力大于或者等于0.1兆帕（表压）的气体、液化气体、蒸汽介质或者可燃、易爆、有毒、有腐蚀性、最高工作温度高于或者等于标准沸点的液体介质，且公称直径大于25毫米的管道。

（四）电梯

电梯是指动力驱动，利用沿刚性导轨运行的箱体或者沿固定线路运行的梯级（踏步），进行升降或者平行运送人、货物的机电设备，包括载人（货）电梯、自动扶梯、自动人行道等。

（五）起重机械

起重机械是指用于垂直升降或者垂直升降并水平移动重物的机电设备，其范围规定为额定起重量大于或者等于0.5吨的升降机；额定起重量大于或者等于1吨，且提升高度大于或者等于2米的起重机和承重形式固定的电动葫芦等。

想一想

实习实训中常见的压力容器有哪些？

（六）客运索道

指动力驱动，利用柔性绳索牵引箱体等运载工具运送人员的机电设备，包括客运架空索道、客运缆车、客运拖牵索道等。

（七）大型游乐设施

指用于经营目的，承载乘客游乐的设施，其范围规定为设计最大运行线速度大于或者等于2米/秒，或者运行高度距地面高于或者等于2米的载人大型游乐设施。

（八）场（厂）内专用机动车辆

指除道路交通、农用车辆以外仅在工厂厂区、旅游景区、游乐场所等特定区域使用的专用机动车辆。

二、特种设备的操作

（一）特种设备安装、使用

特种设备安装包括新安装和旧移装，要由获证的单位（生产单位或专业安装单位）办理书面告知手续，经过质量技术监督部门签字同意安装后，才可以安装。安装后的特种设备须经过特种设备监督检验部门检验合格，并到质量技术监督局办理“特种设备使用证”后，方可使用。

（二）特种设备定期检验

1. 锅炉

在用锅炉一般每年进行一次外部检验，每两年进行一次内部检验，每六年进行一次水压试验；锅炉停止运行一年以上需要恢复运行前，受压元件经重大修理或改造后重新运行一年后，应进行内部检验；新装锅炉首次检验应为内部检验；对于不能进行内部检验的锅炉，应每三年进行一次水压试验；固定式小型锅炉每两年进行一次水压试验，在水压试验前，应当进行必要的内外部检查；安全阀每年至少校验一次；压力表须每半年定期检验一次。

想一想

你家中还使用石油液化气罐吗？是否按时打压？

2. 压力容器

压力容器外部检查，每年至少一次；内外部检验，安全状况等级为1、2级的，每六年至少一次；安全状况等级为3级的，每三年至少一次。对固定式压力容器每两次内外部检验期间，至少进行一次耐压试验；对移动式压力容器，每六年至少进行一次耐压试验。投用后首次内外部检验周期一般为三年；安全阀每年至少校验一次；测温仪表、液面计按计量部门的规定进行校验；在苛刻条件下使用的爆破片装置应每年更换，一般爆破片装置应在2～3年内更换。

3. 压力管道

在运行条件下进行在役检验，每年一次（可由使用单位取得检验资格的人员或由有压力管道检验资格的单位进行）；在停产条件下进行全面检验，安全状况等级为1级的，其检验周期一般不超过六年（液化石油气充装站管道与储罐定期检验同时进行）；安全状况等级为3级的，其检验周期一般不超过三年；经全面检验的管道一般应进行压力试验；经重大改造、使用条件变更、停用两年以上需重新投用的管道应进行压力试验；安全阀一般每年校验一次；爆破片按有关规定定期更换。

4. 电梯

定期检验每年一次。另外，重大改装和发生设备事故后要检验。重大改装和事故后的检验按改装的内容和事故情况决定检验内容和要求。但主参数改变和控制系统改变时，应对电梯进行全面检验。

5. 起重机械

定期检验周期最长不超过两年，不同类别的起重机械检验周期按照相应安全技术规范执行。塔式起重机、升降机、流动式起重机每年一次，其中轮胎式集装箱门式起重机每两年一次；轻小型起重设备、桥式起重机、门式起重机、门座起重机、缆索起重机、桅杆起重机、铁路起重机、旋臂起重机、机械式停车设备每两年一次，其中吊运熔融金属和炽热金属的起重机每年一次。客运索道、游乐设施、场（厂）内专用机动车辆的定期检验周期均为一年。

三、特种设备事故应急处置措施

特种设备发生事故时，现场人员应及时向单位安全部门汇报，对特种设备进行紧急抢修。如本单位技术人员不能处理事故时，要通知维护保养、专业抢修单位，立即派专业技术人员赶赴现场进行抢修。

事故发生后，组织抢救队伍及时切断设备的用电，及时疏散和妥善抢救事故区域内的人员。

发生人身伤害事故后，医疗小组对伤员及时进行抢救。抢救时，要遵循表8-5所列原则。

表8-5　特种设备事故应急处置原则

序号	应遵循的原则
1	视现场人员被伤害的程度，一边通知急救医院，一边对受伤人员进行现场救护
2	抢险过程中应正确使用防护用品
3	不明伤者伤害部位和伤害程度的，不要盲目进行抢救，以免引起更严重的伤害
4	一般性外伤时，视伤情送往医院，防止破伤风

知识窗

《中华人民共和国特种设备安全法》解读

2013年6月29日，十二届全国人大常委会第三次会议表决通过了《中华人民共和国特种设备安全法》（以下简称特设法），自2014年1月1日起施行。

特设法共七章一百〇一条，对特种设备的生产、经营、使用、检验检测、安全监督管理、事故应急救援与调查处理、法律责任等分别做了详细规定。与现行的《特种设备安全监察条例》（以下简称条例）比较，特设法具备以下六个显著特点：迎合体制改革及政府职能转变的大势；满足当前监管工作复杂多变现状的需要；特种设备监管部门职责定位理性的回归；特种设备事故应急处置调查能力的强化；打击各类特种设备违法犯罪活动的利器；条文结构优化简洁，向科学化、法制化迈进。

思考与活动

1. 组织实训实习学生，对实训现场或生活中的特种设备可能存在的危害及应该采取的安全措施进行充分讨论。

2. 组织实训实习学生对典型特种设备事故案例进行剖析和学习。

学习任务四　防范机械设备伤害

机械设备种类繁多，在运行中有一些部件本身可进行不同形式的机械运动，想要顺利安全地完成机械作业，防止发生威胁生命的机械伤害事故，需要作业人员有高度的专注力，遵守各种机械作业的规章要求，加强管理，切实做好安全教育工作，提高安全意识，注意改善劳动条件，提高生产过程中的机械化和自动化水平。

一、机械伤害的类型

机械伤害主要是指机械设备运动（静止）部件、工具、加工件直接与人体接触引起的夹击、碰撞、剪切、卷入、绞、碾、割、刺等形式的伤害。各类转动机械的外露传动部分（如齿轮、轴、履带等）和往复运动部分都有可能对人体造成机械伤害。

机械设备危险主要来自设备的运动部分，比如传动装置和刀具、运动的工件和切屑，如果设备有缺陷、防护装置失效或操作不当，则随时可能造成人身伤亡事故。

1. 传动装置的机械伤害

机械传动分为齿轮传动、链传动和带传动。传动设备在动力驱动下旋转，其可能造成的机械伤害常见的有以下几种：

（1）由于部件不符合要求，如机械设计不合理，传动部分和突出的转动部分外露、无防护等，或操作者自身安全防护意识差，不小心及违章操作把手或衣服绞入其中造成伤害。

案例警示

某化工厂一名维修工清扫3号煤棒机卫生，在取掉联轴器上的防护罩时，因工作服没扣，衣角被联轴器螺栓钩挂住，将衣服连人一起绞进联轴器与基础之间，经抢救无效死亡。

（2）链传动与皮带传动中，带轮容易把工具或人的肢体卷入。

（3）当链和带断裂时，容易发生接头抓带人体、皮带飞起伤人。

（4）传动过程中的摩擦和带速高等原因，也容易使传动带产生静电火花，引起火灾和爆炸。

（5）许多旋转机械，如橡胶压延机、混炼机等，当操作人员操作失误时，就会将手等卷入转动滚筒，造成挤压伤害事故。

案例警示

某煤机厂职工小崔正在摇臂钻床上进行钻孔作业。测量零件时，小崔没有关停钻床，只是把摇臂推到一边，就用戴手套的手去搬动工件，这时，飞速旋转的钻头猛地绞住了小崔的手套，强大的力量拽着小崔的手臂往钻头上缠绕。小崔一边喊叫，一边拼命挣扎，等其他工友听到喊声关停钻床时，小崔的手套、工作服已被撕烂，右手小拇指也被绞断。

（6）做旋转运动的部件，在运动中产生离心力，旋转速度愈快，产生的离心力愈大。如果部件有裂纹等缺陷，不能承受巨大的离心力，便会破裂并高速飞出。操作工一旦被高速飞出的碎块击中，伤害是严重的。

2. 压力机械伤害

压力机械都具有一定的施压部位，其施压部位是最危险的。由于这类设备多为手工操作，操作人员容易产生疲劳和厌烦情绪，发生人为失误，如进料不准造成原料压飞、模具移位、手进入危险区等，极易发生人身伤害事故。

3. 直线运动机件的机械伤害

往复泵、往复压缩机，冲床、冲压机等机械设备都存在挤压、撞压、剪切的危险。

二、造成机械伤害的原因

机械伤害的主要原因有三个：一是人为的不安全因素；二是机械设备本身的缺陷；三是操作环境不良。

1. 人为的不安全因素

操作人员操作机器，必须熟悉机器，才能驾驭机器，机器才能为我们服务。人的不安全行为是指不熟悉机器的操作规程，或违反操作规程而导致机械伤害事故的发生。人的不安全行为，有管理上的问题，也有操作者本身的问题，大致可归纳为以下几个方面：

（1）操作失误　操作失误可能表现为两个方面，一是不熟悉机器的操作规程或操作不熟练，二是精神不集中或疲劳。

（2）违反操作规程　对安全操作规程不以为然，或因长时间操作没有发生过事故，为了图省事，不按安全操作规程要求办事，结果酿成伤亡事故。

（3）违反劳动纪律　操作人员想抢时间、想早完成任务早下班，明知违反操作规程，却心存侥幸，违章操作，因一念之差铸成大错。

（4）穿着不规范　不按规定穿戴工作服和帽，或衣扣不整，或鞋带没系，结果因衣角、袖口、头发或鞋带被机器绞住而发生事故。

（5）违章指挥　领导违章指挥也是导致机械伤害事故发生的原因之一。主要表现在自己不熟悉安全操作规程却命令别人违反操作规程操作，或同意让未经安全教育和技术培训的工人顶岗，这样就容易发生事故。

（6）安全操作规程不健全　操作人员在操作时无章可循或规程不健全，以致安全工作不能落实。

（7）误入危险区　危险区是指机械设备可能对人产生伤害的区域，如压缩机的主轴联结部位、皮带输送机走廊等，都属于危险区域。

想一想

实训实习中造成机械伤害的人为因素有哪些？我们自身需要做到什么？

2. 机械设备本身的缺陷

机械设备是运动的物体，如质量不好、管理不严，就可能出现不安全因素。

（1）机械设计不合理，或强度计算误差，或机械设备的选材不当，或没有安全防护设施、保险装置及信号装置，或安装上存在问题等，以致机械设备本身存在缺陷。

（2）机械设备的检修、维修保养不及时或检修质量差，而存在不安全因素。

3. 操作环境不良

操作人员如在照明不好、通风不良、排尘排毒欠佳的环境下工作，就可能出现误操作的行为。

三、机械伤害的防护

防止机械伤害事故的发生，必须从安全管理工作入手，防止出现人的不安全行为和消除机械的不安全状态。同时还应在工程技术方面解决机械设备的安全防护和安全保险等问题。

1. 严格安全管理

健全机械设备的安全管理制度，防止人的不安全行为。各种不同类型的机械设备，按其特点制定安全操作规程，其内容如下：

（1）机械设备的工作原理、结构和各项技术性能指标。

（2）主要零部件的规格、材料及使用条件。

（3）安全操作方法和开停车时应注意的安全事项。

（4）各类事故的处理方法。

（5）该机械设备的重要防护部位和危险区域范围。

（6）做好保养和定期维修。

健全各项机械设备的安全操作规程并严格执行，这样才能保障安全生产，减少和消灭机械伤害事故的发生。

2. 防止人的不安全行为

（1）应该安装防护设施的地方必须安装，否则不准运行；需要修理的防护设施一定要及时修理，修理完毕后，一定要重新装好。

（2）防护设施的管理，一定要由安全部门专人负责，不允许擅自拆卸机械设备的防护设施。

（3）转动部件未停稳不要在该机械设备上进行任何操作，因为机器在运转时有较大的离心力，这时无论是进行生产中的操作，还是清理保养等，都是很危险的。

（4）不要擅自进入有危险的工作岗位和危险区域，必须按标准设立安全护栏和安全色标。如在皮带运输机、机床以及大型压缩机附近，应设安全护栏和安全标志；要求所有人员都要在安全区域内行走，不要为了方便随意走动。

（5）机器电气安全联锁装置如有失灵现象，必须及时停车检修；机器设备不得超负荷运转；转动部件上不要放置物件，以免开车时物件飞出，发生打击事故。

（6）劳保用品是保护职工安全和健康的必需品，必须正确穿戴衣、帽、鞋、防毒面具、手套等防护品。防护用品要根据实际工况条件选择。如机床岗位的工人不准戴手套操作，但要戴防护眼镜；接触酸、碱的岗位要穿防护衣，同时要佩戴防护眼镜，有的还需要佩戴防护套；有长发的女工，必须戴工作帽操作。

作为操作设备的人员，要按以下要求操作：

（1）按要求着装。敞开的衣服必须扣好、袖口扎紧、长发要塞在帽子内，切记在有转动部分的机器设备上工作时，绝不能戴手套。

（2）机器运转时，禁止用手调整或测量工件，应停机测量，并把刀架移到安全位置。

（3）工件和刀具装卡要牢固，禁止用手触摸机器的旋转部件。

（4）保证作业必要的安全空间，机器开始运转时，严格执行规定的信号。

（5）清理辊轴、切刀等危险部位杂物的作业，应使用夹具（如搭钩、铁刷等），切勿用手。

（6）禁止把工具、量具、卡具和工件放在机器或变速箱上，防止落下伤人。

（7）停机进行清扫、加油、检查和维修保养等作业时，须锁定该机器的启动装置，并挂警示标志；感到有危险时，立即按下紧急停车键。

3. 切实做好机械设备的安全技术防护工作

机械设备本身安全技术要求如下：

（1）机械设备应尽可能装设安全联锁装置。如在可能经常出现机械伤害操作的岗位上，增设保护措施或多方位自动或手动紧急刹车装置。刹车绳用螺柱连接一个曲臂压板，在压板上增加一个调节弹簧，刹车绳入口处为喇叭状，将曲臂压板、弹簧、螺栓、限位开关等部件装入盒内固定。刹车时只要向任意方向拉动刹车绳，牵动两边的曲臂压板，带动电气限位开关，便能迅速刹车。

（2）机械设备的受力零部件必须经过严格检验，合格的才能使用。同时应在规定的使用寿命期内进行更换。

（3）超龄服役的机械设备必须经过科学鉴定才能使用，或降级使用。

（4）做好机械设备的安全防护。所有的机械传动部分都具有危险性，特别在机器外露部分和突出部位，如无防护装置，极易使操作人员受到伤害。尤其在清理机械、装配机器、检修机器和注油过程中，或在机器突然开动和突然停止时，因无防护装置而使操作人员被碰伤，或被机器传动部分卷入的情况屡屡发生。因此，对于机器传动部分必须有可靠的防护装置。常用的机械设备的结构有很大差异，具体的安全防护措施也不同，但一般来说，可遵循下面一些防护措施：

①凡操作人员有可能碰触、卷入的可动零部件，如齿轮传动、齿条齿轮传动、皮带传动以及链条链轮传动等部位，都必须安装保护栅栏或防护罩。栅栏和防护罩设置的位置、栅栏的间隔、金属网眼的宽度和开口部位的大小，必须根据操作工的手和身体的活动范围来定。为防止动机械的运行超过极限位置，应装配可靠的限位保险装置。

②对高速旋转的离心机、砂轮和大型风扇，必须采取防护措施，确保操作人员或附近装置不受损伤。

另外，还要严格执行对安全防护装置、栅栏和防护罩的要求，使操作者触及不到运转中的零部件。当操作者接近运动中的零部件时，机械设备应能立即自动停车。安全防护装置应便于检查、调节和维修，安装牢固、维修完毕及时复原。

4. 严格执行机械设备的安全环境要求

（1）机械设备的操作岗位应设防滑、防坠落的安全平台和栏杆。

（2）机械设备的操作岗位在2米以上时，应配置安全可靠的操作平台、梯子和栏杆。

（3）机械设备的操作岗位必须有良好的照明和通风。

（4）噪声大的机械设备应设隔音设施，或给职工提供耳塞等防护用品。

思考与活动

1. 组织学生对实训实习现场的机械设备可能存在的伤害事故原因及安全预防措施进行点评。

2. 组织实训实习学生对典型机械伤害事故案例剖析视频进行学习。

学习任务五　安全用电常识

电气设施是实训实习中最普遍的设备，各行各业都需要电，由于不当操作造成的用电安全事故已是危害中职学生人身安全的重要因素。

案例警示

2014年5月17日，某电厂电工李某带领班组成员王某检修380伏直流电焊机。电焊机修好后进行通电试验，情况良好，并将电焊机开关断开。李某安排王某拆除电焊机二次线，自己拆除电焊机一次线。李某蹲着拆除电焊机电源线接头，拆除一相后，在拆除第二相的过程中意外触电，经抢救无效死亡。

李某参加工作10余年，一直从事电气作业并获得高级维修电工资格证书，但在本次作业中，李某安全意识淡薄，工作前未进行安全风险分析，在拆除电焊机电源线中间接头时，未检查确认电焊机电源是否断开，在电源线带电又无绝缘防护的情况下作业，导致触电。李某违章作业是此次事故的直接原因。王某作为检修成员，在工作中未有效进行安全监督、提醒，未及时制止李某的违章行为，也是造成此次事故发生的原因之一。

一、触电的概念及其类型

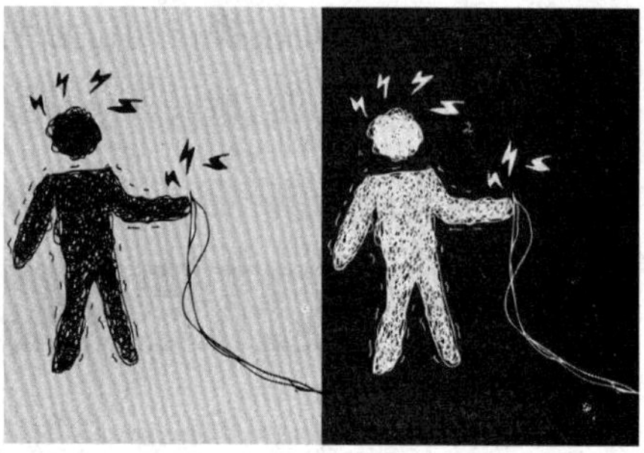

触电一般是指人体触及带电物体时，电流对人体所造成的伤害。电流对人体有两种类型的伤害，即电击和电伤。

1. 电击

电击是指电流通过人体内部，破坏人的心脏、肺部以及神经系统的正常工作而危及人的生命。在低压系统中，在通电电流较小、通电时间不长的情况下，电流引起人的心室颤动是电击致死的主要原因；在通电时间较长，通电电流更小的情况下，窒息也成为电击致死的原因。绝大部分触电死亡事故都是电击造成的。通常说的触电事故基本上是指电击而言的。按照人体触及带电体的方式和电流通过人体的途径，触电可分为以下三种情况：

（1）单相触电　是指人体在地面或其他接地导体上，人体某一部位触及一相带电体的触电事故，大部分触电事故都是单相触电事故。单相触电的危险程度与电网运行方式有关，一般情况下，接地电网的单相触电比不接地电网的危险性大。

（2）两相触电　是指人体两处同时触及两相带电体的触电事故，其危险性一般是比较大的。

（3）跨步电压触电　当带电体接地有电流流入地下时，电流在接地点周围土壤中产生电压降。人在接地点周围，两脚之间出现的电压即跨步电压，由此引起的触电事故叫作跨步电压触电。高压故障接地处，或有大电流流过的接地装置附近都可能出现较高的跨步电压。

单相触电

两相触电

跨步电压触电

2. 电伤

电伤是指由电流的热效应、化学效应或机械效应对人体外部造成的局部伤害。电伤多见于机体外部，而且往往在机体上留下伤痕。电伤与电击相比较，危险程度低一些。

电弧烧伤是最常见也是最严重的电伤。在低压系统中，带负荷（特别是感性负荷）拉开裸露的闸刀开关时，电弧可能烧伤人的手部和面部；线路短路，开启式熔断器熔断时，炽热的金属微粒飞溅出来也可能造成灼伤；错误操作引起短路也可能导致电弧烧伤等。

案例警示

2015年某日，某厂671变电站运行值班员接班后，312油开关大修负责人提出申请要结束检修工作，而值班长临时提出要试合一下312油开关上方的3121隔离刀闸，检查该刀闸贴合情况。于是，值班长在没有拆开312油开关与3121隔离刀闸之间的接地保护线的情况下，擅自摘下了3121隔离刀闸操作把柄上的“已接地”警告牌和挂锁，进行合闸操作。突然“轰”的一声巨响，强烈的弧光迎面扑向蹲在312油开关前的大修负责人和实习值班员，2人被弧光严重灼伤。

造成这起事故的原因是临时增加工作内容并擅自操作，违反基本操作规程。

在高压系统中，由于错误操作，会产生强烈的电弧，导致严重的烧伤；人体过分接近带电体，其间距小于放电距离时，直接产生强烈的电弧，若人当时被击中，虽不一定因电击致死，却可能因电弧烧伤而死亡。

电烙印也是电伤的一种。当载流导体长期接触人体时，由于电流的化学效应和机械效应的作用，接触部位皮肤变硬，形成肿块，如同烙印一般，这就叫作电烙印。此外，金属微粒因某种物理化学原因渗入皮肤，可使皮肤变得粗糙而坚硬，导致所谓“皮肤金属化”。电烙印和皮肤金属化都会对人体造成局部的伤害。

想一想

实训实习中造成触电的常见原因有哪些？怎样预防触电事故的发生？

二、人体触电的原因

触电事故是多种多样的，多数是由于人体直接接触带电体，或者是设备发生故障，或者是人体过于靠近带电体（空气被击穿）等引起的。

三、影响触电者受伤程度的因素

1. 流过身体的电流（以毫安计量）

它决定于外加电压以及电流进入和流出身体两点间的人体阻抗。流过身体的电流越大，人体的生理反应越强烈，生命危险性就越大。20～25毫安以上的工频电流都容易产生严重的后果。在电流小于数毫安时，主要引起心室颤动而窒息。数百毫安以上的电流，除了引起昏迷、心脏即刻停止跳动、呼吸停止外，还会留下致命的电伤。

2. 电流流经身体的途径

心脏、肺、中枢神经和脊髓等都是容易被伤害的人体器官，因此，电流流经身体的途径，以胸部至手、手至脚最为危险，臀部或背部至手、手至手也很危险，脚至脚的危险性较小。此外，电流经过大脑也是相当危险的，会使人立即昏迷。

3. 电流通过人体的持续时间（以毫秒计量）

人体通电时间越久，人体电阻值因出汗等而下降，导致电流增大，后果严重。另一方面，人的一个心脏搏动周期（约为750毫秒）中，有一个100毫秒的易损伤期，这段时间与易损伤期重合会造成更大的危险。

四、正确处理触电事故

1. 切断电源

当发现有人触电时，不要惊慌，首先要尽快切断电源。救护人千万不要用手直接去拉触电的人，防止发生救护人触电事故。

2. 脱离电源

应根据现场具体条件，果断采取适当的方法和措施，一般有以下几种方法和措施：

（1）如果开关或按钮距离触电地点很近，应迅速拉开开关，切断电源，并应准备充足的照明，以便进行抢救。

（2）如果开关距离触电地点很远，可用绝缘手钳或用干燥木柄的斧、刀、铁锹等把电线切断。应切断电源侧（即来电侧）的电线，且切断的电线不可触及人体。

（3）当导线搭在触电人身上或压在身下时，可用干燥的木棒、木板、竹竿或其他带有绝缘柄（手握绝缘柄）的工具，迅速将电线挑开。千万不能使用任何金属棒或湿的东西去挑电线，以免救护人触电。

（4）如果触电人的衣服是干燥的，而且不是紧缠在身上时，救护人员可站在干燥的木板上，或用干衣服、干围巾等把自己一只手做严格绝缘包裹，然后用这只手拉触电人的衣服，把他拉离带电体。千万不要用两只手、不要触及触电人的皮肤、不可拉他的脚，且只适用于低压触电，绝不能用于高压触电的抢救。

（5）如果人在较高处触电，必须采取保护措施，防止切断电源后触电人从高处摔下。

3. 伤员脱离电源后的处理

（1）触电人员若神志清醒，应使其就地躺下，严密监视，暂时不要站立或走动。触电者如神志不清，应就地仰面躺下，确保气道通畅，并用5秒的时间间隔呼叫伤员或轻拍其肩部，以判断伤员是否意识丧失，禁止摆动伤员头部呼叫伤员。坚持就地正确抢救，并尽快联系医院进行抢救。

（2）触电人员若意识丧失，应在10秒内用看、听、试的方法判断伤员呼吸和心跳情况。

看：看伤员的胸部、腹部有无起伏动作。

听：耳贴近伤员的口，听有无呼气声音。

试：试测伤员口鼻有无呼气的气流，再用两手指轻试一侧喉结旁凹陷处的颈动脉有无搏动。

若看、听、试的结果既无呼吸又无动脉搏动，可判定呼吸、心跳已停止，应立即用心肺复苏法进行抢救。

五、触电事故的防范

1. 专人负责保养

所有电气设备都应有专人负责保养，这样可以及时发现接地不良、绝缘损坏等隐患，便于电工及时修理，避免设备带病运行。

2. 不用水冲洗

大扫除或搞卫生时，不要用湿布去擦拭或用水冲洗电气设备，以免触电或使设备受潮、腐蚀而形成短路。

3. 不放杂物

不要在电气控制箱内放置杂物，也不要把物品堆置在电气设备旁边。

4. 认真检查

在使用移动电器前，必须认真检查，特别是插头和电线等最容易损坏的部位，更要仔细查看。搬动移动电器，一定要切断电源。切断电源时，绝不可以毛手毛脚，更不能采用“钓鱼式”，将插头远距离拉下，致使插头和电线损坏，留下事故隐患。

5. 谨慎操作

检修后的电气设备在没有验明无电之前，一律不准盲目触及，谨防触电。当发现实习室内电气设备出现故障、缺陷时，必须及时请电工修理，其他人员一律不准私自装拆和修理电气设备，不准随便移动电气标志牌，更不准在情况不明的状况下擅自合闸。

6. 检查预防

检查是预防事故的好方法，员工只要掌握了电气设备的检查方法和内容，就能在生产作业中及时发现问题，及时请电工等专业人员维修。

六、安全用电标志

明确统一的标志是保证用电安全的一项重要措施。统计表明，不少电气事故完全是由于标志不统一而造成的。例如，由于导线的颜色不统一，误将相线接设备的机壳，而导致机壳带电，酿成触电伤亡事故。

标志分为颜色标志和图形标志。颜色标志常用来区分各种不同性质、不同用途的导线，或用来表示某处的安全程度。图形标志一般用来告诫人们不要去接近有危险的场所。为保证安全用电，必须严格按有关标准使用颜色标志和图形标志。我国安全色标采用的标准，基本上与国际标准草案（ISD）相同。一般采用的安全色有以下几种：

红色　用来标识禁止、停止和消防，如信号灯、信号旗、机器上的紧急停机按钮等都是用红色来表示的。

黄色　用来标识注意危险，如“高压危险”“禁止合闸”等。

绿色　用来标识安全无事，如“在此工作”“已接地”等。

蓝色　用来标识强制执行，如“必须接地”等。

黑色　用来标识图像、文字符号和警告标志的几何图形底色。

按照规定，为便于识别，防止误操作，确保运行和检修人员的安全，采用不同颜色来区别设备特征。如电气母线，A相为黄色，B相为绿色，C相为红色，明敷的接地线涂为黑色。在二次系统中，交流电压回路用黄色，交流电流回路用绿色，信号和警告回路用白色。

思考与活动

1. 组织学生对实训实习现场的配电箱可能存在的触电事故原因及安全预防措施进行

点评。

2. 组织实训实习学生对实习场地已经设置的安全用电标志进行查找，并指出应该设置但尚未设置的安全标志所在点。

3. 组织实训实习学生对典型触电事故案例剖析视频进行学习。

学习任务六 危险化学品安全

在我们的生活中，不可避免涉及危险化学品，特别是化工类实习实训，危化品的安全更是重中之重。因此，我们有必要了解危险化学品的定义、种类和危害、安全防护及伤害现场急救措施、防火防爆、从业者的权利和义务等知识。

案例警示

2016年8月17日17时48分左右，某公司氯甲烷一车间在对汽液分离器上部球阀进行带压堵漏作业过程中，阀体断裂，发生泄漏中毒事故，造成1人死亡，1人受伤。初步分析事故发生的原因是带压堵漏过程中，堵漏剂的注入和延伸使汽液分离器上部气相出口阀门的上下法兰间出现张力拉伸，由于堵漏卡具没有起到应有的保护作用，造成阀门发生脆性断裂，含有氯化氢、一氯甲烷、二氯甲烷、三氯甲烷等有毒物质的气体迅速外泄，导致中毒事故发生。

从事故发生的直接原因来看，事故企业存在违反国家标准规范和相关作业规程，违章操作、违反劳动纪律，有毒有害、易燃易爆等危险化学品充装和检修、维修环节以及外来作业人员的安全管理不到位，事故应急处置不当，风险管理不落实、隐患排查治理工作不深入等突出问题。

一、危险化学品的定义

危险化学品是指具有毒害、腐蚀、爆炸、燃烧、助燃等性质，对人体、设施、环境具有危害的剧毒化学品和其他化学品。

剧毒化学品是指具有剧烈急性毒性危害的化学品，包括人工合成的化学品及其混合物和天然毒素，还包括具有急性毒性易造成公共安全危害的化学品。

二、危险化学品的种类及危害

危险化学品根据理化危险特性分为以下几类（表8–6）：

表8–6　危险化学品的分类

序号	名称	特点
1	爆炸物	其本身能够通过化学反应产生气体，而产生气体的温度、压力和速度能对周围环境造成破坏
2	易燃气体	在20℃和101.3千帕标准大气压下与空气混合有一定易燃范围的气体
3	易燃气溶胶	气溶胶是指由固体或液体小质点分散并悬浮在气体介质中形成的胶体分散体系，又称为气体分散体系
4	氧化性气体	通过提供氧气，比空气更能导致或促使其他物质燃烧的任何气体
5	压力下气体	在压力等于或大于200千帕（表压）下装入贮气罐的气体，或是液化气体或冷冻液化气体
6	易燃液体	指闪点不高于93℃的液体
7	易燃固体	容易燃烧或通过摩擦可能引燃或助燃的固体
8	自反应物质或混合物	即使没有氧（空气）也容易发生激烈放热分解的热不稳定液态或固态物质或者混合物
9	自燃液体	即使数量少也能在与空气接触后5分钟之内引燃的液体
10	自燃固体	即使数量少也能在与空气接触后5分钟之内引燃的固体
11	自热物质和混合物	这类物质只有数量很大（千克级）并经过长时间（几小时或几天）才会燃烧
12	遇水放出易燃气体的物质或混合物	通过与水作用，容易具有自燃性或放出危险数量的易燃气体的固态或液态物质或混合物
13	氧化性液体	本身未必燃烧，但通常因放出氧气可能引起或促使其他物质燃烧的液体
14	氧化性固体	本身未必燃烧，但通常因放出氧气可能引起或促使其他物质燃烧的固体
15	有机过氧化物	是热不稳定物质或混合物，容易放热自加速分解
16	金属腐蚀剂	通过化学作用显著损坏或毁坏金属的物质或混合物

三、危险化学品安全防护

控制、预防化学品危害最理想的方法是不使用有毒有害和易燃、易爆的化学品，但这很难做到。通常的做法是选用无毒或低毒的化学品替代有毒有害的化学品，选用可燃化学品替代易燃化学品，见表8-7。

表8-7　危险化学品防护方法

序号	防护方法	备注
1	变更工艺	替代是控制化学品危害的首选方案，但是目前可供选择的替代品很有限，特别是因技术和经济方面的原因，不可避免地要生产、使用有害化学品。这时可通过变更工艺消除或降低化学品危害
2	隔离	就是通过封闭、设置屏障等措施，避免作业人员直接暴露于有害环境中。最常用的隔离方法是将生产或使用的设备完全封闭起来，使工作人员在操作中不接触化学品
3	通风	是控制作业场所中有害气体、蒸气或粉尘最有效的措施。借助于有效的通风，使作业场所空气中有害气体、蒸气或粉尘的浓度低于安全浓度，保证工作人员的身体健康，防止火灾、爆炸事故的发生
4	个体防护	作业场所中有害化学品的浓度超标时，我们就必须使用合适的个体防护用品。个体防护用品既不能降低作业场所中有害化学品的浓度，也不能消除作业场所的有害化学品，而只是一道阻止有害物进入人体的屏障。防护用品本身的失效就意味着保护屏障的消失，因此，个体防护不能被视为控制危害的主要手段，而只能作为一种辅助性措施
5	保持卫生	包括保持作业场所清洁和作业人员的个人卫生两个方面。经常清洗作业场所，对废物、溢出物加以适当处置，保持作业场所清洁，也能有效地预防和控制化学品危害。作业人员应养成良好的卫生习惯，防止有害物附着在皮肤上，防止有害物通过皮肤渗入体内

四、危险化学品伤害现场急救措施

1. 中毒

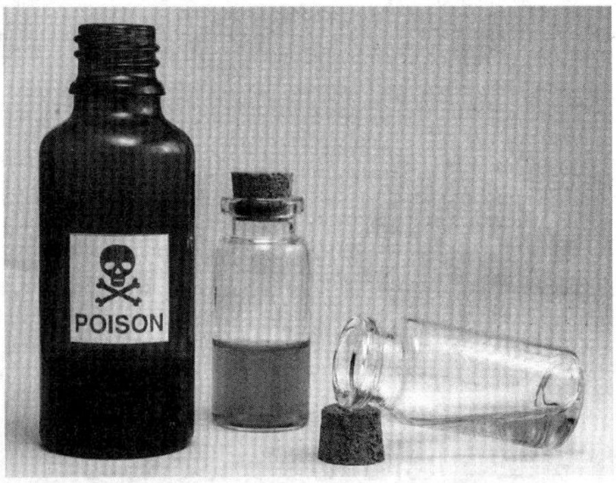

毒物进入人体后，损害人体某些组织和器官的生理功能或组织结构，从而引起一系列症状体征，称为中毒。危险化学品中毒现场急救主要是除毒，减轻毒物对中毒者的进一步伤害。现场急救可采取以下措施：

（1）对有害气体吸入性中毒者，应立即将病人脱离染毒区域，搬至空气新鲜的地方，除去患者口鼻中的异物，解开衣物，同时注意保暖。严重者，进行输氧或者人工呼吸。对于CO和H_2S中毒者，可在纯氧中加入5%的CO_2以刺激呼吸中枢，增强肺的呼吸能力；SO_2和NO_2中毒者，进行人工呼吸时，避免刺激患者的肺部，并观察是否有肺水肿。

（2）对皮肤黏液沾染接触性中毒者，马上离开毒源，卸下中毒者随身装备，脱去受污染的衣物，用清水冲洗体表。碱性物中毒，可用醋酸或1%~2%（质量分数，下同）稀盐酸、酸性果汁冲洗；醛性物中毒，可用石灰水、小苏打水、肥皂水冲洗。

（3）对食物中毒者，用催吐、洗胃、导泻等方法排除毒物，现场可用手指、羽毛、筷子、压舌板触摸患者咽部，使其将毒物呕吐出来。但强酸、强碱中毒者或意识不清醒者忌用。

（4）眼内含有毒物者，迅速用生理盐水或清水冲洗5~10分钟。酸性毒物用2%碳酸氢钠溶液冲洗，碱性中毒用3%硼酸溶液冲洗。无药液时，用微温清水冲洗亦可。

2. 窒息

窒息是由于外伤、溺水、烟熏、火燎、土埋、密室缺氧以及异物吸入等原因，引起声门突然紧闭，气管及肺内空气不能外溢，使肺内压力急剧升高，氧气不能进入人体，造成重要器官及全身缺氧综合征。现场急救可采取以下措施：

（1）脱离不良环境，松开患者身上过紧的衣服，使呼吸道顺畅。

（2）轻拍患者背部或用手指清除患者口、鼻、呼吸道中的分泌物和异物。

（3）人工呼吸或者面罩吸氧。

（4）胸外心脏按压，建立静脉通道。

3. 化学性灼伤

化学性灼伤事故较多，常见的有化学性皮肤灼伤和化学性眼灼伤，其灼伤程度取决于化学物质的种类、浓度、剂量、接触面积和时间，以及处理是否及时有效等因素。

（1）化学性皮肤灼伤　当出现化学性皮肤灼伤时，可以采取以下措施：

①当出现盐酸、硫酸、硝酸造成的小面积灼伤时，可立即用大量流水冲洗，大面积的灼伤用5%碳酸氢钠溶液和清水冲洗，再用氧化镁、甘油糊剂外涂。氢氟酸所致的灼伤用大量清水冲洗或浸泡后，再用饱和氯化钙或25%硫酸镁溶液浸泡，亦可用10%氨水纱布包敷或浸泡，再用清水冲洗。

②当出现碱、浓氨水灼伤时，用2%醋酸溶液、清水依次冲洗至皂样物质消失为止，再用3%硼酸溶液湿敷。

想一想

如果实习中自己或同学被硫酸烧伤，我们该怎么开展急救？

③当出现磷灼伤时，先在水下清除磷粒，再用1%硫酸铜溶液冲洗，之后立即用大量生理盐水或清水冲洗，最后用2%碳酸氢钠溶液湿敷，切忌暴露或用油脂敷料包扎。

④当出现酚灼伤时，可用清水冲洗后用30%~50%乙醇擦洗，再用饱和硫酸钠溶液湿敷。

⑤当出现焦油、沥青灼伤时，用棉花蘸二甲苯清除沾染物质后涂羊毛脂。

⑥当出现生石灰、电石灼伤时，先用软布或软刷将固体颗粒和粉末全部除去，溶解放出热量之前，用有压力的水流迅速冲洗掉剩余物。

（2）化学性眼灼伤　当化学物质接触眼部或溅入眼内时，易造成眼部腐蚀性灼伤，轻者可造成结膜炎，重者可引起角膜浑浊，甚至失明。常见的强酸、强碱、醋酸、氨水、生石灰、碳化钙等都具有腐蚀性和渗透性，都可能造成伤害。现场急救可采用如下措施：

①冲洗。立即拉开上眼睑，使毒物随泪水流出，用大量清水或生理盐水反复彻底冲洗眼部，翻转眼睑，转动眼球，将结膜内的化学物质彻底洗出。洗后立即就诊。

②中和溶液的应用。强酸、有机磷及糜烂性毒物灼伤可用2%碳酸氢钠溶液冲洗，再以生理盐水清洗。碱性灼伤可用3%硼酸、0.5%～1%乙酸、1%乳酸、2%枸杞酸或3%氯化氨溶液冲洗。

③去除残留物。若眼部有固体毒物颗粒附着或有被腐蚀坏死的组织冲洗不能消除时，可用粘有眼膏的棉花取之。磷烧伤，先用0.5%硫酸铜溶液洗眼后，除去黑色的磷化铜颗粒，再行冲洗，就近急诊。

4. 烧伤现场急救措施

烧伤是指热力、电流、化学物质、激光、放射线等作用于人体所造成的损伤。现场急救可以采取以下措施：当人员发生烧伤时，应迅速将患者衣服脱去（顺衣缝剪开），行“创面冷却疗法”；不要任意弄破水泡，用清洁布覆盖创伤面，避免创面污染；患者口渴时，可口服淡盐水或烧伤饮料。

5. 冻伤现场急救措施

冻伤是指人体在严寒条件下暴露时间过长，或突然遭受寒冷袭击，身体散热大于产热，致使肌体局部缺血，或体温下降，引起一系列的生理变化。现场急救可以采取以下措施：脱离低温环境，脱掉湿冷冻结的衣服，将患者安置在温暖的环境，动作要求轻柔缓慢，避免患者软组织损伤和骨折；体外被动复温，面部进行温湿敷，受冻肢体及全身浸泡于38℃~43℃热水中，注意保持水温，严禁火烤、冷水浸泡或猛力拍打受冻部位。

五、危险化学品防火防爆措施

危险化学品火灾、爆炸事故的预防措施主要有：

1. 防止燃烧、爆炸系统的形成

防止燃烧、爆炸系统的形成一般采用替代、密闭惰性气体保护、通风置换、安全监测及连锁等措施。

2. 消除点火源

能引发事故的火源有明火、高温表面、冲击、摩擦、自燃、发热、电气、静电火花、化学反应热、光线照射等。一般采用控制明火和高温表面，防止摩擦和撞击产生火花，火灾爆炸危险场所采用防爆电气设备避免电气火花等措施。

3. 限制火灾、爆炸蔓延扩散

限制火灾、爆炸蔓延扩散的措施包括阻火装置、阻火设施、防爆泄压装置及防火防爆分隔等。

思考与活动

1. 准备各类危险化学品的图片，组织实训实习学生，对抽中的危化品图片，指出其危险特性及现场急救措施。

2. 组织实训实习学生，对典型危险化学品事故案例剖析视频进行学习。

学习任务七 起重设备安全伤害事故

我们在实训实习中有时会遇到手工搬运和使用起重机等情况，要了解起重设备基本的安全操作常识，采取安全措施，避免起重伤害事故发生。

一、手工搬运的安全

把物品进行水平移动，从一个地方搬到另一个地方，是日常生产和生活中常见的活动。人体的脊柱有四个生理弯曲，是用于支撑身体重量的。搬运过程中的重量会对脊柱产生巨大的压力，而脊柱一旦受伤就很难恢复，即使恢复后，也可能会有椎间盘突出、骨质增生等病症，甚至一生都要忍受痛苦。

搬运过程中的关键点就是要保持身体正常的四个生理弯曲，而不产生其他的脊柱弯曲，尽量减少对脊柱的压力。人工搬运中最容易受伤的就是腰椎。因此，锁紧腰椎，保持腰部挺直，是人工搬运技术的重中之重。下面介绍几点人工搬运需要注意的事项：

1. 准备搬运时姿势要正确

准备搬运时，双脚分开约与肩宽，一脚应放置于搬运物件之侧，另一脚放置于物件之后，背脊保持垂直。用手掌握紧物件，不能只用手指抓住物件，以免脱落。

2. 运用伸直双腿的力量起身

将身体的重量集中于双脚，靠近物件，将身体下蹲，用伸直双腿的力量，不要用背脊的力量，缓慢平稳地将物件搬起，不要突然猛举或扭转身躯。

3. 先移动脚，后扭腰

当传递重物时，应移动双脚而不是扭转腰部，当需要同时提起和传递重物时，应先将脚转向欲搬往的方向，然后才搬运。

4. 不要一下子将重物提至腰以上高度

应先将重物放于半腰高的工作台上或适当的地方，纠正好手掌的位置，然后再搬起，以防闪腰。

5. 搬运重物时，重物的高度不超过人的眼睛

当用小车推物时，无论是推或是拉，物体都要在人的前方，以免物件倒下压着人。当搬运较长物件时，应将物件之前部分稍微提高，以免撞伤旁人。

6. 进行搬运作业时，要指定专人负责

其他人员一律听从指挥，严禁说笑打闹。搬送物料人员必须将袖口扣紧，衣服要穿利索，严禁衣服不紧时抬物料，以防衣服被物料挂住伤人。搬运体积较大和比较沉重的机件时，一定要精力集中，切忌粗心大意，以保证设备完好和人身安全。进行搬运时，应先将工作地点的杂物清理干净，装卸中要轻装轻放、不准乱扔猛放，以防设备反弹伤人。需要多人搬运物料时，每人负重小于50千克为宜。

二、造成起重伤害事故的原因

在搬运货物时，常常用到起重机械，它是专门用来起重、搬运或在某个距离内运送物品的专门机械，是企业实现机械化、自动化，提高劳动生产率，减轻劳动强度和改善劳动

条件不可缺少的设备，是生产过程联系的纽带，是生产的重要组成部分。在生产企业中，各种原辅材料以及半成品、成品、机械设备、物品搬移等往往离不开起重设备，如桥式起重机、悬臂吊、龙门吊、电动葫芦等。在这些设备的使用过程中，如果操作不当、违反操作规程，就可能造成起重伤害事故。事故发生的原因不外乎人的原因、物的原因、环境不良和管理上的缺陷等四个方面。

1. 人的原因

（1）技术不熟练　起重机械是特种设备，其操作有严格的安全技术要求，如果对设备性能不清楚，技术不熟，极易发生事故。主要存在以下问题：未经专业培训就上岗操作；非专职人员顶替他人操作；职工经验和分析判断能力差，捆绑物品对物体重心掌握不够，物件重量估计不准，超载起吊；职工对意外事件发生应急反应差等。

（2）未严格执行安全联系确认制　从统计的事故来分析，80%以上事故均是该原因造成的。安全作业规定了作业前一定要做到各部门联系确认，但有的职工在工作中未严格执行，相互之间信息不对称，配合不当，导致误动作伤人事故的频繁发生。

（3）未严格执行停送电操作牌制度　检修作业，特别是一些设备发生故障处理时，图省事、图方便，没有严格执行停、送电操作制度，盲目上场作业，在设备运行中作业，或设备突然起动而产生伤害。

（4）其他原因　不能按要求穿戴和正确使用安全劳保用品；高空检修不按要求系安全带；进入现场不戴安全帽，不系帽带；习惯性作业，联保互保制度不落实；作业期间无统一指挥，无人监护，冒险蛮干等，均易造成事故的发生。

2. 物的原因

（1）设备本身存在隐患，安全装置、保险设施不全或失效。

（2）设备出现故障或事故，对人身造成伤害。起重机械操作系统失灵或安全装置失效，如制动装置失灵而造成重物的冲击和夹挤；起重吊具失效，如吊钩、抓斗、钢丝绳等物损坏而造成重物坠落。

3. 环境不良

操作区域采光设计不合理，人工照明照度不足，长期作业，容易使操作者眼睛疲劳，视力下降，产生误操作，可能成为发生意外伤亡事故的诱因；自然通风效果差，尤其是夏天，天气炎热，特别是运行在高温高湿环境区域的起重设备，操作工极易出现中暑现象。另外，噪声、粉尘、有毒有害气体的影响等都可能成为事故发生的潜在隐患。

4. 管理上的缺陷

生产管理和劳动组织不合理，安全教育、培训不到位，特种作业人员无证上岗，规章制度不健全，新上设施未做到“三同时”（与主体工程同时设计、同时施工、同时投入生产和使用）管理等。

三、起重设备安全操作要求

1. 操作人员必须持证上岗，必须熟悉设备结构、性能及安全操作和维护保养要求，并定期执行维护保养，保证安全运行。

2. 设备运行前应做好设备检查工作，检查设备钢丝绳是否完好，传动部位是否正常，电器开关按钮、操作手柄是否处在行车位置。必须进行空载试验，检查各部位运行状态和声音正常后方能开车。运转中的设备严禁逆向转动。

3. 设备停运和因故停电停机时应将设备电源开关切断，各种操作手柄恢复启动前位置。

4. 起吊前要熟悉指挥人员手势、旗语和联系信号，将吊件吊离地面 100毫米时，确认吊件牢固可靠后方可吊运。发现吊件松动，必须立即停止吊运进行处理，严禁在物体没挂牢、松动的情况下吊运。

5. 翻转大型工件必须用索具和防脱落设施。禁止长时间悬吊工件，不准在悬吊物体时脱岗，特殊情况下必须向领导汇报，经同意后方可离开。

6. 严禁超负荷吊运物体，发现声音异常应立即停车并检修。严格执行起重设备操作规程。

知识窗

起重机械“十不吊”

（1）信号指挥不明不准吊；

（2）斜牵斜挂不准吊；

（3）吊物重量不明或超负荷不准吊；

（4）散物捆扎不牢或物料装放过满不准吊；

（5）吊物上有人不准吊；

（6）埋在地下的物体不准吊；

（7）安全装置失灵或带病不准吊；

（8）现场光线阴暗看不清吊物起落点不准吊；

（9）棱刃物与钢丝绳直接接触无保护措施不准吊；

（10）六级以上强风不准吊。

思考与活动

1. 组织学生分组进行手工搬运，组与组之间对其搬运作业方式进行点评，指出可能导致的事故及应采取的安全措施等。

2. 组织实训实习学生对典型起重事故案例剖析视频进行学习。

活动演练　安全用电教育活动

安全用电是一项非常重要的工作，它直接影响企业生产任务的完成、经济效益的大小，影响人的生命安全。在生产中，每个人都要充分认识安全用电的重要意义，自觉遵守安全用电操作规程，确保用电安全。为避免发生触电事故，让我们进入电工实训室感受安全用电的意义。

活动目标

1. 能叙述安全用电的基本知识，建立自觉遵守电工安全操作规程的意识。
2. 能列举触电事故案例，并准确分析出其原因。
3. 能描述常见的触电方式，采取正确措施预防触电。

活动过程

1. 说一说

以小组为单位，每个学生阐述自己的用电规划，安全用电的重要性，自己在以后的学习生活中怎样遵守安全操作规程，怎样学习安全用电知识。

2. 议一议

（1）如遇到电器发生火灾，切忌直接用水灭火，为什么？

（2）台扇、落地扇以及洗衣机、电冰箱等电器切忌用两孔插头，为什么？

（3）按照用电安全要求，检查一下学生宿舍和家中用电器有哪些不安全因素。

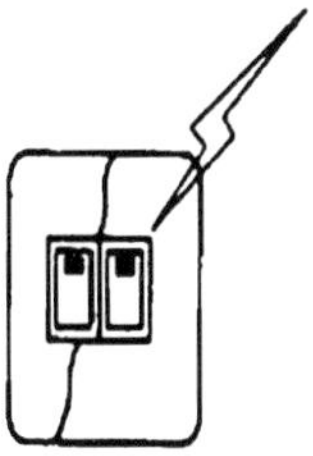

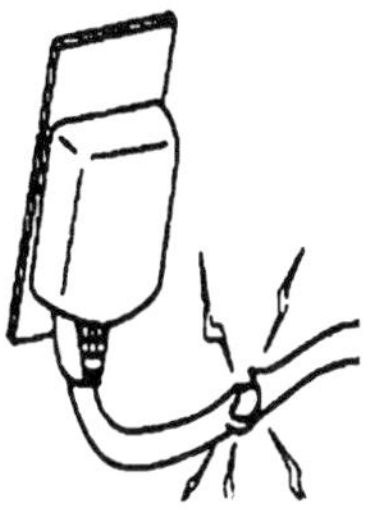

双联开关　不使用绝缘损坏的电器

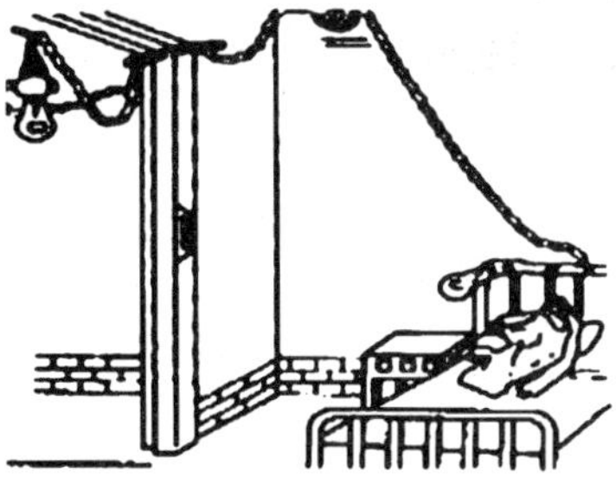

不乱拉电线

不用铜丝代替保险丝

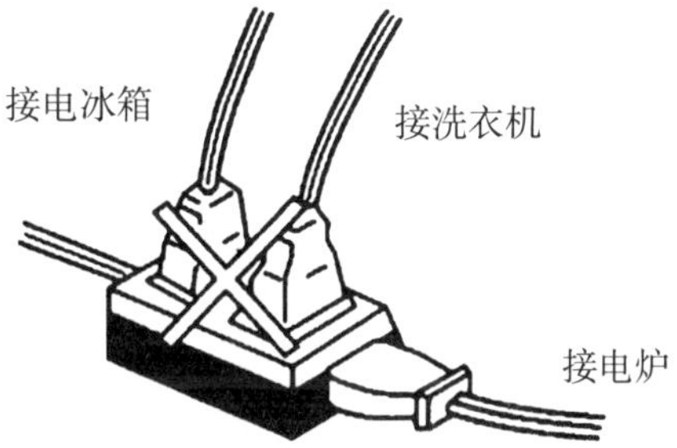

插座不接大功率电器

3. 评一评

学生姓名	日期	自评	互评	师评
学习评价目标				
能正确检查不文明的用电行为				
能正确认识触电的相关种类				
正确测定自己的人体电阻				
会正确选用安全电压				
能正确使用电动工具				
能注意日常用电的安全检查，以免引起伤害事故				
活动中环保意识及安全工作做得如何				
总体评价		教师签名		

模块九
职业安全

学习导读

中职学生毕业后，走向社会，走向自己的工作岗位，为了确保我们将来工作的安全和生活的幸福，就必须学习职业安全的基本知识，了解职业危害、职业病的相关知识，掌握相应的防护措施，确保工作的顺利进行，确保我们的身心健康。

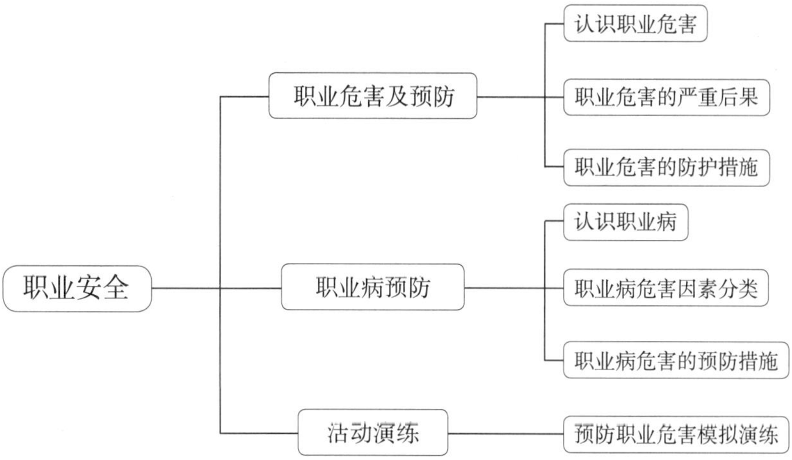

学习目标

认知目标	情感态度观念	运用目标
了解职业安全的基本知识	形成遵守安全规范的观念，提高安全生产意识	掌握职业卫生防护的方法，避免职业危害
了解我国常见职业病的种类		
掌握常见职业病预防的基本方法		

学习任务一　职业危害及预防

职业危害是不可漠视的“劳动者之痛”，每年因为职业危害给劳动者本人和家人带来灾难的事例不胜枚举，同时也给国民经济造成巨大的损失。因此，对于每个劳动者来说，了解职业危害的原因及防范措施，才可以避免或减少职业危害带给我们的伤害。

一、认识职业危害

1. 职业危害的概念

职业危害是指在生产劳动过程及其环境中产生或存在的，对职业人群的健康、安全和作业能力可能造成不良影响的一切要素或条件的总称。

2. 职业危害因素

工作场所中存在及在作业过程中产生的各种有害的化学、物理、生物等对人体健康带来损害的因素称为职业危害因素，按其来源可分为以下几类：

（1）生产工艺过程中的有害因素

①化学因素：生产性毒物，如铅、苯、汞、一氧化碳、有机磷农药等；生产性粉尘，如矽尘、煤尘、水泥尘、石棉尘、有机粉尘等。

②物理因素：异常气象条件，如高温、高湿、低温等；异常气压，如高气压、低气压等；噪声、振动；非电离辐射，如紫外线、红外线、射频辐射、微波、激光等；电离辐射，如α、β、γ、X射线等。

③生物因素：如炭疽杆菌、布氏杆菌、森林脑炎病毒等传染性病原体等。

（2）劳动过程中的有害因素

①劳动组织和劳动休息制度不合理，人员精神（心理）过度紧张。

②劳动强度过大，劳动安排不当，不能合理安排与劳动者的生理状况相适应的作业。

③劳动时个别器官或系统过度紧张，如视力紧张等。

④长时间用不良体位和姿势劳动或使用不合理的工具劳动。

（3）生产环境中的有害因素

①自然环境因素的作用，如炎热季节的太阳辐射。

②厂房建筑或布局不合理，如有毒与无毒的工段安排在同一车间。

③来自其他生产过程散发的有害因素的生产环境污染。

在实际生产中，职业危害因素常常不是单一存在的，多种职业危害因素的联合存在，常可加重对劳动者健康的负面影响。

想一想

在将来的工作场所中，你所学的专业会遇到哪些职业危害因素呢？

二、职业危害的严重后果

有统计数据表明，近年来全球发生各类事故125亿人次，死亡110万人，平均每秒有4人受到伤害，每100个死者中有7人死于职业事故，欧盟每年有8 000人死于事故和职业病，发展中国家每年有21万人死于职业事故，1.5亿工人遭受职业伤害。我国职业危害状况十分令人担忧，无论从接触职业危害人数、职业病患者人数，还是从职业危害造成的死亡人数及新发职业病人数来看，中国均居世界首位。

职业危害损害劳动者的安全权利、健康权利、生命权利；职业危害是劳动者及其家庭的灾难，成为影响社会安全、稳定的不利因素；职业危害给国民经济造成巨大损失。

想一想

职业危害的危害性如此大，作为一名中职学生，我们该为身边那些面临或受到职业危害的人做些什么呢？

三、职业危害的防护措施

许多从事接触粉尘、电气焊、建筑防水、防腐保温、油漆作业等有毒有害作业的工作者或多或少存在职业危害的问题。下面介绍对职业危害的防护。

1. 作业场所防护措施

（1）为有效防止职业危害对作业人员造成人身伤害，从管理上明确职能部室及施工现场管理人员多级责任制，分清在职业危害预防上的岗位职责。

（2）在确定的职业危害作业场所的醒目位置，设置职业危害警示标志。

（3）施工现场在进行石材切割加工、建筑物拆除等有大量粉尘作业时，应配备有效的降尘设施和设备，对施工地点和施工机械进行降尘。

（4）施工现场做封闭式施工，用高度不低于2米的围挡将现场四周围起来。现场临时仓库内各种袋（桶、箱）装材料码放成垛，小型材料上架存放。

（5）在地下室等封闭的作业场所进行防水作业时，要采取强制性通风措施，配备行之有效的通风设备进行通风，并派专人进行巡视。

（6）对从事高危职业危害作业的人员，定期组织培训教育，工作时间应严格加以控制，并有针对性的急救措施。

2. 特殊工种日常防护措施

（1）接触粉尘作业的施工人员，在施工中应尽量降低粉尘的浓度，在施工中采取不断喷水的措施降低扬尘，作业人员正确佩戴防尘口罩。

（2）从事防水作业、喷漆作业的施工人员应严格按照操作规程进行施工，施工前要检查作业场所的通风是否畅通，通风设施是否运转正常，作业人员在施工作业中要正确佩戴防毒口罩。

（3）电气焊作业操作人员在施工中应注意施工作业环境的通风或设置局部排烟设备，使作业场所空气中的有害物质浓度控制在国家卫生标准之下，在难以改善通风条件的作业环境中操作时，必须佩带有效的防毒面具和防毒口罩。

（4）进行噪声较大的施工作业时，施工人员要正确佩戴防护耳罩，并减少噪声作业的时间。如因进行强噪音作业导致头晕、耳鸣等症状，应立即停止作业并通知其他人员进行治疗，症状严重者送至医疗机构进行治疗。每半年进行一次体检。

（5）长期在高密度粉尘环境下作业的施工人员必须佩戴防护口罩、发帽及其他必需的个人防护用品，防止吸入有毒灰尘。施工中所使用的加工设备要设置除尘装置，清运垃圾必须先喷洒后方可用提升机或封闭专用垃圾道运输，严禁从窗口倾倒垃圾。细散颗粒材料的装卸运输必须要遮盖，现场专用道路要经常喷洒水，把粉尘污染降低到最低限度。

（6）长期从事高温作业的施工人员应减少工作时间，注意休息，保证充足的饮用水，并佩戴好防护用品。

（7）从事职业危害作业的职工应按照职业病防治法的规定定期进行身体健康检查，并将体检报告存入档案。

知识窗

正确使用劳动防护用品，减少职业危害

劳动防护用品，是指保护劳动者在生产过程中的人身安全与健康所必备的一种防御性装备，对于减少职业危害起着相当重要的作用。

在佩戴和使用劳动防护用品时，要防止发生以下情况：

1. 从事高空作业的人员，不系好安全带发生坠落，造成伤害事故。

2. 在工作场所不按规定穿用劳保皮鞋，造成脚部伤害；从事电工作业（或手持电动工具）不穿绝缘鞋发生触电；不正确戴安全帽，当发生物体坠落或头部受撞击时，造成伤害事故。

3. 不正确戴手套。有的该戴不戴，造成手的烫伤、刺破等伤害；有的不该戴而戴，造成卷住手套带进手去，甚至连胳膊也带进去的伤害事故。

4. 不及时佩戴适当的护目镜和面罩，使面部和眼睛受到飞溅物伤害或灼伤，或受强光刺激，造成视力伤害。

5. 在车间或工地不按要求穿工作服，而穿裙子或休闲衣服；或虽穿工作服但穿着不整，敞着前襟，不系袖口等，造成机械缠绕；长发不盘入工作帽中，造成长发被机械卷入。

6. 不能正确选择和使用各类口罩、面具，不会熟练使用防毒护品，造成中毒伤害。

在其他需要进行防护的场所，如噪声、振动、辐射等场所，也要正确佩戴和使用劳动防护用品，从而保护自己的人身安全和健康。

思考与活动

一、阅读案例，完成问题。

2017年12月19日9时15分左右，某公司年产1.5万吨塑料改性剂（AMB）生产装置发生爆燃事故，造成7人死亡、4人受伤。

经调查，本次事故的直接原因是公司干燥一车间在由燃煤热风炉紧急停车切换燃气热风炉期间，违章操作，绕过自动连锁对未通过验收的燃气热风炉进行手动点火，导致天然

气通过$2^{\#}$燃气热风炉串入$2^{\#}$干燥系统内，与系统内空气形成爆炸性混合气体，在$2^{\#}$低温等离子环保除味设备处遇到电火花发生爆燃，引燃$1^{\#}$、$2^{\#}$干燥系统内及干燥装置周边可燃物料，并引起部分粉尘参与爆炸，发生火灾事故。

1. 根据所学知识，分析在上述公司上班所存在的职业危害有哪些。

2. 采取什么样的措施才能预防本案例中出现的职业危害，降低损失？

二、观看职业危害视频，根据所学专业的特点或自己的生活实际，用A4纸设计制作一个漫画式职业危害告知牌。

学习任务二　职业病预防

在经济飞速发展的今天，很多人为了更好地生活，拼尽全力工作，却忽略了健康，患上了各种各样的职业病。职业病就像一个魔鬼，在我们的工作中肆意游荡，寻找每一个可乘之机，企图侵入我们的身体，破坏我们的健康。要想让自己健康工作，在工作中创造更大的价值，我们就要正确认识职业病，了解职业病的危害因素，懂得如何预防职业病，这样我们才会远离职业病，拥有健康的身体，从而更好地工作和享受生活。

案例警示

2017年12月30日，海南省海口市的公交司机陈海东，在驾驶途中突发疾病，忍痛停稳车后瘫倒在驾驶座，不治身亡，年仅48岁。媒体称，“他把生的希望留给别人，自己却永远留在2017”。同样是在2017年12月，重庆万州一位公交司机突发疾病，在危急之中忍痛踩下刹车、拉紧手刹、熄火，将公交车稳稳地停在公路边，可惜人却再也没有醒过来。

目前，不少公交车司机都是亚健康的状态，由于工作性质，他们更容易患上腰部疾病、颈部疾病、高血压、胃病、心脑血管疾病等各类职业病，这对于乘客的出行安全而言也是重大安全隐患。

一、认识职业病

1. 职业病的定义

职业病，是指企业、事业单位和个体经济组织等用人单位的劳动者在职业活动中，因接触粉尘、放射性物质和其他有毒、有害物质等而引起的疾病。按照我国法律规定，目前可列入职业病的疾病共包括10类132种。尘肺病、职业中毒、中暑、噪声性耳聋是四大最常见的职业病。目前，我国职业病患者中，患病人数最多的职业病是尘肺。

2. 职业病的十大种类

（1）尘肺　有硅肺、煤工尘肺等。

（2）职业性放射病　有外照射急性放射病、外照射亚急性放射病、外照射慢性放射病、内照射放射病等。

（3）职业中毒　有铅及其化合物中毒、汞及其化合物中毒等。

（4）物理因素职业病　有中暑、减压病等。

（5）生物因素所致职业病　有炭疽、森林脑炎等。

（6）职业性皮肤病　有接触性皮炎、光敏性皮炎等。

（7）职业性眼病　有化学性眼部烧伤、电光性眼炎等。

（8）职业性耳鼻喉疾病　有噪声聋、铬鼻病等。

（9）职业性肿瘤　有石棉所致肺癌、间皮癌，联苯胺所致膀胱癌等。

（10）其他职业病　有职业性哮喘、金属烟热等。

3. 职业病的特点

（1）病因有特异性　病因明确，病因即职业性有害因素，在控制病因或作用条件后，可消除或减少发病。

（2）病因大多可以检测　所接触的病因大多是可检测和识别的，且其强度或浓度需达到一定的程度才能使劳动者致病，一般可有接触水平—反应的关系，即接触强度（浓度）越大，机体反应越明显。

（3）不同接触人群的发病特征不同　在接触同一有害因素的人群中常有一定数量的发病，很少只出现个别病人。

（4）早期诊断　如能早期诊断、及时治疗、妥善处理，愈后较好。

（5）缺乏特效治疗　大多数职业病目前尚缺乏特效治疗，应着眼于保护人群健康的预防措施。

职业病的五个特点进一步说明三级预防（病因预防、临床前期预防、临床预防）的重要性，保障工人健康是职业病防治、生产力促进和国民经济可持续发展的目标。总之，明确了职业病的发病病因并加以控制，职业病是可以预防的。

想一想

我们的父母现在所从事的职业最容易得哪一种职业病？给我们“传道授业解惑”的老师会得职业病吗？

二、职业病危害因素分类

职业病危害因素主要分为粉尘类、放射性物质类、化学物质类、物理因素、生物因素、导致职业性皮肤病的危害因素、导致职业性眼病的危害因素、导致职业性耳鼻喉口腔疾病的危害因素、导致职业性肿瘤的职业病危害因素、其他职业病危害因素。

三、职业病危害的预防措施

为了预防、控制和消除职业病危害，防治职业病，保护劳动者健康，根据《中华人民共和国职业病防治法》的规定，在职业病防治工作上坚持预防为主、防治结合的方针，实行分类管理、综合治理；建立、健全职业病防治责任制，加强对职业病防治的管理。

下面介绍在生产过程中因职业危害而易出现的常见职业病的主要种类、受危害工种及预防措施。

（一）粉尘

粉尘是指悬浮在空气中的固体微粒。习惯上对粉尘有多种称呼，如灰尘、尘埃、烟尘、矿尘、沙尘、粉末等。生产性粉尘是指生产过程中产生的能较长时间悬浮在空气中的固体颗粒物，它是污染生产环境、影响劳动者身体健康的主要因素之一。

1. 粉尘对人体的危害

人每天都生活在有灰尘的环境中，人体通过鼻毛挡住灰尘，通过吐痰将吸进口腔的灰尘吐出，人的这种自我防御功能可将颗粒较大的灰尘排出体外，进入体内的只是极少量的微粒灰尘，这种量不会对人体尤其是肺造成危害。但是，如果长期在粉尘严重的环境中，又缺乏必要的劳动保护，从业者的身体定会受到损害。

粉尘对人体影响最大的是呼吸系统损害，包括上呼吸道炎症、肺炎（如锰尘）、肺肉芽肿（如铍尘）、肺癌（如石棉尘、砷尘）、尘肺（如二氧化硅等尘）以及其他职业性肺部疾病等。

2. 硅肺

尘肺病是由于在职业活动中长期吸入生产性粉尘，并在肺内潴留而引起的以肺组织弥漫性纤维化为主的全身性疾病。目前，尘肺病已成为危害中国工人健康最严重的职业病之一，是我国职业病患者中患病人数最多的。

硅肺又称矽肺，是由于长期吸入大量游离二氧化硅粉尘所引起，以肺部广泛的结节性纤维化为主的疾病。硅肺是尘肺中最常见、进展最快、危害最严重的一种类型。我国每年有2万例左右的尘肺新患者出现。

硅肺患者常有咳嗽、气急、头昏、胸闷、胸痛、呼吸困难、食欲不振、消瘦乏力等症状，致死原因包括并发严重肺结核、自发性气胸和呼吸衰竭。硅肺患者一旦确诊，即应脱离粉尘作业，并给予积极综合治疗，寿命可以延长到一般人的平均寿命，但其劳动力可能不同程度地丧失。

3. 怎样预防粉尘危害

（1）凡是从事粉尘作业的单位应采取综合防尘措施，推广和使用无尘或低尘新技术、新工艺、新设备，使作业场所的粉尘浓度不超过国家规定的标准，例如用树脂砂替代铸造型砂，用湿法生产工艺代替干法生产工艺（如水磨代替干磨、水力清理、电液压清理代替机械清理、使用水雾电弧焊刨等）；采取密闭管道输送、密闭设备加工等，并经常对新职工进行粉尘对人体危害的安全教育和考核。

（2）职工要树立防止粉尘侵害的自我保护意识，依据不同性质的粉尘，佩戴不同类型的防尘口罩、呼吸器、防毒面具等，正确穿戴工作服、头盔、眼镜等。禁止在粉尘作业现场进食、抽烟、饮水等，不将工作服带回家，班后洗澡等。

（3）作业场所粉尘浓度超过国家规定的标准，严重影响职工的安全健康时，职工有权拒绝操作。

（4）各企业必须对从事粉尘作业的在职职工和已离职职工定期进行健康检查。

（二）生产性毒物

施工现场生产性毒物主要是铅、锰、苯、二氧化硫、亚硝酸盐等，主要受危害的工种有通风工、油漆工、喷漆工、电焊工、气焊工、电镀工等工种。其主要预防措施如下：

1. 防铅毒措施

允许浓度，铅烟0.03毫克/立方米，铅尘0.05毫克/立方米，超标者采取措施。采用抽风机或用鼓风机升压，将铅尘、铅烟抽至室外并进行净化处理后向空中排放；以无毒、低毒物料代替铅丹，消除铅源。

2. 防锰毒措施

集中焊接场所，用抽风机将锰尘吸入管道，过滤净化后排放；分散焊接点，可设置移动式锰烟除尘器，随时将吸尘罩设在焊接作业人员上方，及时吸走焊接时产生的锰烟尘；现场焊接作业点狭小，流动频繁，每次焊接作业时间短，难以设置移动排毒设备装置焊接时，应选择上风方向进行操作，以减少锰烟尘的危害。

3. 防苯毒措施

允许浓度，苯40毫克/立方米以下，甲苯和二甲苯为100毫克/立方米以下，超标者采取措施。喷漆，可采用密闭喷漆间，工人在喷漆间外操纵微机控制，用机械手进行自动喷漆作业，以达到质量好、对人无危害的目的；在通风不良的地下室、污水池内涂刷各种防腐涂料等作业，必须根据场地大小，设置多台抽风机把苯等有害气体抽出室外，以防止急性苯中毒；施工现场油漆配料房，应改善自然通风条件，减少连续配料时间，防止苯中毒和铅中毒；凡在通风不良的场所和容器内涂刷冷沥青时，必须采取机械送风、送氧及抽风措施，不断稀释空气中的毒物浓度。

（三）噪声

噪声是一种环境污染，它被认为是仅次于大气污染和水污染的第三大公害。噪声像毒雾一样，弥漫在人们周围，尤其在城市和工业区里，它是一种致人死命的慢性毒素。

1. 噪声的主要来源

（1）交通噪声　包括机动车辆、船舶、地铁、火车、飞机等的噪声。机动车辆数目的迅速增加，使得交通噪声成为城市的主要噪声源。

（2）工业噪声　即工厂的各种设备产生的噪声。工业噪声的声级一般较高，对工人及周围居民带来较大的影响。

（3）建筑噪声　主要来源于建筑机械发出的噪声。建筑噪声的特点是强度较大，且多发生在人口密集地区，因此，严重影响居民的休息与生活。

（4）社会噪声　包括人们的社会活动和家用电器、音响设备发出的噪声。这些噪声虽然不高，但由于和人们的日常生活联系密切，使人们在休息时得不到安静，尤为让人烦恼，极易引起邻里纠纷。

2. 噪声的危害

噪声对听觉系统的损害：短时间处于噪声环境之中，可能暂时出现听力减弱或听力敏感性下降；长时间遭受过强的噪声刺激或突然暴露于极强的噪声之下，就会造成听觉器官的器质性损伤，导致听力下降或耳聋，损伤将不可逆转。

噪声对人其他系统的损害：可引起头痛、头晕、耳鸣、全身无力等神经衰弱症状；引起血压升降异常，心电图异常；影响胃肠消化功能，长期作用可导致胃病和胃溃疡；在噪声的干扰下，人容易烦躁、疲乏、注意力不集中；影响睡眠和谈话，降低工作效率，影响工作质量，甚至发生意外。

3. 噪声危害的个人防护措施

（1）佩戴防护用具　噪声性耳聋是常见的职业病之一，因此，接触噪声的工人应佩戴防噪声耳罩或耳塞，在90分贝以上的噪声环境中工作，必须使用防护用具。棉球塞耳可以隔声10～15分贝，耳塞的隔声效果一般可达20～35分贝，耳罩的隔音效果可达30～40分贝。

（2）要定期体检　必须进行就业前健康检查，凡患有听觉器官疾患等就业禁忌证者，不应参加接触高噪声的工作。在高噪声岗位从业，应定期进行体检，特别是听力检查，以便及早发现病情，及早治疗。

（四）振动

1. 振动的分类及危害

振动可直接作用于人体，也可通过地板和其他物体间接作用于人体，分为局部振动和全身振动。工人手持振动工具，在操作中工具的振动传到手、臂、肩，这种只能传到局部的振动，称为局部振动。地面振动会从站立者两脚传入，乘坐飞机、车、船时，振动由臀部或下肢传入身体，这种能传到全身的振动，称为全身振动。

局部振动多为小振幅、高频率的振动，长期接受强烈的局部振动，会引起局部振动病。人体遭受局部振动时，可引起中枢神经系统的功能改变，表现为脑电图异常及神经衰弱症状，如头昏、失眠、心悸、乏力、注意力不集中、记忆力减退等；还可引起周围神经功能改变，如神经末梢受损害，主要症状为手胀、手凉、手掌多汗、遇冷后手指发白并伴有手僵、手无力等不适。

全身振动一般为大振幅、低频率的振动，其危害较为严重。全身振动会引起足部周围神经和血管的改变及腿痛、腿无力等。由于前庭功能减退和内耳受刺激后的反射作用，可出现脸色苍白、恶心、呕吐、出冷汗、头疼头晕、呼吸浅表、心率和血压降低等症状。晕车、晕船即属全身振动性疾病。全身振动还可造成腰椎损伤等危害。

2. 振动危害的防护措施

（1）消除或减少振动源　这是控制振动危害的根本性措施。通过工艺改革尽量消除或减少产生振动的工艺过程，如焊接代替铆接、水力清砂代替风铲清砂。采取减振措施，减少手臂直接接触振动源。

（2）限制作业时间　在限制接触振动强度还不理想的情况下，限制作业时间是防止和减轻振动危害的重要措施。

（3）合理使用防护用品　振动大的岗位，操作者应戴双层垫的防振手套以减振保暖，冬天应备热水洗手，每工作2小时最好用热水泡10分钟。

（4）加强医疗保健措施　必须进行就业前的健康检查，凡患有听觉器官疾患等就业禁忌证者，不应参加强振动的工作。定期体检，争取早期发现受振动危害的个体，及时治疗和处理。

（5）进行职业卫生教育和职业培训　进行职工健康教育，对新工人进行技术培训，尽量减少作业中的静力作用成分。

（6）严格执行卫生标准　国家对局部振动作业制定了卫生标准，标准限值的保护率可达90%。因此，通过预防性卫生监督和经常性卫生监督，严格执行国家标准，也可预防振动危害。

（五）防止职业病危害的综合措施

在思想上认识职业病对职工的危害，设置职业卫生专业人员，定期对职业危害场所进行测定，重视职业病危害工程技术工作，建立健全职业病管理制度，加强职业病宣传教育工作。

根据危害的种类、性质、环境条件等，有针对性地发给作业人员有效的防护用品、用具。

对从事粉尘、有毒作业人员，在工地设置淋浴设施，定期对从事有害作业职工进行体检，发现有不适宜某种有害作业的疾病患者，及时调换工作岗位。

思考与活动

一、单项选择题

1. 职业病的特点不包括（　　）。

A. 控制病因可控制发病

B. 都有特效治疗方法，应重点进行第三级预防

C. 一般有接触水平—反应关系

D. 病因多可识别

E. 病因大多可以检测

2. 目前，我国职业病患者中，患病人数最多的职业病是（　　）。

A. 化学因素所致职业中毒

B. 物理因素所致职业中毒

C. 生物因素所致职业中毒

D. 尘肺病

3. 某物业公司组织工人进入下水道和化粪池进行疏通作业时，由于未采取有效的安全防护措施，导致多人中毒死亡。此类场所最常见的、可导致人员中毒的有害物质是（　　）。

A. 硫化氢　　B. 一氧化碳　　C. 放射性物质　　D. 二氧化碳

二、邀请医疗机构专业人员开展一次职业病防治培训讲座。

活动演练　预防职业危害模拟演练

为了进一步强化在校师生的职业安全意识，提高应对和处理突发性职业危害事故能力，及时、有序、科学、有效地组织应急救援，最大限度地减少人员伤亡和财产损失，结合学校实际，开展预防职业危害模拟演练活动非常必要。

活动目标

1. 观看“尘肺病及其防治”的视频，进一步增强职业安全防范意识。
2. 学习掌握几种切实可行的预防职业危害发生的技能与方法。
3. 分角色现场模拟各类职业危害发生的情境，提高应对职业危害的能力。

活动地点

各班教室。

活动器材

小瓶盐酸、防毒面具、防护服、安全帽、通信设施、担架、急救药箱、氧气袋、120模型车辆等。

活动程序

1. 准备

（1）开展预防职业危害模拟演练活动前，提前准备好相关视频，领取活动器材一套，对所有同学进行职业安全教育。

（2）小组长对本组内参与活动演练的同学进行任务分工和技能培训指导。

2. 实施

（1）看视频，听讲解　观看“尘肺病及其防治”的视频，认真学习职业危害发生时的防治措施与急救方法。

（2）说一说，练一练

①观看完视频后，以小组为单位进行交流，分角色模拟情境，组长进行总体任务分配。

一名同学模拟严守正，一名同学模拟何老板，一名同学模拟患者，一名同学模拟医生，一名同学模拟安监局工作人员，一名同学模拟安安，开展预防职业危害“尘肺病”模拟演练活动。

②第二个模拟演练情境——化学品盐酸中毒，小组内同学自由选择角色扮演，组长进行评价和指导。

（3）评一评　分小组相互点评，评出哪一组现场模拟的演练活动规范正确。

3.总结

班主任就本次模拟演练活动进行点评和小结，学生进行自评和他评并填写评价表。

通过此次预防职业危害“尘肺病”以及化学品盐酸中毒的模拟演练活动，同学们学习到了怎样才能够及时、有序、科学、有效地组织应急救援，提高了大家对预防职业危害的防范意识。

本次预防职业危害模拟演练的时间大约40分钟。

预防职业危害模拟演练学生评价表

序号	评价项目	评价内容	自评（10分制）	他评（10分制）
1	角色模拟	是否按角色形象要求进行扮演 语言是否形象生动一听就明白		
2	防治措施	是否熟练掌握防治方法 采用的防治工具是否正确		
3	课堂表现	是否认真对待此次演练活动 在课堂上是否存在嬉戏现象		
本次活动的收获				
需要改进的方面				

模块十
应急救助

学习导读

人生不单单充满惊喜，有时也会发生意外。身体健康固然是生之根本，但意外伤害还是防不胜防。如果遇到突发意外，应急救助技能就会大显身手。紧要关头，能否掌握急救知识，可能关系着一个人甚至一个家庭的幸福，因此，储备应急救助知识就是为自己、为家人、为他人储备平安服务能力，给生命筑起一道“防护墙”，成为生命的守护者，最大限度地保护自己和他人的生命与健康。

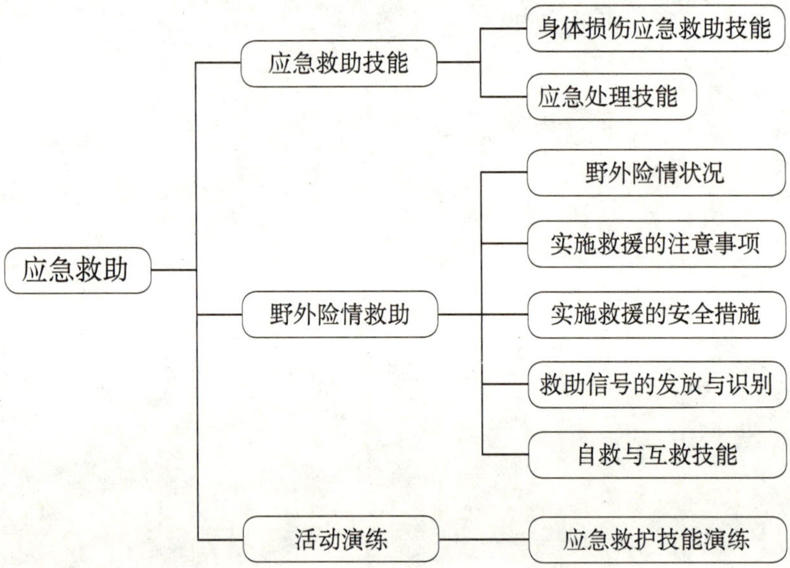

学习目标

认知目标	情感态度观念	运用目标
了解野外险情发生情况	树立应急救助意识	学会应急自救与互救的科学方法和技能
掌握应急自救互救知识		能冷静理智规避风险

学习任务一　应急救助技能

生活中时常会遇到各种各样的“意外”，当发生“意外”时，我们又该如何应对？“赢得时间就是留住生命”，学会并掌握一些应急救助技能至关重要。

案例警示

2011年7月23日晚间，北京南至福州的D301次列车行至温州某路段时，与D3115次列车追尾，共有6节车厢脱轨，其中D301次列车的1～4节车厢从高架桥上跌落，事故造成多人死伤。

D301次火车的幸存者王华（化名）从南京站上车，带着母亲和儿子到福州旅游。发生事故的一刹那，车内一片漆黑，王华大声对母亲和儿子喊，“抓紧桌子和门板，别动！”她和儿子抓住了门板，母亲抱紧了小方桌。车厢经过两次急速翻滚后，稳稳地砸在地上，车厢停稳后，哭声、求救声乱成一片，她确认儿子和母亲都没事后，让她们继续抓紧，不要动不要喊。20分钟后，救援人员赶到，在车厢着地处砸开一个口子，救出幸存者。

王华说，这次能幸存，多亏了汶川地震后参加了逃生急救演练活动。“其实，掉下去的四节车厢的乘客，绝大多数本应都和我们一样幸运，但懂得紧急避难的人太少了。”

这么大的灾难，王华一家三口毫发无损，我们感叹幸运的同时，也足以见到急救对生命的重要性。

一、身体损伤应急救助技能

（一）外伤出血

1. 出血的种类

出血可分为外出血和内出血两种。

（1）外出血　体表可见到，血管破裂后，血液经皮肤损伤处流出体外。像手划伤出血、磕破膝盖出血等。外出血是现场急救的重点。

（2）内出血　体表见不到，血液由破裂的血管流入组织、脏器或体腔内。像胃出血、消化道出血等。内出血主要到医院救治。

2. 常见的止血方法

出血，尤其是大出血，属于外伤的危重急症，若抢救不及时，受伤病人会有生命危险。止血技术是外伤急救技术之首。

（1）指压止血法　它是一种简单有效的临时性止血方法。就是根据动脉的走向，在出血伤口的近心端，用手指压迫血管，使血管闭合而达到临时止血的目的，此方法适用于头、颈部和四肢的动脉出血。切记不能同时压迫两侧的颈动脉，以免引起大脑缺氧而昏迷。

（2）加压包扎止血法　小血管和毛细血管出血时用这种方法。就是用消毒纱布或干净的手帕、毛巾、衣物等敷在伤口上，然后用三角巾或绷带包扎压紧伤口来止血。压力以能止住血而又不影响伤肢的血液循环为宜。如果出血处骨折，须另加夹板来固定。切记：关节脱位及伤口内有碎骨存在时不能用这种方法。

（3）加垫屈肢止血法　此方法多用于小臂或小腿的止血。它利用肘关节或膝关节的弯曲功能，压迫血管以达到止血的目的。要在肘窝或膝窝内放入棉垫或布垫，然后使关节弯曲到最大限度，再用绷带把前臂与上臂固定（或小腿与大腿固定）。在没有骨折和关节伤时可采用这种方法。

（4）止血带止血法　此方法用于四肢大动脉的出血，只有在上述三种止血方法无效时才采用，不到万不得已时不用这种止血方法。一般用橡皮管或橡皮带等绕肢体绑扎打结固定，也可以用纱布、毛巾、布带等环绕肢体打结，在结内穿一根短棍，转动此棍使带子缠紧，直到不流血为止。上肢受伤可扎在上臂上部三分之一处，下肢受伤扎在大腿的中部。止血带不能过紧或过松，过紧会造成皮肤或神经损伤，过松则起不到止血的作用。

3. 止血注意事项

（1）用止血带时，皮肤与止血带之间要放上布垫或将止血带扎在衣裤外面，避免损伤皮肤；要松紧适宜，以能止住血为度；用止血带的时间不能过长，否则容易引起肢体坏死。需要记录用止血带的时间，并每隔40～50分钟放松一次，每次放松2～3分钟。为防止止血带放松后大量出血，放松期间要在伤口处加压止血。

（2）运送伤者时，用止血带的位置要有明显标志，不要用衣物等遮盖伤口，并用标签注明用止血带的时间和放松止血带的时间。

（3）电线、铁丝、细尼龙绳、细麻绳等过细而且没有弹性的物品不能用作止血带。

想一想

手臂出血时止血带应该扎在哪个部位？

（二）骨折

1. 骨折的种类

常见骨折分为两种：一种是皮肤不破，没有伤口，断骨不与外界相通，称为闭合性骨折；另一种是骨头的尖端穿过皮肤，有伤口与外界相通，称为开放性骨折。

2. 骨折应急救助（固定）注意事项

（1）要看伤口和全身状况，如伤口出血，应先止血，再包扎固定。如果有休克或呼吸、心搏骤停时应立即进行抢救。

（2）开放性骨折时，要先对受伤部位清洁消毒，再用纱布将伤口包好，严禁把暴露在伤口外的骨折断端送回伤口内，以免造成伤口污染和再度刺伤血管和神经。

（3）大腿、小腿、脊椎骨折的受伤者，一般应就地固定，不能随便移动，也不能盲目复位，以免加重损伤程度。四肢骨折固定时，应先捆绑骨折断处的上端，后捆绑骨折端处的下端。上肢固定时，肢体要屈着绑（屈肘状）；下肢固定时，肢体要伸直绑。固定、捆绑的松紧度要适宜，过松达不到固定的目的，过紧影响血液循环，导致肢体坏死。固定四肢时，要将指（趾）端露出，以便随时观察肢体血液循环情况。如发现指（趾）苍白、发冷、麻木、疼痛、肿胀、甲床青紫时，应立即松开，重新包扎固定。

（4）固定骨折所用的夹板的长度、宽度要和骨折肢体相称，其长度一般应超过骨折上下两个关节。夹板不能直接接触皮肤，可用纱布、三角巾垫、毛巾、衣物等软材料垫在夹板和肢体之间，特别是在夹板两端、关节骨头突起部位和间隙部位，可适当加厚垫，避免引起皮肤磨损或局部组织压迫坏死。

（三）烫伤

1. 症状

一度烫伤（红斑）：只伤及表皮层，局部轻度红肿、疼痛，痊愈后不留疤痕。

二度烫伤（水泡）：伤及真皮层，红肿、水泡、剧痛，痊愈后有色素沉着及疤痕。

三度烫伤（焦痂）：全层皮肤包括皮肤下面的脂肪、骨骼和肌肉都受到伤害，皮肤黝黑、坏死，这时反而疼痛不剧烈，因为许多神经也都一起被损坏了。

2. 应急救助措施

发生热液烫伤后，一般采取“冲、脱、泡、盖、送”的处理方式，具体方法为：

（1）冲　以流动的自来水冲洗或浸泡在冷水中，以达到皮肤快速降温的目的，不可将冰块直接放在伤口上，避免皮肤组织受伤。

（2）脱　如果穿有衣服或鞋袜部位被烫伤，千万不要急忙脱去被烫部位的衣服或鞋袜，否则会使皮肤表皮脱落，容易感染，加重病情。应在充分湿润伤口后，小心除去衣物，可以用剪刀剪去衣物，有水疱时注意不要弄破，水疱对创面有保护作用。

（3）泡　继续浸泡于冷水中至少30分钟，这样可以减轻疼痛。但如果伤口面积大或伤者年龄较小，就不要浸泡太久。

（4）盖　用干净的床单或纱布覆盖。盖前可在创面上涂抹一层湿润烧伤膏，没有药膏时可涂抹食用油，以避免创面干燥。但注意不要在受伤部位涂抹醋、酱油、牙膏、肥皂、草灰等，避免刺激创面，为以后的治疗带来困难。

（5）送　立即送往正规的医院诊治。除面积较小的烧伤可以自行处理外，其他情况最好尽快送往附近医院做进一步处理。接触性烫伤的受伤深度与温度及接触的时间均有关系，温度低但接触的时间久，也会造成深度创伤。若皮肤为红色或有水疱时，需经过冲水、泡水的过程，再送医院治疗。若皮肤为焦黑或变白如蜡状时，为深度烧伤的症状，应直接快速送医院治疗。发生火焰烧伤时，应首先灭火，待火熄灭后，再依照热液烫伤处理方法进行处理。如果是电灼伤，要先切断电源或用绝缘体将电线移开。若伤者失去知觉，应直接送医院治疗。

想一想

你有被烫伤的经历吗？烫伤如何处理？

（四）动物咬伤

1. 种类

常见的动物咬伤有毒虫咬伤、毒蛇咬伤、猫狗咬伤等。

2. 应急救助措施

以日常生活经常接触到的猫狗等宠物为例，一旦被咬伤，要及时、合理地清洗伤口，并尽早接种预防用狂犬病疫苗，避免感染狂犬病。

知识窗

世界狂犬病日的由来

每年的9月28日是世界狂犬病日（World Rabies Day）。

2007年，在国际狂犬病控制联盟的倡议下，世界卫生组织、世界动物卫生组织及美国疾病预防控制中心等共同发起了“世界狂犬病日”，各国纷纷开展相应的宣传活动。

第一个“世界狂犬病日”设在2007年9月8日，相关的各项活动获得里程碑式的成功，之后决定将每年的9月28日正式设立为世界狂犬病日。

9月28日也是路易·巴斯德逝世纪念日，这位法国化学和微生物学家于19世纪研发出首个可用于人类的狂犬病疫苗。

世界狂犬病日不变的口号是：“共同努力，使狂犬病成为历史。”设立世界狂犬病日的主要目的就是提高人们对狂犬病的认识。

（1）冲洗伤口要快　分秒必争，以最快的速度把沾染在伤口上的狂犬病毒冲洗掉。因为时间一长，病毒就会进入人体组织，沿着神经纤维侵犯中枢神经，最终置人于死地。

（2）要彻底　由于猫、狗咬的伤口往往外口小，里面深，这就要求冲洗时，尽量把伤口扩大，让其充分暴露，并用力挤压伤口周围软组织，而且冲洗的水量要大，水流要急，最好是对着自来水龙头急水冲洗。

（3）伤口不可包扎　除了个别伤口大，又伤及血管需要止血外，一般不用任何药物，也不要包扎，因为狂犬病毒是厌氧的，在缺乏氧气的情况下，狂犬病毒就会大量生长。伤口反复冲洗后，再送医院做进一步的救治处理，并在24小时内尽早注射预防用狂犬病疫苗。狂犬疫苗注射原则上是越早效果越好，超过24小时也应尽快补种疫苗，只要在疫苗生效前，也就是疫苗刺激机体产生足够的免疫力之前人还没有发病，疫苗就可以发挥效用。对暴露已数日、数月而因种种原因一直未接种狂犬疫苗的人，只要能得到疫苗，也应尽快给予补注射，争取抢在发病之前让疫苗起作用。更值得注意的是，一些自己购买狂犬病疫苗到诊所而非大医院或定点机构注射的人，必须要求注射胳膊而非臀部，否则影响药物疗效。

知识窗

狂犬病疫苗接种流程

狂犬病疫苗接种应当按时完成全程免疫，按照程序正确接种对机体产生抗狂犬病的免疫力非常关键。我国批准上市的狂犬病疫苗的暴露后免疫程序包括“5 针法”和“2–1–1”程序两种，两种免疫程序同等推荐，但使用“2–1–1”程序须得到国家相关部门的批准，具体以疫苗使用说明书为准。

“5 针法”程序：第0、3、7、14天和28 天各接种1 剂，共接种5 剂。

“2–1–1”程序：第0 天接种2 剂（左右上臂三角肌各接种1 剂），第7 天和第21 天各接种1 剂，共接种4 剂（此程序只适用于我国已批准可以使用“2–1–1”程序的狂犬病疫苗产品）。

二、应急处理技能

（一）人工呼吸

1. 人工呼吸的含义

就是用人为的力量来帮助伤员进行呼吸，最后使其恢复自主呼吸。在麻醉时可使用人工呼吸，溺水、电击、中毒、工矿事故、地震、航海意外和战地急救等使用人工呼吸。

2. 人工呼吸的方法

人工呼吸的方法有很多，最为方便和有效的是口对口人工呼吸，另外还有仰卧压胸式、俯卧压背式、仰卧牵臂式人工呼吸。口对口人工呼吸的方法：病人仰卧，松解衣领、衣服，清除病人口鼻中分泌物和污泥、假牙等，必要时将舌拉出来避免呼吸道阻塞。将病人头部后仰，使呼吸道伸展，施救者将口紧贴病人的口（最好隔一层纱布），另一只手捏紧病人鼻孔以免漏气，施救者深吸一口气，向病人口内均匀吹气，使病人胸部能随吹气起伏16～18次。如果病人牙关紧闭，无法进行口对口呼吸，可以用口对鼻呼吸法（将病人口唇紧闭），直到病人自动呼吸恢复为止。

3. 人工呼吸的要点

（1）保持病人呼吸道通畅，松解衣服，防止用力过猛。

（2）如有胸肋骨骨折或其他情况不宜做人工呼吸时，应立即采取其他急救措施。

（3）如果呼吸心跳均停止时，应同时进行心肺复苏。

（二）心肺复苏

案例警示

2018年1月2日晚上6点多，滨江一所职业学院体育馆里，20岁的杨同学打羽毛球时突然倒地不起，身子不停地抽搐，大口喘气持续十多秒后，失去意识，心跳、呼吸都停止了。

当时在场的学生都不懂急救措施。几分钟后，有人叫来一个老师，这才给他做心肺复苏，后被送医院抢救，但因大脑缺氧、神经系统缺血缺氧的时间太久，不幸去世。

对心肺骤停病人来说，急救越早越好，4分钟之内和4分钟之外，病人预后完全不一样。如果4分钟内及时采取心肺复苏，就可让脑组织有血液灌注，防止缺血缺氧。用好急救黄金4分钟，可把急救时间延长至20分钟左右，从而等待急救医生的到来，挽救病人生命。

1. 心肺复苏的意义

心肺复苏是针对骤停的心跳、呼吸采取的“救命技术”，其意义是不仅要使心脏的功能得以恢复，更重要的是恢复大脑功能，避免和减少“植物状态”“植物人”的出现。因此，心肺复苏必须争分夺秒，尽早实施。

2. 适用的范围

心肺复苏（简称CPR）适用于由各种原因引起的呼吸、心搏骤停的伤病员。在日常生活中，呼吸、心搏骤停最为常见的原因是冠心病，其他常见原因有电击、溺水、创伤、中毒、窒息等急症。

3. 心肺复苏的操作步骤

（1）首先确认环境安全。

（2）判断意识及呼吸　救护员轻拍伤病员肩膀，高声呼喊：“喂，您怎么啦！”确认无反应，且没有呼吸或几乎不能正常呼吸（仅仅是喘息），进行下一步骤。

（3）高声呼救：“快来人呀，救命啊！这里有人晕倒了，快拨打急救电话120！”

知识窗

遇到紧急情况别慌张，拨打急救电话“120”

拨打急救电话时，请明确以下信息：

患者所在的确切地点，指出附近的街道或其他显著标志；

患者目前最危重的情况，如昏倒、呼吸困难、大出血等；

发生灾害事故、突发事件时，说明伤害性质、严重程度、伤患者的人数；

现场所采取的救护措施。

注意：不要先放下话筒，要等救援医疗服务系统调度人员先挂断电话。

现场只有救护员一人时：①先呼救再急救：目击伤病人突然倒地，最有可能是因为心脏问题所引起的心跳停止，应先呼救并尽快取得自动体外除颤器（AED），速回现场进行急救，直到医疗救护人员到达接手抢救。②先急救再呼救：任何年龄发生缺氧性心跳停止的状况，如溺水、创伤、药物中毒或小于8岁的儿童，先做2分钟的CPR，即30次人工胸外按压和两次的人工呼吸（30：2）五个循环，再拨打急救电话。

现场还有其他人在场时：呼救和急救同时进行，一名施救者立即进行CPR，其他人拨打急救电话，并尽快取得自动体外除颤器（AED），速回现场协助急救，直到医疗救护人员到达接手抢救。

（4）放置体位　将伤病员摆放为仰卧姿势，放在坚硬的平面上：①将伤病员双侧上臂向上伸直，保护其颈部作整体翻身。②将伤病员放置心肺复苏体位，救护员跪于伤病员一侧。注意脊椎外伤要整体翻转，头、颈和身体同时转动成心肺复苏体位。

（5）胸外心脏按压　救护员将一只手的食指、中指并拢，置于伤病员颈前（甲状软骨）正中线，向外滑动至甲状软骨与胸锁乳突肌之间的凹陷处，稍加力度触摸颈动脉的搏动。救护员检查脉搏的时间不应超过10秒，如果10秒内没有明确触摸到脉搏搏动，应立即进行胸外心脏按压并使用AED（如果有的话）。如果救护员不是医务人员，则现场可不触摸脉搏，仅判断病人无反应，且没有呼吸或几乎不能正常呼吸（仅仅是喘息），即可直接进入胸外心脏按压步骤。

胸外心脏按压步骤：

①按压部位：胸骨中下1/3处。定位：胸部正中两乳头连线水平的胸骨处。

②按压手法：救护员一手掌根置于按压区定位，该手掌的根部横轴与胸骨的长轴重合，再用另一只手掌根重叠于其手背上，呈“一字型”重叠。两手手指互扣上翘，使手指脱离胸膛。

③救护员身体姿势：救护员上半身前倾，双肩中点在按压点的上方，双臂伸直（肘关节伸直）。借助救护员自身上半身体重和肩臂部肌肉的力量，垂直向下用力按压。

④按压的用力方式：按压用力要均匀，不可过猛。按压与放松的时间应相等。每次放松时必须完全解除压力，胸部回到正常位置，但掌根不能离开胸壁。垂直用力向下，不要左右摆动。

⑤按压的频率与深度：按压的频率每分钟至少100次。按压的深度，成人为至少5厘米，儿童和婴儿为至少胸部前后径的三分之一（儿童大约为5厘米，婴儿大约为4厘米），尽量减少中断按压的次数。

⑥胸外心脏按压与人工呼吸的比率：不论是单人或是两人施救者，成人胸外按压与人工呼吸之比为30：2。儿童、婴儿胸外按压与人工呼吸之比为30：2（单人施救者）或15：2（两名义务人员施救者）。

（6）畅通呼吸道　伤病员呼吸心搏骤停后，全身肌肉松弛，口腔内的舌肌也松弛，舌根后坠阻塞呼吸道。因此，应采用仰头举颌法、双下颌上提法来开放气道，使阻塞呼吸道的舌根上提，呼吸道畅通。成人开放气道应使其头部后仰的程度为伤病员下颌角与耳垂的连线与地面垂直。

①仰头举颌法：一手置于伤病员的前额，手掌向后方施加压力；另一手的食指与中指并拢托起下颌；使伤病员口张开。

②双下颌上提法：把两只手放在伤病员头部的两边，抓住伤病员下颌角，边牵引边举起下颌。双手拉颌法适合于疑有颈部受伤的伤病员。

（7）人工呼吸　在第一轮胸外按压30次后，进行口对口（口对鼻、口对口鼻）人工吹气两次：救护员用放在伤病员前额的手的拇指和食指捏紧伤病员的鼻翼，以防气体从鼻孔逸出。救护员吸一口气，用双唇包严伤病员口唇周围，缓慢持续将气体吹入（吹气时间约1秒钟），同时用眼角余光观察病人胸部是否起伏，以确定吹气是否有效。成人每5～6秒吹气一次，吹气频率为10～12次/分钟（正常成人的呼吸频率为16～20次/分钟），每次吹气量

500～600毫米（伤病员胸廓抬起）。吹气完毕，救护员松开捏鼻的手，侧头吸入新鲜空气并观察伤病员胸部回落情况，准备进行第二次吹气。

（8）重复步骤（5）（6）（7） 即30次人工胸外按压和2次人工呼吸（30：2）五个循环后重新判断。如有其他救护员在场协助时，进行CPR，每五个循环（约2分钟）换手一次，直到医疗救护人员接手或伤病员有反应。进行CPR每五个循环换手时，更换间隔不超过5秒。

（9）持续复苏 若伤病员有反应，呼吸恢复，但仍无意识，采用复苏体位，并观察评估呼吸，尽快送医院继续抢救。

（10）使用自动体外除颤器（AED） 若有AED到达，按AED机器指示（语音或显示灯）进行操作。

4. 胸外心脏按压常见的错误

（1）手指碰到胸壁，易导致肋骨或肋软骨骨折。

（2）定位不正确：向下错位剑突折断导致肝破裂；向两侧错位导致肋骨或肋软骨骨折，引起气胸、血胸。

（3）按压用力方向不垂直，导致按压无效或者骨折。

（4）肘部弯曲，导致用力不够，按压深度达不到4～5厘米。

（5）冲击式猛压，效果差并且容易发生骨折。

（6）放松时抬手离开胸骨定位点，造成下次按压部位错误，引起骨折。

（7）放松时未能使胸部充分接触压力，使血液难以回到心脏。

（8）两手掌不是呈“一字形”重叠放置，而是呈“十字形”交叉放置。

5. 儿童、婴儿心肺复苏

与成人心肺复苏有所不同，需要专门训练。

注意：心肺复苏的训练只能在人体模型上进行！

知识窗

普及应急救助技能迫在眉睫

我国平均每分钟就有1人死于心脏性猝死，心脏骤停患者如果得不到抢救复苏，4～6分钟后就会造成脑和其他人体重要器官组织不可逆的损害。如果及时采取正确有效的复苏措施，患者有可能被挽回生命并得到康复。80%的心脏骤停发生在医院以外，第一目击者是身边亲人、朋友、同事或陌生人，在遇到紧急情况时，能够正确实施心肺复苏，就可以挽救一个生命。

据了解，我国成人心肺复苏普及率不到1%。在日本公共场所，AED覆盖率超80%，政府制作网络视频讲座普及急救方法；美国的急救措施普及教育力度较大，多数高中、大学会开设急救知识课程，有数据显示，在美国，接受过CPR技术即心肺复苏技术培训的人数超过7 000万，接近总人口的四分之一，掌握急救技术成为很多人的一项基本技能；俄罗斯大多数中小学在“世界急救日”组织急救知识培训。

想一想

你所在的学校或社区是否举办过心肺复苏的培训？在进行口对口吹气法时，要注意哪些细节呢？

（三）包扎

1. 包扎的目的

包扎是外伤现场应急处理的重要措施之一。及时进行正确的包扎，可以达到压迫止血、保护伤口、减少感染、减轻疼痛，以及方便固定敷料和夹板等目的。

2. 包扎材料

常用的包扎材料有绷带、三角巾及其他临时代用品（如干净的手帕、毛巾、衣物、腰带、领带等）。绷带包扎一般用于支持受伤的肢体和关节，固定敷料或夹板及加压止血等。三角巾包扎主要用于包扎、悬吊受伤肢体，固定敷料，固定骨折等。

3. 常用的包扎法

（1）绷带包扎法

①环形包扎法：适用于头额部、手腕和小腿下部粗细均匀部位。包扎时把绷带头斜放，用手压住，将绷带卷绕肢体包扎一圈后，再将带头的一个小角反折过来，然后继续绕圈包扎，后一圈压前一圈，约包扎3～4圈即可。

缠绕绷带的方向应从内向外，由下至上，从远端至近端，开始和结束时均要重复缠绕一圈， 打结、扣针固定应在伤口的上部、肢体的外侧；包扎时应注意松紧度，不可过紧或过松，以不妨碍血液循环为宜；包扎肢体时不得遮盖手指或脚趾尖，以便观察血液循环情况；检查远端脉搏跳动，触摸手脚有无发凉等；除急性出血、开放性创伤或骨折病人外，包扎前必须使局部清洁干燥；手表、手链等佩戴的饰物要在包扎前除去。

②螺旋形包扎法：用于包扎肢体粗细差不多的部位，如上臂、大腿下段和手指等处。包扎时以环形包扎法开始，然后将绷带向上斜形缠绕，后一圈压住前一圈的1/2～1/3。

③转折形包扎法：又叫螺旋反折包扎法，用于包扎前臂、大腿和小腿粗细相差较大的部位。包扎时从环形包扎法开始，然后用一个拇指压住绷带，将其上缘反折，压住前一圈的1/2～1/3，每圈的转折线应互相平行。

④“8”字形包扎法：多用于包扎肘、膝、踝等关节处，包扎方法有两种，一种从关节开始，先做环形包扎法，后将绷带斜形缠绕，一圈绕关节的上方，一圈绕下方，两圈在关节凹面交叉，反复进行，逐渐远离关节，每圈压住前一圈的1/2～1/3。另一种从关节下方开始，先做环形包扎法，后由下而上，由上而下地来回做“8”字形缠绕，逐渐靠拢关节，最后做环形包扎法结束。

（2）三角巾包扎法　用1米见方的白布对角剪开即成两条大三角巾，小三角巾是大三角的一半。

①手（足）部包扎法：三角巾平铺，手指（足趾）对向顶角，将手（足）平放在三角巾的中央，底边横放于腕（踝）部。先将三角巾顶角向上反折，再将三角巾两底角向手腕（足踝）背部交叉围绕一圈，在腕（踝）背打结。

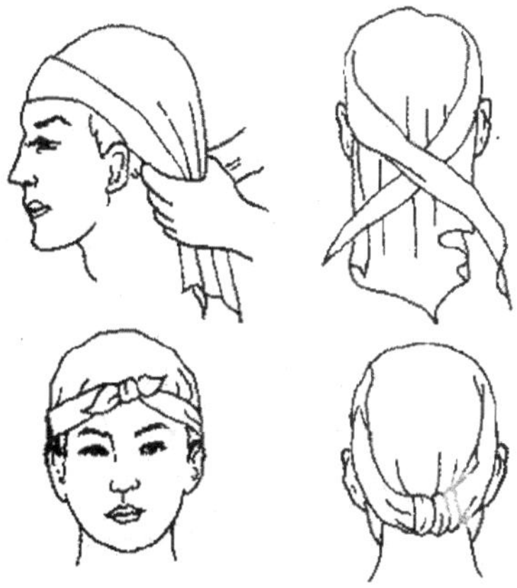

②头部包扎法：三角巾底边置于前额，顶角在后，将底边从前额绕至头后，压住顶角并打结。若底边较长，可在枕后交叉后再绕至前额打结。最后把头角拉紧并向上翻转固定。

③大悬臂带：大悬臂带用于除锁骨和肱骨骨折以外的上肢损伤。将大三角巾顶角放在伤肢后，一底角放在侧肩上，肘关节屈曲90°放在三角巾中央，下底角上折，包住前臂并在颈后与上方底角打结。最后把肘后的顶角折在前面，用别针固定。

④小悬臂带：用于锁骨和肱骨骨折。将大三角巾叠成四横指宽的宽带，中央放在伤侧前臂的下1/3处，两端在颈后打结。

（3）其他包扎法　其余还有三角巾头面部包扎法，三角巾胸部包扎法，三角巾肩部包扎法，三角巾腹部、会阴、臀部包扎法，四头带包扎法，多头带包扎法，丁字带包扎法等。

4. 注意事项

包扎时，要做到快、准、轻、牢。快，即动作敏捷迅速；准，即部位准确、严密；轻，即动作轻柔，不要碰撞伤口；牢，即包扎牢靠，不可过紧，以免影响血液循环，也不能过松，以免纱布脱落。

想一想

手臂骨折该怎样包扎呢？

（四）搬运

1. 搬运伤员的方法

常用的搬运方法有徒手搬运、器械和车辆搬运两种。可根据伤者的伤势轻重和运送的距离远近而选择合适的搬运方法。徒手搬运法适用于伤势较轻且运送距离较近的伤者，器械和车辆搬运法适用于伤势较重，不宜徒手搬运，且需转运距离较远的伤者。

（1）徒手搬运法

扶持法

抱持法

背法和掮法

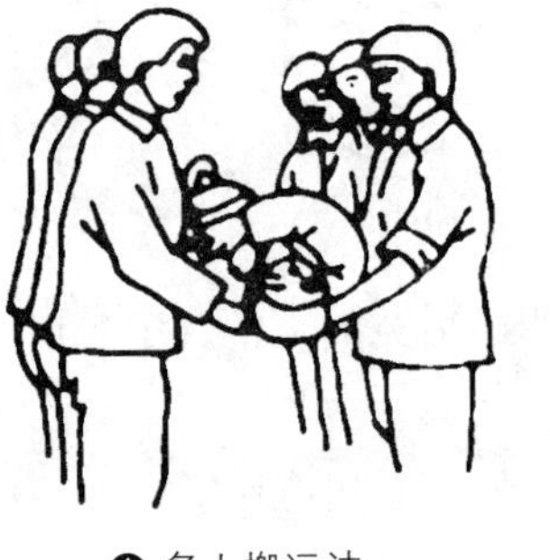

多人搬运法

托椅式搬运法

（2）器械和车辆搬运法

在伤员不能徒手搬运时应采用担架或车辆搬运。

①担架搬运法：特制的担架可用棉被或毛毡垫好，将伤员放入，并盖好保暖。若伤员神志不清，需用宽带将其固定于担架上。如有脊柱骨折，不宜使用特制担架时，可采用床板、门板等临时担架。

②车辆搬运法：当伤员伤势严重，运送路程较远时，应用车辆，最好用救护车，车宜慢行，避免震动。

2. 注意事项

（1）移动伤者时，首先应检查伤者的头、颈、胸、腹和四肢是否有损伤，如果有损伤，应先做急救处理，再根据不同的伤势选择不同的搬运方法。

（2）病（伤）情严重、路途遥远的伤病者，要做好途中护理，密切注意伤者的神志、呼吸、脉搏以及病（伤）势的变化。

（3）上止血带的伤者，要记录上止血带和放松止血带的时间。

（4）搬运脊柱骨折或疑有脊柱骨折的伤员，不能让伤病员试行站立，应特别注意脊柱平直，以免发生或加重脊髓损伤，禁忌一人抬肩、一人抱腿的错误搬运方法；若颈椎骨折脱位伤员，搬运时应由一人牵头部，保持与躯干长轴一致，并随之转动，防止颈椎过伸、过屈或旋转，平卧后头两侧用软物垫好，防止运输中发生意外。

（5）用担架搬运伤者时，一般头略高于脚，休克的伤者则脚略高于头。行进时伤者的脚在前，头在后，以便观察伤者情况。

（6）用汽车、大车运送时，床位要固定，防止起动、刹车时晃动使伤者再度受伤。

思考与活动

一、选择题

1. 急救现场处置的内容和顺序正确的是（　　）。

A. 判断环境是否安全+现场急救+检查伤病人生命指征+呼叫120

B. 判断环境是否安全+检查伤病人生命指征+现场急救+呼叫120

C. 检查伤病人生命指征+呼叫120+判断环境是否安全+现场急救

D. 判断环境是否安全+检查伤病人生命指征+呼叫120+现场急救

2. 判断有无意识，以下方法哪种正确（　　）。

A. 摇动患者　　B. 拍打双肩，耳边大声呼叫

C. 拍打脸部　　D. 掐人中

3. 2010心肺复苏指南中单或双人复苏时胸外按压与通气的比率为（　　）。

A. 30：2　　B. 15：2　　C. 30：1　　D.15：1

4. 搬运昏迷或有窒息危险的伤员时（　　）。

A. 应采用侧卧式　　B. 应采用仰卧式　　C. 应采用侧俯卧式　　D. 应采用平卧式

5. 下述骨折的急救措施不正确的是（　　）。

A. 首先抢救生命，抢救休克　　B. 迅速现场内固定术　　C. 妥善固定

D. 包扎创口，用绷带压迫包扎止血或止血带止血

二、制作以“世界急救日”为主题的电子报刊。

学习任务二 野外险情救助

世界这么大，有空去看看。只要了解野外险情状况，掌握野外险情救助技能，未雨绸缪，做足功课，就能来一场说走就走的野外旅行。

案例警示

天气转暖，驴友们又开始相约登山。尽管攀登野山危险性大，但仍有许多驴友盲目自信导致被困。仅2018年3月3日一天，房山区就连续发生两起驴友登山被困事件，所幸救援及时，未发生重大伤亡。

驴友寇某与刘某相约到杜龙沟爬山，行至一山坡时不慎踩空，造成左腿受伤，无法下山，因深山地区手机无信号，遂用手台向蓝天救援队求助。由于案发地属深山区，且驴友腿受伤，救援困难，救援队向派出所报警，后经民警与救援队分工配合，将受伤驴友安全送至山下，并移交120救护车送往医院救治。

同一天，在房山区周口店镇附近的野山上，21名驴友登山迷路，后经民警与驻地部队联系，为驴友引导了一条穿过部队驻地的安全道路，才得以安全下山。

一、野外险情状况

在野外，我们可能会遭遇洪水、地震等灾害，会出现溺水、中毒等意外伤害，由于自身血压、血糖、心脏等问题也会发生危险。

来源	野外险情状况
自然灾害	地震、台风、洪水、泥石流、雷暴、暴雪、海啸等
意外伤害	触电、溺水、中暑、中毒、踩踏、动物咬（蜇）伤、骨折、扭伤或脱臼、刀伤、眼中进入异物等
自身因素	心脏病、高血压、低血糖、晕厥、迷路、肠炎、冻伤、鼻出血等

二、实施救援的注意事项

1. 选择有利地形，设置急救点，做好自身及伤者的个体防护。

2. 防止发生继发性损害，应至少2～3人为一组集体行动，以便相互照应。

3. 救援人员进入危险区应以2～3人为一组，随时保持通信联系；做好自身防护，救护须注意自身安全，避免发生伤亡。

4. 遇到伤害突发事件时，要保持镇静，并设法维持好现场的秩序。

5. 在周围环境不危及生命的条件下，一般不要轻易搬动伤员。

6. 暂不要给伤病员喝任何饮料和进食。

7. 如发生意外，而现场无人时，应向周围大声呼救，请求来人帮助或设法联系有关部门，不要单独留下伤病员无人照管。

8. 遇到严重事故、灾害或中毒时，除急救呼叫外，还应向卫生、防疫、公安等部门报告现场在什么地方、病伤员有多少、伤情如何、做过什么处理等。

9. 对呼吸困难、窒息和心跳停止的伤病员，从速打开气道，使呼吸道畅通，同时施行现场心肺复苏，原地抢救。

三、实施救援的安全措施

在实施救护的全过程中，应该尽量采用个人防护用品以阻止病原菌进入身体，如带上医用手套，人工呼吸时采用呼吸膜或呼吸面罩，特殊情况下还应戴上眼罩、口罩等个人防护用品；具备专业的救护技能和设备；根据伤情对伤员边分类边抢救，处理的原则是先重后轻、先急后缓、先近后远；先自保，后救人；先救命，后治病；科学施救，防止二次伤害等。

四、救助信号的发放与识别

遇险求救时，要通过各种方式与别人取得联系。发出的信号要足以引起人们的注意，同时，要根据自身的情况和周围的环境条件，发出不同的求救信号，一般情况下，重复三次的行动都象征寻求援助。

1.声响求救

遇到危难时，除了喊叫求救外，还可以吹响哨子、击打脸盆、木棍敲打物品、斧头击打门窗或敲打其他能发声的金属器皿，甚至打碎玻璃等物品向周围发出求救信号。

2.利用反光镜

遇到危难时，利用回光反射信号，是最有效的办法。常见工具有手电筒以及可利用的能反光的物品如镜子、罐头皮、玻璃片、眼镜、回光仪等。每分钟闪照6次，停顿1分钟后，再重复进行。

3.抛物求救

在高楼遇到危难时，可抛掷软物，如枕头、书本、空塑料瓶等，引起下面注意并指示方位。

4.烟火求救

在野外遇到危难时，连续点燃三堆火，中间距离最好相等。白天可燃烟（燃烧新鲜树枝、青草等植物产生浓烟），夜晚可点燃干柴，发出明亮耀眼的火光向周围求救。

注 意

发出信号要选择制高点，也可在山脊处竖立一个异乎寻常的物体，以吸引别人的注意。

火堆的燃料要易于燃烧，点燃后要能快速燃烧。白桦树皮是十分理想的燃料。

可以利用汽油，但不可将汽油倾倒于火堆上。用一些布料做灯芯带，在汽油中浸泡，然后放在燃料堆上，将汽油罐移至安全地点后再点燃。点燃之后如果火势将熄灭，添加汽油前要确保添加在没有火花或余烬的燃料中。

在白天，烟雾是良好的定位器，因此火堆上要添加散发烟雾的材料。浓烟升空后与周围环境形成强烈对比，易受人注意。

在夜间或深绿色的丛林中，亮色浓烟十分醒目。添加绿草、树叶、苔藓和蕨类植物都会产生浓烟。其实任何潮湿的可燃物都产生烟雾，潮湿的草席、坐垫可熏烧很长时间，同时飞虫也难以逼近伤人。

黑色烟雾在雪地或沙漠中最醒目，橡胶和汽油可产生黑烟。

如果受到天气条件限制，烟雾只能近地表飘动，可以加大火势，这样暖气流上升势头更猛，会携带烟雾到相当的高度。

5.地面标志求救

在比较开阔的地面，如草地、海滩、雪地上可以制作地面标志。利用树枝、石块、帐篷、衣物等一切可利用的材料。如把青草割成一定标志，或在雪地上踩出一定标志，与空中取得联系。请大家一定要记住这几个单词：SOS（求救）、SEND（送出）、DOCTOR（医生）、HELP（帮助）、INJURY（受伤）、TRAPPED（受困）、LOST（迷失）、WATER（水）。

6.留下信息

当离开危险地时，要留下一些信号物，以便让救援人员发现，及时了解你的位置或者去过的位置。一路上留下方向指示标，有助于营救者寻找你的行动路径，也有助于自己迷路时，作为向导。

常用的方向指示器：

将岩石或碎石片摆成箭形。

将棍棒支撑在树杈间，顶部指着行动的方向。

在卷草的中上部系上结，使其顶端弯曲指示行动方向。

在地上放置一根分叉的树枝，用分叉点指向行动方向。

用小石块垒成一个大石堆，在边上再放一小石块指向行动方向。

用一个深刻于树干的箭头形凹槽表示行动方向。

两根交叉的木棒或石头意味着此路不通。

用三块岩石、木棒或木丛表示危险或紧急。

7.莫尔斯电码求救

用莫尔斯电码发出SOS求救信号，是国际通用的紧急求救方式。此电码将S表示为“…”，即3个短信号；O表示为“— — —”，即3个长信号。长信号时间长度约是短信号的3倍。这样，SOS就可以用“三短、三长、三短”的任何信号来表示。可以利用光线，如开关手电筒、矿灯、应急灯、汽车大灯、室内照明灯甚至遮挡煤油灯等方法发送，也可以利用声音，如哨音、汽笛、汽车鸣号甚至敲击等方法发送。每发送一组SOS，停顿片刻再发下一组。

注　意

一般情况下，重复三次的行动都象征寻求援助。

除了通行的SOS外，国际性高山求救信号是一分钟发出6次哨音（或挥舞6次，火光闪耀6次等），然后安静一分钟，再重复。

五、自救与互救技能

险情发生后，现场有条件的伤病者可自救，周边的目击者首先要判断救护场所是否安全，做到见义巧为；在救护的同时向周围呼救呼助，要拨打110、120或999电话启动急救系统合力救援。下面介绍一些在野外可能遇到的、常见的险情救护知识，以备不时之需。

1. 溺水

（1）自救　①不熟悉水性时除呼救外，取仰卧位，头部向后，使鼻部可露出水面呼吸。呼气要浅，吸气要深。不要慌张，不要将手臂上举乱扑动。②会游泳者，如果发生小腿抽筋，要保持镇静，采取仰泳位，用手将抽筋的腿的脚趾向背侧弯曲，可使痉挛松解，然后慢慢游向岸边。

（2）救护溺水者　①目击者在发现溺水者后立即拨打120或附近医院急诊电话请求医疗急救。②施救时首先考虑用竹竿、树枝、绳索拖拉，或者用大木头、塑料桶等能很好地浮于水面的物体作为浮具实施间接救护，实在无法解决时应迅速游到溺水者附近，观察清楚位置，从其后方出手救援。

（3）出水后的救护　首先清理溺水者口鼻内污泥、痰涕，用纱布（手帕）裹着手指将伤员舌头拉出口外，解开衣扣、领口，以保持呼吸道通畅，然后抱起伤员的腰腹部，使其背朝上、头下垂进行倒水。或者抱起伤员双腿，将其腹部放在急救者肩上，快步奔跑使积水倒出。或急救者取半跪位，将伤员的腹部放在急救者腿上，使其头部下垂，并用手平压背部进行倒水。如果溺水者呼吸心跳已停止，立即施行心肺复苏术（CPR）。

2. 蛇咬伤

首先要明确是否是毒蛇咬伤：无毒蛇牙痕多成排，且齿痕较浅；毒蛇牙痕呈两点或数点，且齿痕较深。一旦确定是毒蛇咬伤，要采取紧急救助措施：不要惊慌乱跑；迅速用止血带或细绳在距伤口5～10厘米的肢体近端捆扎，阻断静脉和淋巴回流，减少毒素在体内扩散，每间隔半小时放松3～5分钟；用利器把伤口切开，用清水、茶水冲洗伤口；用拔火罐吸除毒液，也可用口吮吸，但要注意口腔内不能有伤口和溃疡，并要及时漱口，无条件的，也可以用火柴、烟头烧灼伤口，破坏蛇毒，并迅速送医院抢救。

3. 损伤出血

先包扎好伤口，同时进行简单的敷药处理防止发炎。如切伤或砍伤，血流不止，这是动脉出血，危险性很大，必须用止血带止血，注意止血带扎紧后应间隔一段时间松开再扎紧，以免被捆扎处以下的肢体血液循环完全中断而引起肢体坏死。进行呼救，尽快离开险地，最好是在条件允许的情况下立刻离开野外，回到有医疗条件的社会环境中进行医治。

4. 迷路

保持沉着冷静，采取适当的措施：回到认识的地方；做好山路标志；利用太阳（正午时，北半球太阳在天顶靠南，南半球太阳则在天顶靠北）、树桩（年轮宽面是南方；树南侧的枝叶茂盛而北侧的则稀疏）、蚂蚁的洞穴（蚂蚁的洞口大都是朝南的）、手表（将所处的时间除以2，再把所得的商数对准太阳，表盘上12所指的方向就是北方）等分辨方向；如迷路时天色已晚或从山崖落下受伤，动弹不得，无法按照预定时间到达目的地，这时应做深呼吸，保持镇静，不要贸然离开，在原地露宿，减少体力消耗，同时想办法发出求救信号静待救援。

5. 骨折、扭伤或脱臼

（1）骨折或扭伤时　应保持安静休息，不要勉强走动；可用河水、冰、雪等冷却患部，千万不要按摩；用木板或代替物夹住患部，用绷带加压固定，抬高患部，超过心脏；送往医院，搬运时应小心谨慎，一般可采用两人做手椅、单人背负、两人搀扶、担架搬运的方法。对于脊椎受伤者，一定要放在平坦而坚固的担架上固定后送往医院，身体不能弯曲，否则可能会造成脊髓损伤而导致瘫痪。

（2）脱臼　没整复条件时应立即用夹板和绷带在脱位所形成的姿势下固定伤肢，保持病员安静，尽快送医院。

6. 冻伤

将患者送到温暖的室内，立即进行复温（①逐渐加温法：开始时水温为20℃左右，在20～30分钟内逐渐加温至37℃左右；②快速加温法：将受冻的肢体置入42℃的水中约数分钟。切记水温不能超过43℃，否则可能造成更大损伤）。复温时可把冻伤的肢体放入温水中，每天两次。亦可用毛巾热湿敷患处，反复多次。皮肤出现水泡时，不要把水泡弄破，以防感染，多数患者几天后水泡自行吸收而消失。局部复温后还要注意保暖，并将患处稍垫高，以促进静脉回流。同时服用维生素C，每日3次，每次100~200毫克，连服7天，以减少组织水肿。严重冻伤应送医院处理。

注意：处理冻伤时，严禁用火烤或用热水烫，也不要用雪擦或用力按摩受冻组织。在搬移冻伤肢体时，动作要轻柔，避免碰撞和牵扯，以防骨折或扭伤肢体。

7. 晕倒昏厥

让患者躺下平卧，头部偏向一侧并稍放低，然后解开领口、衣服，使其呼吸畅通。可采取人工呼吸和心脏按压的方法进行急救，也可以用指甲掐或用针刺其人中、涌泉、少商等穴位，促使其苏醒。若有心脏病史，可口服硝酸甘油、麝香保心丸，打120急救电话。

8. 眼中进入异物

翻开下眼睑检查；翻开上眼睑检查；找到异物时，用水浸湿棉签，蘸取异物；用流动水冲洗眼睛，冲洗中让患者不断地眨眼。

9. 流鼻血

让患者坐下，使情绪稳定；让患者头部前倾，用嘴喘气。从外面用手指压迫出血侧的鼻翼；用干净纱布轻轻地堵塞出血的鼻孔，进行压迫止血；如短时间无法止血或怀疑因高血压或颅底骨折引起鼻出血，应立即送医。

知识窗

野外避免危险的六条忠告

1. 夜晚不要单独外出。
2. 不要靠近山崖、河边及火山口。
3. 不要在生疏山头上玩得太久，天气突变时，应找安全地方躲避。

4. 身体不行时，不要硬撑赶路，应暂时休息。

5. 出现迷路时要冷静判断，千万别慌不择路，乱跑乱窜。

6. 准备好紧急联络的方法等。

想一想

你参加过野外活动吗？野外可能遇到哪些危险？

思考与活动

一、选择题

1. 被毒蛇咬伤后，下列哪项做法是错误的（　　）。

A. 用清水冲洗伤口　　B. 用布带在伤处的近心端结扎　　C. 喝药酒解毒

2. 生活中难免会遇到一些危急情况或意外伤害，因此，必要的用药知识和急救技能，对保障身体健康、挽救生命具有重要意义。下列有关说法或措施正确的是（　　）。

A. 遇到溺水者，应立即进行口对口吹气法人工呼吸

B. 遇到有人受伤时，若伤口出现喷射状出血，要压迫伤口的远心端止血

C. 处方药适用于自我诊断，自我治疗的小伤小病

D. 遇到因触电而造成心跳、呼吸骤停患者，立即拨打120求救，并在确保伤病员和救护者安全的环境中对其进行心肺复苏

3. 掌握有效的逃生急救知识和技巧是科学避险的关键。假如野外探险者在旷野中迷路，他采用的求救信号正确的是（　　）。

①舞动颜色鲜艳的衣物显示自己的位置　　②反复用手电筒闪光

③用石块摆放巨大的“SOS”求救信号　　④点燃三堆距离大致相等的火

A. ①②　　B. ②④　　C. ①③　　D. ③④

4. 被蜜蜂蜇伤可以涂抹哪种液体缓解疼痛（　　）。

A. 肥皂水　　B. 红药水　　C. 碘酒　　D. 食醋

二、如果遇到下列情境，你会怎样做？

周末，小虎和明明两位要好的同学相约去爬山，二人边走边聊，突然明明踩到一块石头上摔了一跤，脚部扭伤，疼得他嗷嗷直叫，哭了起来。

活动演练　应急救护技能演练

为积极预防、妥善处理校园突发事件，增强全体师生的安全防范意识及自救互救能力，普及校园突发事件心肺复苏的医学常识，疏通生命救助通道，明确学校管理人员、责任教师在校园突发事件中的职责权限，切实提高学校广大师生的应急救助能力，经学校研究决定，在全校范围内实施校园突发事件应急救护技能演练。

一、活动主题

关爱生命　应急救护伴我行

二、活动目标

本次演练，主要检验学校应急预案的合理性和科学性，熟悉启动应急预案的程序，了解并掌握必要的应急救护方法尤其是心肺复苏技能，提高师生应急救护能力，保障师生的生命安全和身体健康，营造安全校园。

三、所用器材设施

担架、急救箱、常用药物（绷带、棉垫、碘酊）、人体模型。

四、准备措施

演练前两周邀请医院医师、红十字应急救护培训讲师对全体师生进行培训，专门针对中职学生容易出现的摔伤、出血、晕厥等突发事件进行包扎、止血、搬运、心肺复苏技能培训。演练前教师组织学生进行演练内容学习，熟悉演练流程，进行安全教育。

五、演练步骤

全体师生在操场集合完毕后，由总指挥宣布演习开始，接着依照创设的三个模拟情境进行演练，最后各班学生在特邀医师的指导下演练对伤员左臂止血、手臂包扎、上臂骨折固定、心肺复苏等项目。

情境1：

开学第一天，学校正举行开学典礼仪式，一女生因低血糖发生晕厥，班主任老师及学校相关领导第一时间采取现场救护、拨打120急救电话并通知学生家长。

情境2：

某日下午，某班全体同学在体育委员的带领下有序地开展大课间活动。一男生在打篮球过程中背部撞在篮球架底座上，造成腰椎横突骨折，班主任、体育老师及时赶到现场，询问情况、制止学生随意搬动伤者身体并及时拨打120。政教主任立即向校长报告，校长将受伤学生情况上报区教体局。120救护车到达，受伤学生在政教主任、班主任陪同下赶赴医院检查救治。

情境3：

某日上午，全体师生在操场上参加晨跑锻炼，一学生因心脏骤停，瘫倒在地。体育老师及时赶到现场，首先判断该学生的意识、呼吸心跳并第一时间采取心肺复苏，一直到120急救车到达。学校相关领导及时将情况向上级报告并第一时间启动了应急预案。

演练结束，由总指挥对整个演练过程进行总结，点评演练效果，对演练现场进行清理。待演练结束，各班有秩序地回到教室后，教师就本班参加这次演习活动立即进行分析、小结，并让学生填写应急救护演练评价表。此次应急救护演练，使学生了解和掌握了应急救护知识，提高了应对突发事件的现场救护能力，从而为创建平安和谐美丽校园贡献力量。

本次应急救护演习的时间大约45分钟。

应急救护演练评价表

序号	评价项目	评价内容	自评	他评
1	创伤救护基本技能	实施步骤掌握情况		
2	心肺复苏	动作是否标准		
3	常见急症处理	应急救护步骤是否科学		
需要改进的方面				